· 中国北约研究丛书

· 丛书主编：王义桅

北约是什么

——北约重要历史文献选编之二

许海云 等/编译

WA 世界知识出版社

本丛书出版得到
“中国人民大学北约研究专项启动经费”资助

<<

丛书总序：北约研究大有可为

我们编纂出版中国北约研究丛书，首要的是为回答以下基本问题：

一、北约是什么性质的组织？

早在1950年，北约首任秘书长伊斯梅（Lord Ismay）勋爵用三句话简明地概括了北约成立的宗旨。第一句话是keep the Americans in（留住美国人），意即美国是北约的盟主；第二句话是keep the Russians out（挡住苏联人），意即把苏联挤出欧洲；第三句话是keep the Germans down(压住德国人)，意即防止德国军国主义复活。60多年过去了，这三句话仍然起作用，只不过苏联已经解体，但是针对俄罗斯的意图依然如故。发生变化的只有德国。东西德统一之后，并未出现北约成立伊始所担心的军国主义复活，反而通过引进欧元，成为“欧洲的德国”。欧洲一体化的核心是德国问题，德国对北约的参与、贡献，如何影响欧洲、欧美关系的未来，是北约研究的一个焦点问题。

这从一个侧面提示我们：北约是什么性质的组织？必须结合新的时代变迁和北约自身的转型，进行与时俱进的分析研究。

二、北约是一支什么力量？

北约宪章——《北大西洋公约》宣称，北约遵循《联合国宪章》的宗旨与原则，基于民主、个人自由、法治的原则，致力于维护其人民的自由、共同遗产与文明，旨在提升北大西洋地区的稳定与福祉。今天，北约已经从创建之初的12个成员国增加到28个成员国。作为横跨东西方文明的土耳其也成为北约成员国，但是，北约作为跨大西洋安全与价值纽带的本质并未改变。世界各国对北约的内外关系及其作用、影响的认识存在着巨大反差，使得北约研究充满了挑战。

通常人们认为，北约是美国推行军事霸权的工具，甚至一些北约成员国如希腊，也有许多人持这种观点。美国与北约的关系，的确是必须作出回答的首要问题。

北约与美国霸权不能简单画等号，显著的差别是美国要做世界警察，而北约不然。“全球北约”（Global NATO）是指为应对全球性安全挑战，北约建立了全球伙伴关系，并非要成为全球警察。北约要成为全球警察，可以说第一个反对的就是美国。因为美国要做“世界警察”，不会容忍第二“世界警察”存在，尽管北约是美国领导下成立的。正如联合国也是由美国发起成立，而美国却常常绕过联合国行事一样。在亚太地区，美国有其双边联盟体系和多边联盟体系，因此反对北约插手。所谓“亚洲版北约”并非北约的意图，而是一些亚洲国家如印度呼应或揣摩美国的想法。这反过来也提醒我们，北约对美国霸权除了“帮凶”以外，也还有掣肘的一面，这是我们开展北约研究、利用北约探究美欧关系的兴趣点之一。

与此相连的另外一个关注点是，美国究竟通过什么渠道利用北约达到其霸权目标的？北约有三个总部：政治总部设在比利时的布鲁塞尔；军事总部设在比利时靠近法国边境的蒙斯；转型司令部设在美国弗吉尼亚州的诺福克。可以形象地比喻为：北约的大脑在诺福克、肌肉在蒙斯、而嘴巴在布鲁塞尔。因此，美国对北约最大的影响是战略观念的打造。其次，美国是北约军事装备、技术和系统的主要提供者。欧洲的军工体系对美国依赖较大，惠普公司、洛克希德—马丁公司在欧洲的业务不逊于在美国本土。欧洲对美国的安全依赖，不只是体现在战略理念软的层面，在军工体系、军事技术等硬的层面更是如此。这是欧盟迟迟不能解除对华武器禁运的主要原因。当然，美国驻北约大使、一直担任北约军事最高指挥官的美国将军，都是美国影响北约的人为因素。《北大西洋公约》规定，北约必须在联合国授权下展开军事行动。此外，北约的一致表决通过原则，属于软约束，也是美国发挥其超级大国影响力的重要途径。当然，更大的影响还在于美国一直是北约最大的出资方。冷战末期，欧洲人承担着北约军事开支的34％，如今这一比例下降为25％。在全球金融危机和欧债危机的影响下，欧洲各国纷纷削减防务开支，导致北约军费日益紧缩，北约只能靠“巧防御”（Smart Defence）来艰难度日，对美国的依赖就更为明显。目前，北约的欧洲成员国大多早就抛弃了军事支出至少达到本国GDP 2%的承诺，2012年只有4个成员国做到了这一点，其他欧洲国家的军费预算正朝着跌破1%的方向前进。在北约的军事支出中，美国的份额已从50%飙升至近75%。即便如此，美国想要北约做的事情不见得能做成，而美国不想北约做的事情则北约绝对做不到。换言之，美国是北约的必要条件，而非充分条件。所以，美国在1991年的海湾战争中才搞“志愿者联盟”，在2003年的伊拉克战争中才采取单边行动。值得注意的是，在2013年叙利亚危机一触即发、美国准备对叙利亚实施军事打击时，北约秘书长首次明确表示北约不会参与军事行动，北约各成员国可以单独决定采取何种行动。长期持续的军事行动并不能解决叙利亚危机，最终出路还是政治解决。可见，北约并不总是唯美国的马首是瞻。

除了美国之外，北约与欧盟的关系，也是中国必须关注的核心问题。为什么诺贝尔和平奖颁发国挪威不是欧盟成员国却是北约成员国？欧盟28个成员国中有22个是北约成员国。为何欧盟作为一支和平的力量获得2012年诺贝尔和平奖，却又支持在普通人看来作为军事霸权和美国打手的北约呢？其根本原因在于欧盟防务一体化建设，绕不过北约的门槛。在欧洲大陆，“阴的力量”——欧盟，如何与“阳的力量”——北约长期共存？这是中国学界要回答的又一重要问题。

三、为何要开展北约研究？

开展对北约研究至少有下列几方面的必要性：

一是作为国际组织研究的必要。作为冷战时期的军事组织，北约度过了冷战结束、华约解体的合法性危机，摆脱了“要么走出去、要么无足轻重”（out of area either out of business）的尴尬，成功地实现了转型，成为军事和政治上两条腿走路的国际安全组织。这对于上海合作组织及其他国际组织的研究很有借鉴意义。

二是作为国际安全研究的必要。中国的国际关系研究近年来发展很快，但国际安全学科则相对滞后。对国际问题从安全视角做超越中国、超越双边关系的科学及前瞻性研究，可谓十分必要。随着中国在国际舞台角色日益突出以及国家安全委员会的建立，国际安全研究显得十分紧迫。为此，提供解剖麻雀——北约组织，推动中国的国际安全学科建设，无疑是一个重要选择。

三是史学、军事学研究的必要，包括国际关系史（尤其是冷战史）、军事史乃至文明史研究，对北约军事之体军事指挥体制、防务经济研究等，都是上述领域研究的重要角色或变量，也是很好的研究个案。为什么华约解散后，更早成立的对手——北约迄今非但没有消失，反而能够成功实现转型和发展？为什么土耳其早已是北约成员国但迄今仍不能加入欧盟？这些都可以从文明史和东西方文化认同的角度做出相关阐释。

四是服务于中国外交的必要。中国与北约没有外交关系，然而北约近年来发展对华关系十分主动，原因是它所面临的挑战是全球性的，而中国日益崛起为全球性的重要力量。北约开展对华关系的目标是，将中国变成全球伙伴国家——中国周边许多国家，如韩国、日本已经成为北约的全球伙伴关系国。为此，北约积极开展与中国的接触与对话。目前双方在政治、外交、防务安全领域的沟通和交流取得了进展，在某些方面已经和正在进行合作。未来中国与北约、上海合作组织与北约关系如何定位，发展前景怎样？需要进一步深入研究。

北约发生了重大变化，这是开展北约研究的基本前提。全球公域（Global Commons）便是为北约转型打造的核心理念，可惜由于欧洲成员国的反对以及美国国务院对国防部的制约，导致为北约“战略新概念”打造的理念，未能出现在2010年北约里斯本峰会确立的北约“战略新概念”中。然而其基本精神则贯穿始终，对于中国深化对全球化时代的国际安全的认识，无疑具有重要启示。

四、如何开展北约研究？

近代中国睁眼看世界第一人魏源提出，了解世界，译介为第一要务。北约研究，可以从翻译、编译国外最新的北约研究成果，以及北约出版物尤其是北约重要历史文献开始。当然，对于译著、文献的立场、视角和观点，我们不见得赞同或完全赞同，有些甚至持否定态度，也希望和相信读者会以批评的眼光做出独立判断。

比译介更为重要的是开展中国学者对北约的独立研究，了解北约决策机制，分析北约转型之道，研判北约与世界和平、国际安全之间的关系，把握好北约究竟是一支什么力量。为此，开展与北约的对话，直接了解北约，批判性地掌握第一手材料十分重要。在此基础上，可以开展上海合作组织与北约比较研究，中国新安全观与北约战略新概念比较研究，为党和政府建言献策。

我们希望，对北约进行横向解剖，对网络、太空、海洋等全球公域问题开展前沿式个案研究，提升中国在国际安全学科与国际社会的对话水平，这可成为我们未来研究的重点。

基于上述设想，我们组织撰写和编译了这套中国北约研究丛书。我们深知，北约研究在中国目前处于起步阶段，尽管涉及北约的研究领域很多，但北约研究还存在着太多的空白。为此，我们呼吁国内学界对北约展开专业、精细研究；深化学界对美国、欧洲及美欧关系、国际安全、国际组织等专题研究；期待更多学者奉献出更好的北约研究精品。千里之行，始于足下。我们的工作仅仅是一个开端，编纂此套丛书仍有仓促之嫌，欢迎方家批评指正，也欢迎国内外北约研究者参与其中，共同提升北约研究水平。

世界知识出版社作为专业、权威的外交与国际问题出版机构，对我们编纂“中国北约研究丛书”的设想，从构建伊始就给予了热情鼓励和鼎力支持，并且在极短的时间内高效率地组织出版了本丛书的第一批著作和译著，以及随后的第二批译著。在此谨向该机构及相关工作人员表示诚挚敬意和衷心感谢！

中国北约研究丛书编委会

2013年10月8日

<<

本书序：从历史文献中解析北约

风始于青萍之末，止于草莽之间。冷战结束后，随着苏联解体，华约组织退出历史舞台，以美国为首的西方世界赢得了长达半个世纪之久的冷战。世界却并未因此太平，大量过去为冷战所掩盖的区域冲突、民族矛盾、宗教纠纷、恐怖主义纷纷出现，给冷战后的国际秩序带来了许多不确定因素。冷战不止给世界造成半个多世纪的孤立、分裂以及对立，而且也给冷战后的世界降下了怀疑、不安以及无序的阴影。

北约作为冷战时期西方军事与政治的冷战工具，在冷战后纷繁复杂、瞬息多变的国际局势中并未独处一隅，顾影自怜，或者像华约组织那样、一劳永逸退出历史舞台，而是谋求积极拓展，不断介入国际与地区冲突，以此扩大其存在与发展的基础。冷战后的国际政治与安全局势呈现出一边倒状态，西方在国际政治与安全事务中几乎垄断了所有话语权。以北约为代表，西方国家还提出一系列国际关系新概念与新理论，不遗余力地制定国际行为新规则，创立国际政治、经济、文化与安全新语境，试图打造一个以美欧国家为中心的新国际体系。

为实现这一目标，从20世纪90年代起，北约主要着重在两个方向做了大量工作。其一，从90年代末起，北约开始实施大规模东扩，到目前为止，北约已经在1999年、2004年、2007年连续三次实施大规模东扩。

东扩使北约得以将多个前苏联加盟共和国、东欧以及中欧国家纳入其势力范围内，进一步做实并固化其冷战胜利成果。目前，北约成员国数量已经由90年代初16个发展到当前28个，使之成为横跨整个欧亚大陆、规模空前庞大的政治一军事组织。与此同时，东扩还使北约得以最大限度地压缩俄罗斯的战略空间，使北约在其与俄罗斯的地缘政治竞争中占尽先机，使俄罗斯在北约持续不断的挑衅与打压下处处被动。事实上，北约已经将东扩视为打造新欧洲—大西洋政治与安全秩序的一项重要内容。因此，未来的北约决不会满足于现有的东扩成果，北约注定不会顾忌俄罗斯的反对之声，继续加快推进其扩张进程。

其二，北约从90年代初开始致力于实施战略转型。为了应对冷战后不断涌现的各种非传统安全威胁，北约着力于改变其作为冷战军事组织的基本属性，开始向政治一军事组织转移。为此，北约对其政治联盟机制、军事指挥机制、武装力量机制等实施全面改革，不断强化其军事干预能力，同时增强其他政治协作、经济重建、人道主义救援等能力。从世纪之交起，北约主持并参与了多次国际与区域危机干预，例如科索沃冲突、阿富汗反恐战争、伊拉克战争、利比亚战争等，上述域外干预行动既反映了北约战略转型的内在需要，同时也反映了北约重塑后冷战国际秩序的战略意图，即在世界范围内削弱或者消除各种类型的重大潜在威胁与敌对势力，为建立新的北约版国际体系奠定基础。

此外，全面提升北约在国际事务中的地位与影响，也是北约战略转型的一个重要目标。为此，北约竭力扩大与各种国际组织、区域组织以及地区大国的相互合作，在世界范围内建立各种对话机制、合作机制以及伙伴国机制，建立大量政治合作与磋商机构。北约甚至还与俄罗斯共同建立“北约—俄罗斯理事会”，以增加双方的对话、协商以及合作，目的是减少来自俄罗斯对北约东扩以及转型的阻力。毫无疑问，这些新机制和机构必然会进一步扩大北约在全世界的影响，进而会加快北约的战略转型进程。

由此可见，不论是现在还是未来，北约注定会在国际事务中发挥重大作用。因此，深入了解北约，特别是集中研究北约在冷战后国际格局中的走势与特征，对于全面解读冷战后国际格局走势，可谓至关重要。然而，虽然北约的地位与作用极其重要，但是如何为北约准确定位，如何更深入挖掘、全面总结北约的发展规律，这是北约专题研究中的关键。对于后冷战时期的北约，我们还存在着许多困惑，其中包括，我们应该如何看待冷战结束后北约组织的属性？如何看待北约在世纪之交的战略转型？非传统安全威胁是否如北约所宣称的那样，已经成为北约所要面对的最大外来威胁？非传统安全威胁以及全球公域安全威胁是否会就此替代传统安全威胁？传统安全威胁与非传统安全威胁在北约战略与政策中的权重究竟如何？传统地缘政治规则是否仍会在后冷战时期继续发挥作用？上述问题不仅涉及北约的历史，也涉及北约的现在与未来，都是我们深入研究北约专题所必须要面对的。

要圆满回答上述问题，首先需要从北约的历史与本源入手，深入了解和研究北约政策与战略的根源及其变化。为此，“中国北约研究丛书编委会”梳理并编辑了《北约重要历史文献选编》丛书。本书是上述丛书的第二本，主要收集并整理了20世纪80年代北约的重大历史文献，其中包括北约成员国首脑峰会文件、北大西洋理事会会议公报、北约秘书长重要讲话、北约对80年代各种重大国际问题的基本政策与态度等。另外，鉴于80年代欧洲政治与安全形势所具有的特殊性，北约出台的许多战略与政策，与欧安会相关政策关联密切，与美苏关于中程弹道导弹谈判密切相关，因此，为了更好地说明20世纪80年代北约的战略动态与走势，本书还特别收录了《美苏中导条约》、《欧安会总结性文件》、《欧安会维也纳文件》三个重要文件，以方便研究者能够更深入地了解80年代北约战略与政策动态。

本书所收集的北约历史文献目录由许海云初选，经编委会委员王义桅、李海东、刘得手、高华、唐永胜等共同讨论并最后确定，相关文献分别由许海云、胡晔、王秋怡、曾晨宇翻译，由许海云负责统稿和校对。

本书的具体分工如下：

许海云：一到十七、十九到二十五、二十七到三十

胡晔：十八、二十六、三十五

王秋怡：三十一到三十四

曾晨宇：三十六到四十一

中国北约研究丛书编委会

2014年4月29日

<<

目 录

<<

缩略语

A

艾滋病	AIDs

B

北约组织	NATO
北约常规军备计划体系	CAPS
北约南欧盟军司令部	CINCSOUTH
北约欧洲盟军司令部	ACE

C

常规武装力量条约谈判	CFE

D

短程核力量导弹	SNF

E

F

附属工作机构	SWBs
复杂事件	CEP

G

高级别工作组	HLTF
公共分组交换数据网络	PSDN
构建信心与安全措施	CSBMs
国家武器监督协会	CNAD
国际民间航空组织	ICAO
国际原子能机构	IAEA
国际电信联盟	ITU
国际海事组织	IMO
国际货币基金组织	IMF
国际铁路联盟	UIC
国际商会	ICC
国际自然保护联盟	IUCN

H

核计划小组	NPG
《核安全标准法典》	NUSS
华约组织	WTO

I

J

监督和评估空气污染物在欧洲远距离传播	EMEP
军事委员会14号文件第三版	MC14/3

K

L

联合国欧洲经济委员会	ECE
联合国教科文组织	UNESCO
联合国环境规划署	UNEP
联合国国际贸易法委员会	UNCITRAL
伦敦战略研究学会	I.I.S.S
陆基巡航导弹	GLCM
陆基短距离中程核导弹力量	SRINF
陆基弹道导弹	GLBM

M

美苏两国销毁中程和中短程导弹条约	INF

N

O

欧安会	CSCE
欧洲常规武器条约	CFE
欧共体	EC
欧洲自由贸易联盟	EFTA
欧洲裁军会议	CDE

P

Q

R

国民生产总值	GDP

S

斯德哥尔摩会议	CDE
商品贸易统计数据库	COMTRADE
世界卫生组织	WHO

T

U

V

W

X

相互战略武器会谈	SALT
相互均衡裁军谈判	MBFR

Y

迎接现代社会挑战委员会	CCMS
远距离战区核力量	LRTNF

Z

战区核力量	TNF
战略武器削减谈判	START
重型弹道洲际导弹	ICBMs

一、北约防御的财政与经济数据报告

（1949—1980年）（1980年12月9日）

北约成员国防御支出（1949—1980年）

表一给出的数字代表了实际防御支出，或者代表了在财政年度的防御支出，它们建立在北约界定的防御开支的基础之上。考虑到这一数字与国家界定的区别，在此展示的这一数字可能与那些国家当局引用的数字、或者国家预算所给出的数字有相当大差别。

有关美国和加拿大的数字，包括了军事援助计划的开支，北约的欧洲成员国所给出的数字，则并不包括从美国和加拿大军事援助计划中得到的终端产品的价值。

表一：北约成员国的总防御开支[1]（当前价格）

国家	货币单位	实际支出							
		1949	1954	1970	1971	1972	1973	1974	1975
（0）	（1）	（2）	（3）	（4）	（5）	（6）	（7）	（8）	（9）
比利时	百万比利时法郎	8273	20707	37388	40654	45183	50533	57739	
加拿大	百万加拿大元	372	1771	2061	2131	2238	2405	2862	
丹麦	百万丹麦克朗	360	885	2757	3195	3386	3520	4439	

续表

法国[a]	百万法郎	4787	11710	32672	34907	37992	42284	47878	
德国[b]	百万马克	—	6287	22573	25450	28720	31908	35644	
希腊	百万德拉克马	1630	3428	14208	15480	17211	19866	24126	
意大利	百万里拉	301	543	1562	1852	2162	2392	2852	
卢森堡	百万卢森堡法郎	112	565	416	442	517	601	710	
荷兰	百万荷兰盾	680	1583	3909	4394	4886	5360	6144	
挪威	百万挪威克朗	370	1141	2774	3022	3239	3505	3938	
葡萄牙	百万埃斯库多	1419	2100	12538	14699	16046	16736	25108	
土耳其	百万土耳其里拉	556	934	6237	8487	9961	12192	15831	
英国	百万英镑	779	1569	2444	2815	3258	3512	4160	
美国	百万美元	13503	42786	77854	74862	77639	78358	85906	
地区									
北约下辖的欧洲	百万美元	4838	11756	24464	27990	33602	40716	45999	
整个北美	百万美元	13875	44557	79821	76973	79898	80761	88832	
整个北约	百万美元	18773	56313	104285	104963	113500	121477	134831	

注释：

ⓐ 法国是北约成员国，但却不属于统一的军事结构，相关数字只是象征性的。

ⓑ 在其加入北约之前（1955年5月），联邦德国对北约的防御开支做出了贡献，它在北约所限定的防御开支中承担了某些其他费用。除去由于柏林这座城市的特殊情况及其需要而带来每年大笔开支以外，还有其他开支。

ⓒ 这些防御开支的总数建立在相关年代有效货币汇率的基础上。

表二：防御开支在国内生产总值购买价值的百分比[b]

国家	平均值 1970—1974	1975	1976	1977	1978	1979	1980
(0)	(1)	(2)	(3)	(4)	(5)	(6)	(7)
比利时	2.8	3.1	3.1	3.1	3.3	3.3	3.3
丹麦	2.2	2.4	2.2	2.2	2.3	2.3	…
法国[a]	3.9	3.8	3.8	3.9	3.9	3.9	4.0
德国	3.5	3.6	3.5	3.4	3.4	3.3	3.3
希腊	4.4	6.5	5.9	6.8	6.6	5.8	5.2
意大利	2.7	2.5	2.3	2.4	2.4	2.4	2.3
卢森堡	0.8	1.0	1.0	1.0	1.1	1.0	1.1
荷兰	3.3	3.4	3.2	3.5	3.2	3.4	3.3
挪威	3.2	3.2	3.1	3.1	3.2	3.1	3.0
葡萄牙	6.9	5.3	4.0	3.5	3.5	3.5	3.4
土耳其	4.2	5.8	6.2	5.8	5.2	4.6	4.7
英国	5.0	5.0	5.0	4.8	4.7	4.8	5.2
北约下辖的欧洲	3.7	3.8	3.7	3.6	3.6	3.6	…
加拿大	2.1	1.9	1.9	1.9	2.0	1.8	1.8
美国	6.7	6.0	5.4	5.3	5.2	5.2	5.5
整个北约	5.2	4.7	4.4	4.4	4.3	4.3	…

注释：

ⓐ 法国是北约成员国，但并不属于统一的军事结构，相关数据只是参考性的。

ⓑ 这些百分比的计算并未考虑到支出。

表三：国内生产总值的购买价值与北约防御开支，以美元计算[a]

国家	人均国内生产总值						人均防御开支		
	1975	1976	1977	1978	1979	1980(a)	1975	1976	1977
(0)	(1)	(2)	(3)	(4)	(5)	(6)	(7)	(8)	(9)
比利时	9049	9522	9396	9879	10108	10222	281	296	303
丹麦	10202	10388	11050	11158	11521	11425	237	241	248
法国[b]	8042	8409	8622	8874	9123	9290	309 b	320 b	335 b
德国[c]	9257	9794	10084	10814	10872	11149	348 c	351c	350 c
希腊	2988	3136	3209	3375	3470	3445	195	184	219
冰岛	8715	8941	9376	9770	9906	9879	…	…	…

续表

意大利	4239	4460	4527	4621	4834	4984	105	104	108
卢森堡	8864	9116	9245	9661	9868	9966	90	97	94
荷兰	8631	9013	9172	9342	9484	9481	297	292	322
挪威	8845	9403	9699	9974	10253	10691	297	297	300
葡萄牙	1596	1688	1764	1812	1877	1930	84	68	63
土耳其	1124	1188	1210	1216	1197	1206	51	63	65
英国	5105	5294	5367	5537	5626	5500	272	270	264
北约下辖的欧洲	5985	6266	6385	6546	6733	6804	220	230	234
加拿大	8024	8380	8490	8715	8878	8666	168	170	174
美国	8528	8943	9326	9658	9796	9598	503	493	493
整个北约	7049	7386	7609	7041	8010	7968	332	329	332

注释：

ⓐ 所有的数字都是以1978年的价格来计算的，各国货币均在1978年汇率的基础上转换成美元，因为从那时起，汇率出现进一步变化，应该在一定程度加以谨慎。

ⓑ 法国是北约成员国，但并不属于统一的军事结构，相关数字只是参考性的。

ⓒ 这些数字的计算并没有考虑柏林的开支（见表一），这些数字如下：1975年是408美元，1976年是418美元、1977年是420美元……1980年是464美元。

表四：装备开支在总防御开支中所占的百分比（财政年）ⓐ

国家	平均值 1970—1974	1975 ou 1975—1976	1976 ou 1976—1977	1977 ou 1977—1978	1978 ou 1978—1979	1979 ou 1979—1980	1980 ou(e) 1980—1981
（0）	（1）	（2）	（3）	（4）	（5）	（6）	（7）
比利时	10.6	9.0	11.0	11.9	13.9	13.1	13.6
加拿大	7.3	6.3	8.0	8.5	10.0	12.8	13.7
丹麦	16.8	19.0	19.4	21.8	16.4	16.3	15.4
德国	11.9	11.8	13.2	12.5	13.0	13.7	14.2
希腊	…	…	…	…	…	…	…
意大利	15.4	13.9	13.1	15.3	16.2	15.1	18.3
卢森堡	1.6	1.0	3.4	2.0	1.7	2.1	1.9
荷兰	12.8	15.9	15.5	20.9	18.3	20.1	17.9
挪威	13.5	11.6	11.4	14.2	17.2	18.9	17.0

续表

葡萄牙	7.5	1.9	1.9	2.1	1.8	3.8	6.7
土耳其	4.0	25.2	28.5	21.9	18.5	9.5	6.1
英国	17.0	19.3	20.6	22.0	23.0	23.2	24.1
美国	21.1	17.5	17.4	17.5	20.0	19.8	19.5

注释：

ⓐ 对所有国家来说，上述数字都属自然年，除加拿大和英国以外（他们的财政年：4月—3月）；丹麦（财政年1975/1976—1977/1978：4月—3月；财政年1976年：4月—12月：财政年从1979年之后：1月—12月）；土耳其（财政年：3月—2月）以及美国（财政年1975/1976：7月—6月；财政年1976/1977以后：10月—9月）。

表五：武装力量

国家	仅军事人员（千人计）						总数的百分比	
	1975	1976	1977	1978	1979	1980	1975	1976
（0）	（1）	（2）	（3）	（4）	（5）	（6）	（7）	（8）
比利时	103	107	107	118	107	109	2.8	2.9
丹麦	34	31	32	33	33	35	1.8	1.6
法国[ⓐ]	585	585	584	581	578	575	3.2	3.2
德国	491	493	495	491	492	495	2.5	2.6
希腊	185	186	187	186	180	180	6.6	6.7
意大利	459	455	475	489	490	500	2.5	2.4
卢森堡	1	1	1	1	1	1	0.8	0.8
荷兰	107	106	103	106	107	107	2.8	2.7
挪威	38	39	39	40	40	39	2.8	2.8
葡萄牙	104	83	79	82	81	83	2.8	2.2
土耳其	584	674	771	720	698	717	3.9	4.4
英国	348	337	326	320	324	328	2.5	2.4
北约下辖的欧洲	3039	3097	3199	3167	3131	3169	2.9	2.9
加拿大	78	78	78	79	79	80	1．2	1.1
美国	2098	2075	2060	2033	2027	2047	3.3	3.2
整个北约	5215	5250	5337	5279	5237	5296	3.0	3.0

注释：

ⓐ 法国是北约成员国，但不属于统一军事结构，相关数字只是参考性的。

<<

二、北大西洋理事会布鲁塞尔会议公报

（约瑟夫·伦斯，1980年12月11—12日）

第一部分

针对国际关系中不确定与紧张局面不断出现，1980年12月11—12日，北大西洋理事会在布鲁塞尔召开会议。

部长们对以下内容达成一致意见：

1．苏联持续建构其军事力量，就像在阿富汗所见到的，苏联明显不愿意按照《联合国宪章》、《赫尔辛基最后议定书》以及国际法所确立的原则使用其武力；苏联高悬于波兰头顶上的威胁，引起北约成员国以及整个国际社会的严重关切。

因此，对于维持稳定与和平而言，保持北约的力量与凝聚力遂变得非常重要。由于目标统一，盟国决定回击任何针对其人民自由与幸福的挑战，为威慑和防御付出努力和牺牲；他们将以这种方式发挥其作用，保持缓和的基础。

真正的缓和在空间上必须是世界范围的，必须是不可分割的，只有当苏联严格遵守《联合国宪章》和《赫尔辛基最后议定书》全文提出的原则，它才可能在欧洲及其他地区取得成功。盟国努力劝说苏联改变其政策，即从干涉其他国家的事务，转向尊重任何国家主权，服务于国际社会的总体利益。盟国将会使沟通渠道保持开放，并且做好准备。对苏联停止侵略行动的具体步骤做出回应，为创建富有建设性的东西方关系打好基础。为此，盟国将继续致力于谋求有效、均衡而且可验证的裁军与武器控制措施。

2．缓和可以在东西双方合作与交流中带来相当可观的利益，但却由于苏联的行动而遭到严重破坏。如果苏联再次侵犯任何国家在领土主权与独立上的基本权利，缓和就无法维持下去。波兰应该自由决定自己的未来，盟国将尊重不干涉原则，而且强烈鼓励其他国家同样尊重不干涉原则。任何干涉之举都将会从根本上改变整个国际形势，盟国将被迫依据形势发展的严重性所需方式采取行动。因此，北大西洋理事会将对这一形势保持密切而又持续的观察。与此同时，如果苏联付诸真诚的努力，以恢复缓和所必需的互信，它就会得到盟国的迅速回应。

3．特别是在当前的环境中，保持柏林及其周边地区的平静形势是非常重要的；1971年9月3日订立的“四方协议”，其积极效果不应该由于双边措施而受损，这一点亦非常重要。作为一个整体，国际形势不能不受到柏林形势的影响。德意志民主共和国最近采取措施，已大大减少了德国国内旅行，这对于柏林人的旅行与访问产生了特别不利的影响，此举对两德关系构成一种倒退。盟国支持联邦德国为撤销这些措施所付出的努力，这样，为了欧洲和那些受其影响国家的稳定与合作，联邦德国与民主德国的关系就能获得进一步发展。

4．苏联占领阿富汗让人无法接受，苏联占领阿富汗已有一年之久，阿富汗人民依然在其领土上饱受外国军队压迫之苦。苏联政府用武力将其意志强加在这个中立、不结盟国家的身上，此举与其反复强调的对第三世界国家的友谊不相符，给其未来打算带来了不信任。在“联合国大会”中，绝大多数国家再次呼吁苏联立即从阿富汗撤出外国军队。尽管“伊斯兰会议”付出努力，但由于苏联拒不让步，谋求政治解决并未取得进展。必须采取这样一种解决方案，即全部撤出苏联军队，使阿富汗人民全面行使其独立与自决的权力。

由于苏联的占领，超过100万阿富汗人流离失所，此举导致巨大的人类苦难，也给邻国带来了沉重负担。本着“联合国决议”精神，各盟国政府将与众多中立与不结盟国家一起，为人道主义做出贡献，缓解这些难民所处的困境。

5．苏联入侵阿富汗，对整个西南亚产生了重大影响，该地区对于国际社会以及盟国安全具有至高无上的利益。在保护其重要的经济与战略利益的同时，北约许多成员国准备为减缓这一地区的紧张局势展开工作，他们将采取单个方式，为这一地区的和平与稳定做出贡献。

盟国对两伊战争深感遗憾，这一战争引发了人们进一步关注这一受影响地区的稳定。为此，他们强调保持自由航行所具有的重要意义。

回想到此前北大西洋理事会所采取的态度，盟国重申，有必要尽早就阿以冲突获得一个公正、持久以及全面的解决方案。

6．华约数年以来军事力量获得巨大增长，特别是苏联军事力量也在数年来获得巨大发展，这在欧洲与整个世界引起了合理担忧，这种军事力量的增长与华约成员国所做的频繁保证构成矛盾，因为他们宣称其目标并非寻求军事优势。

在当前环境下，北约特别需要威慑与防御。因此，盟国将以单个或者集体方式，采取防御步骤，以应对华约军事力量的增长，抵御侵略。

7．北约的力量不仅在于其所拥有的防御力量，而且还在于其成员国在政治与军事上提供相互支持所具有的凝聚力与准备工作。特别是，他们已经从侧翼迂回的做法中大大受益，而且也从针对广泛问题及时进行协商中大大受益。他们积极推动这一做法，目的是在影响他们共同利益的所有事务上强调他们的团结。本着《北大西洋公约》第二条款的精神，他们将继续盟国的计划，加强北约中欠发达成员国的经济，此举意义格外重大，而且势在必行。

西南亚形势的恶化，强调了加强西南侧翼防御态势的必要性与紧迫性，也强调了保持整个地中海地区稳定与力量平衡的必要性与紧迫性。

通过针对这一地区最近所做的积极决策，西南亚侧翼的凝聚力得到大力加强，北约用于威慑与防御的能力也因此得到相当大提高。与此同时，这些发展态势被视为希腊与土耳其恢复互信受人欢迎的一大步骤，而且这些发展态势加强了两国政府通过双边努力取得成功的预期。

8．盟国极其重视“欧安会”（CSCE）所启动的进程，将其视为在全面实施“赫尔辛基承诺”的基础上、在欧洲提高安全并且发展合作的一个宝贵框架。他们致力于在目前“马德里续会”外继续推进“欧安会”进程。这次会议是在苏联入侵阿富汗的阴影下召开的，也是在苏联以及其他地区出现持续压迫人权的情况下召开的，这些行为明显侵犯了《赫尔辛基最后议定书》所宣称的原则。在对这些侵犯行为予以谴责的过程中，在对实施行为展开深入讨论期间，盟国也在寻求保持他们仍致力的《赫尔辛基最后议定书》的完整性。

本着同样的精神，他们正在对《赫尔辛基最后议定书》所覆盖的所有领域提出新的重要建议，包括人权、人与人的接触与信息。在安全领域，盟国强烈建议在某一框架下扩展和加强构建信任的措施，该框架可以确保这些措施不仅在军事上非常重要，而且可以验证，并且适合于整个欧洲大陆，也包括苏联在欧洲领土上的所有国家。就此而言，回想到他们此前发表的《安卡拉宣言》，盟国注意到，法国政府关于“欧洲裁军大会”授权所提出的建议，在“欧安会”的支持下，已经被列入马德里会议的议事日程，而且该建议受到多国代表团欢迎。

9．针对世界范围内武装力量与军备持续增长，盟国也参与到广泛的国际关注中，盟国政府在不同的平台上提出许多建议，武器控制与裁军问题在这些平台上得到讨论。如果已经生效的协议得不到全面贯彻，这些努力就会更难奏效。在这一点上，盟国欢迎各个缔约国家付出的所有富有建设性的努力，其目标是确保现存协定的有效性。新协议的谈判必须提供足够的验证。盟国将会继续寻求在联合国框架下以及其他形式下达成协议，在较低水平武装力量与军备的基础上为所有国家创建更大程度的安全。

10．盟国参加了“相互均衡裁军谈判”（MBFR），他们决心通过两个阶段削减，在中欧建立一种更加稳定和公正的力量平衡；基于一致认可的数据，这些削减行动以共同集体安全上限的方式，在军事人员方面达成真正的均势。1979年12月，西方国家提出建议，对涉及美国与苏联削减以及其他措施的第一阶段互惠协议，达成一个现实框架。尽管东欧国家最近在实现第一个过渡阶段协议中取得了有限进展，正如西方国家所建议的，他们很后悔仍未提供必要的信息，就苏联在东欧的武装力量规模达成协议，这是达成第一阶段协定的必要前提。尽管东欧国家并没有对西方国家关于相关措施的建议给予充分回应，这些措施旨在确保能对武装力量削减与限制实施验证，旨在加强稳定。

11．确保美国和苏联之间保持战略平衡，对于北约的安全极其重要。北约支持进一步谈判，并且深深致力于“限制战略武器会谈”（SALT）进程，将其作为对美国和苏联战略核力量实施意义深远的相互限制的一种方式，这些核力量将会加强西方的安全，维持东西方稳定。

第二部分

12．参与1979年12月12日“战区核力量”（TNF）决策的盟国，已收到“特别协商小组”在涉及“战区核力量”的武器控制进展所提交的第二份报告，他们对小组内部所举行的密切而又富有成果的协商表示满意。他们很满意地提到，美国与苏联最近举行的谈判，具有严肃而且富有实质意义的特性。这些盟国表达了他们对美国谈判方法的支持，详细说明了在他们中间、以1979年12月决策为基础所展开的密集磋商。通过互相磋商，可以确定明年美苏交流的日期。

会议也提及持续实施1979年12月决策的现代化要素，苏联在“远距离战区核力量”（LRTNF）部署上所具有的优势，引起了西方国家的严重关切。已经确认的SS-20导弹基地，将比已计划好的整个现代化计划可以单独携带更多的核弹头。

盟国一致支持涉及“战区核力量”的武器现代化以及武器控制，对于达成一致认可的武器限制协议而取进展，盟国的团结一致显得非常关键。按照通过谈判所取得的具体结果，北约在远距离部署“战区核力量”所要求的规模将得到检验。

将美国驻欧洲的核弹头撤出1000枚，这是“远距离战区核力量”武器现代化与武器控制决策的一个组成部分，这项工作已经完成。

<<

三、北大西洋理事会布鲁塞尔部长会议备忘录摘录

（1980年12月11—12日）

除公报以外，外长们决定对1980年12月11—12日会议备忘录发表以下摘录：

北约内部的经济合作与援助

在重申他们坚持《北大西洋公约》第二条款精神的同时，部长们回顾了经济欠发达国家针对当前正在经历困难的世界环境所面临的许多特殊问题，他们提到北约秘书长所做的一份报告，该报告的内容是，在提高那些成员国经济形势的过程中、迄今为止通过适当的双边或多边渠道所取得的成绩。紧随1978年所采取的政治倡议之后，北约已经取得实质性结果，但是部长们强调，对于解决这些国家的长期经济困难而言，持续的政治支持堪称非常重要，而这些国家为加强北约的力量与团结做出了贡献。

“支持稳定的科学”

部长们提到，目前已经提出实施“支持稳定的科学”计划的具体建议，他们在去年6月支持设立了这些计划，即加强欠发达国家的科学与技术能力；这些建议要求在此后5年提供足够的资金援助。

地中海形势

部长们提到，按照他们的指示而准备关于地中海形势的报告，该报告再次强调有必要保持整个地区武装力量平衡。他们要求正在会期中的北大西洋理事会继续就这一问题展开协商，并且在其下次会议上提交进一步报告。

装备合作

部长们检查了“国家武器监督协会”（CNAD）提交的报告，并且提到在定期装备计划与开发暨生产防御装备的合作计划两个方面取得令人鼓舞的成就。他们欢迎在“跨大西洋对话”下付出努力，开启双向生产计划，并且促进武器家族的研究与引进。这种“跨大西洋对话”预示了北约的欧洲成员国之间的合作取得进展。在强调标准化对军事效率做出重大贡献的同时，也强调其对较好使用资源的重大贡献，他们欢迎标准化在步兵轻武器的口径方面所取得的进展。

部长们注意到重点被置于使用北约成员国的技术潜力，以求最好地开发防御装备，部长们鼓励说，应该持续关注对工业欠发达成员国施以援助。就此而言，他们欢迎美国最近向土耳其出借军事工业装备。

在认识到协调“空军防御计划”对北约防御态势所具有的重要意义的同时，对于为此目标而在北大西洋理事会之下建立“北约空军防御委员会”，部长们表示非常满意。

民间紧急事件、成员国对商船与民用飞机做出承诺

部长们注意到在这一领域所取得的进展，他们也支持为提高紧急计划状态而采取行动。

“迎接现代社会挑战委员会”（CCMS）

部长们提到了北约秘书长就“迎接现代社会挑战委员会”工作而提出的“年度进展报告”。1980年11月24日，他们在布鲁塞尔高层会议上收到一份报告，7名环境部部长与其他高级官员就环境、国家计划、利用多元化能源资源、化学制品的环境处理等问题交换了看法。

部长们注意到，已经完成一项主要试点项目，该项目涉及减少硫氧化物气体向大气层排放，他们强调有必要广泛散发“迎接现代社会挑战委员会”的项目报告，他们希望这些建议应该迅速地被整合到国家环境政策中。另外，他们也饶有兴趣地提到一些决定，即在明年秋季举办座谈会，展开“技术评估以及危险废物”的讨论，增加“迎接现代社会挑战委员会”的奖学金项目。部长们提到，最近委员会召开全体大会，在全面审查项目在当前取得的进展方面，特别关注到“地震学与地震灾害减灾”。部长们一致同意，最近意大利发生的悲剧事件给这个项目增添了额外的分量。

四、北约格伦伊格尔斯会议最后公报

（1981年10月20—21日）

1981年10月20—21日，北约核计划小组（NPG）在苏格兰格伦伊格尔斯召开第三十次部长会议，部长们讨论了涉及核武器与武器控制在内的、极其广泛的安全问题，包括北约与华约核力量的地位、北约的战区核力量态势、实施1979年12月关于“远距离战区核力量”现代化以及武器控制的“双轨制决定”所取得的进展。

部长们一致肯定，威慑战略是维持和平最可靠的途径，就像过去30年那样，这一战略目前仍在发挥作用。部长们回想到，这一战略建立的基础，是使任何潜在的对手相信，发动任何针对北约的战争所带来的风险，与所想象的收获完全不成比例。要做到有效，威慑必须是可信的。因此，北约必须要被视为既拥有能够积极回应的能力，又具有使用这一力量的意愿。考虑到现存的苏联威胁以及有必要避免苏联误判的危险，拥有一支有多个不同内容的武装力量，则为实施威慑所必需，这支武装包括常规力量、战区核力量与战略核力量在内。在北约的欧洲部分部署战区核力量，为北约的欧洲部分与美国战略核力量之间提供了一种关键联系，其中，美国的战略核力量成为西方安全的最后保证。

对美国国防部长最近就美国决定对其战略核力量实施现代化、加强并提高其生存能力而发表的简报，部长们表示欢迎。他们表示支持美国的决定，即确保其战略力量的威慑力，因为它对于北约全面防御的重要性非常关键，因为美国军事力量的全部功效亦积聚于此。部长们支持美国对武器控制所做的承诺，即对战略武器实施必要、均衡并且可以验证的削减。就这一点而言，他们也提到美国所付出的努力，其目标是在可能最低水平武装力量的基础上，使武装力量达到一种足够而且稳定的均衡，这并不代表美国试图获得战略优势。

部长们询问了苏联全方位武器系统中核力量的持续发展状况，从战略导弹到核大炮。他们对苏联正在部署的核力量出现急剧变化表示特别关切，尤其是现代化的SS-20导弹付诸部署，颠覆了整个欧洲的军事形势，成为产生不稳定以及政治压力的潜在根源。部长们提到，苏联当前部署了250多枚SS-20导弹，可以携带的核弹头超过750个，连同350枚SS-4导弹和SS-5导弹，可携带的核弹头总数超过1100枚。而且苏联人也开始向其作战部队引进新一代的短程核导弹和中程核力量，例如SS-21导弹和SS-22导弹，以及大规模经过改进的、可携带核武器的飞机。与苏联战区核力量在数量和质量上全面强化大相径庭，北约一直没有增加其核弹头，事实上，美国还单方面从欧洲撤出1000枚核弹头，将其作为执行1979年决策的一部分实践。

部长们一致认为，苏联最近提出的要求事实上并不具备基础，即当前在“远距离战区核力量”方面出现均势。这些数字和比例一直为苏联所引用，目的是为苏联在“选择性纳入和排除进程”中实现这些主张提供支撑。忽略所选定的标准，对具有同样作战能力的两个系统进行客观比较，这将显示出欧洲战区的核系统出现广泛而又不断增强的均势会有利于苏联。

部长们提到，美国最近发表的一份名为“苏联军事力量”的综合性公开报告，讨论了苏联军备的发展趋势，他们对这份报告表示欢迎，该报告是为回应1981年4月核计划小组会议中部长们要求公开获取更多信息而准备的；这一报告为公众知晓苏联核力量与常规力量的现实情况做了非常有用的贡献。因此，部长们也欢迎这一事实，即将在北约范围内尽可能快准备好一份报告，对于公众信息来说，该报告将把北约与华约武装力量进行比较。

部长们也很关切地指出，“远距离战区核力量”的不平衡状态不仅持续存在，而且还会恶化。在这个背景下，他们强调，北约将会继续推进1979年12月关于“远距离战区核力量”现代化与武器控制的“双轨制决定”，继续在两个方面的实施中取得进展。

关于现代化方面，部长们提到在“潘兴Ⅱ导弹”与陆基巡航导弹上取得重大进展，也提到将其部署在欧洲的各项准备工作已取得进展。他们强调，部署这两种导弹的目的是，保持北约在威慑战略这一重要领域中具有可靠力量，反制苏联大规模部署新的、可移动的、拥有更大射程而且目标更精确的战区核力量。部长们重申，北约已计划完备的导弹部署（在1983年底之前不会启动，而且也不打算与苏联展开武器对武器竞争），此举既不会增加北约对核武器的依赖，也不会改变北约的战略。部长们继续宣称，北约不会寻求军事优势，但是为了保持威慑，北约必须拥有可靠而且有效的核力量。北约部署现代化“远距离战区核力量”，这意味着要确保一个事实，即苏联无法假定它可以将欧洲出现的冲突变成区域冲突，将其阻遏于自身疆域之外，或者削弱北约的战略团结。部长们再次强调并且做出总结，北约核武器所发挥的作用在目前是威慑性的，将来亦如此。

部长们再次肯定，“高级别工作组”（HLTF）持续就调整的确切性质、范围与基础展开检查，这一工作具有极大的重要意义；这一调整工作是部署“远距离战区核力量”所必需的，也是这些部署工作可能产生的影响所必需的；总体而言，这些部署支持北约核武库中作用与系统的平衡。

关于武器控制，部长们欢迎美国国务卿与苏联外长最近发表的声明，即11月30日在日内瓦开启战区核武器控制谈判。他们提到，各个盟国政府在贯彻北约1979年12月12日决定时保持着坚定信念与决心，在说服苏联回到谈判桌的过程中，这些堪为关键要素，而且在达成具体结果的过程中可谓至关重要。他们提到，美国在准备这些谈判的过程中取得重大进展，而且完全支持在北约内部展开密切协商，包括“北约特别协商小组”。就此而论，部长们讨论了北约核计划小组中“高级别工作组”所提交的两份报告，就像北约各成员国外交部长和国防部长在1981年春季会议上所一直要求的。这些会议针对北约所面对的威胁提出一项最新评估，并且对北约战区核力量的功能要求展开讨论。部长们一致同意，这些文件满足了北约部长们在5月会议上所提出的要求；他们表达了其观点，即美国可以相信这些文件，将其当作为即将到来的、与苏联就战区核武器控制展开谈判所做的重要且必不可少的贡献。

部长们完全支持美国所做出的承诺，即在“限制战略武器会谈”的框架下，在可达到的最低核力量水平的基础上，针对战区核力量订立一些平等的、可验证的协议。在相互作用的基础上，保持零点核水平是在理想环境下的一种可能选择。他们呼吁苏联履行承诺，“不遗余力地达成一项适当协议”。部长们欢迎美国全心全意展开谈判，并且就加强安全、保证和平得出一些具体结果。

<<

五、北大西洋理事会对恐怖主义的声明

（1981年12月10日）

比利时、加拿大、丹麦、法国、联邦德国、希腊、冰岛、意大利、卢森堡、荷兰、挪威、葡萄牙、土耳其、英国和美国等国外交部长与代表，提到他们先前就谴责、阻止、镇压所有恐怖主义行动所做的声明，包括针对外交与领事使团及其住处的人员实施攻击。他们重申，他们深切关注平民所遭受的痛苦，并且深切关注这种犯罪性攻击对国际关系所造成的消极影响。他们深为遗憾地注意到，不论他们先前提出何种要求，这一进程都将以不同方式继续。因此，在大力谴责这些行动、将其斥为粗暴践踏人类尊严与权利的同时，他们也强调要在这一领域展开更多合作。部长们也强调，他们决心采取所有必要措施，有效确保所有官方代表的安全，同时有效确保在其领土上、在外交、领事与其他官方关系范围内参与行动的个人之安全。

<<

六、北约对中程核力量现代化与武器控制的部长声明

（1981年12月11日）

那些参与1979年12月针对“中程核力量”（INF）现代化以及武器控制决定的盟国，欢迎美国和苏联在11月30日战略武器控制框架下开启中程核武器（INF）谈判。他们表达了其信念，即这些谈判将会取得一个积极成果，这一结果将有助于在其他东西方武器控制谈判中获得更大程度的东西方关系稳定与进步，他们全面支持美国的谈判方法，该方法在盟国之间密切协商的过程中得到发展。

1979年12月所做的决定，是在苏联“远距离中程核力量”对北约安全威胁不断增长的情况下出台的，特别是SS-20导弹，每一枚导弹都可以携带3个分导式核弹头。从那时开始，苏联远程导弹的数量迅速增长，SS-20导弹的部署仍在继续。苏联现在拥有大约1100枚能够装载“远距离中程核力量”的核弹头，这些导弹对北约构成威胁。

1979年的“双轨制决定”，为通过武器控制谈判、减少威胁做好了铺垫。在这一决策的基础上，在北约盟国的全面支持下，美国提出一项意义深远的建议，消除所有美国与苏联的“远距离陆基中程核力量”。如果苏联人将拆除其SS-20导弹，并且收回其SS-4导弹、SS-5导弹，美国也将不再部署“潘兴II导弹”和陆基巡航导弹。这一历史性提议可谓直截了当，而且公平端正，该提议将消除东西双方最关心的导弹系统。如

果苏联表示出同样的意愿，采取意义深远的裁军措施，消除东西双方这些远程导弹有可能成为现实。在随后各阶段中，将会谋求削减美国与苏联的其他核力量系统。

在说服苏联不预设条件就开始谈判的过程中，实施1979年12月“双轨制决定”的决心，始终堪为一个关键因素，因而催生了实现真正武器控制的机遇。在达成谈判的具体结果中，同样的解决方案亦非常重要。现代化计划的实施正在继续，只有通过一项公平、有效的武器控制协议，才能改变该计划的实施。

盟国欢迎美国所做的承诺，在尽可能短的时间里，尽一切努力使谈判取得结果。他们也提到，美国打算诚心诚意地展开谈判，听从并且考虑苏联的建议，其目标是达成一项公平、有效而且可验证的协议，该协议能够为加强北约安全、推动东西方之间建立一种更稳定的军事关系做出贡献。对苏联这一方面来说，要达成这一协议，也需要实施一种同样富有建设性的方法。

在“特别协商小组”内部，美国与其盟国针对中程核力量武器控制展开协商，此举大大有助于这些谈判的准备工作，并且会作为谈判进展而继续下去。这些协商是北约团结一致的一种展示，也反映了美国承诺以盟国观点考虑谈判，并且将美国的谈判努力与盟国保持紧密联系。

<<

七、北约对波兰事件的声明

（1982年1月11日）

1．北约各成员国政府谴责波兰实施军事管制，声明这是对人权的严重践踏，是对基本的公民自由实施压制，既违背了《联合国宪章》，也违背了《世界人权宣言》与《赫尔辛基最后议定书》。

2．波兰革新与改革的进程始于1980年8月，所有相信自由和自决的人们都对此满怀同情与希望，拭目以待。这一改革进程源于绝大多数波兰人民的真诚努力，目的是建立一个更加开放的社会，符合《赫尔辛基最后议定书》的各项原则。

3．对波兰实施军事管制、用武力对付波兰工人，随后有数以千计的人被拘禁、坐牢服刑、丧失生命，上述行径剥夺了波兰人民的权利与自由，特别是在工会领域尤其如此。这些法案威胁着摧毁在波兰达成和解与妥协的基础，而这些和解与妥协对于波兰的进步与稳定非常必要。这些做法明显违反了对《赫尔辛基最后议定书》所做的承诺，特别是那些关于尊重人权与资本自由的原则。波兰事态的发展，再次显示出在这些能够满足其人民合法心愿的变化方面，华约体制可谓僵化刻板。此举不仅危及在东西方合作中的公众信心，也严重影响到国际关系。

4．盟国谴责这一由苏联发起的持续运动，因为其目标对准波兰人民谋求革新与改革的种种努力，而且苏联积极支持针对波兰人民这些努力在随后所实施的系统镇压活动。这些戒严法案无法与苏联对国际社会所做的承诺相一致，特别是无法与《赫尔辛基最后议定书》的原则相一致，尤其与《赫尔辛基最后议定书》中有关主权、不干涉、武装威胁以及自决的那些条款无法达成一致。苏联没有权力决定波兰的政治与社会发展。

5．盟国要求波兰领导人要做到波兰所宣布的意图，即重建公民自由，重启改革进程。他们鼓励波兰政府结束军事管制，释放被捕者，立即与天主教会、“团结工会”恢复对话。只有和解与真诚谈判，才能保护波兰人民与工人的基本权利，才能使这个国家的经济与社会发展有所保证。然后，波兰就有望完全享受欧洲稳定所带来的好处，享受与西方建立政治与经济关系所带来的好处。

6．盟国要求苏联尊重波兰的基本权利，即自由解决其自身的问题，远离外国干涉，尊重绝大多数波兰人要求国家革新与改革的明确愿望。苏联的压力必须中止，因为这种压力直接或间接使波兰人民的愿望变得令人沮丧。盟国也警告到，如果出现针对波兰的外来武装干涉，将会对国际关系带来最深远的影响。

7．在1981年12月11日发布的公报中，北约各成员国部长们再次承诺，在东西方关系中建立互信的氛围，保持互相克制，波兰所发生一切对欧洲安全与合作具有重大意义。那些将东西方分隔开的问题，虽然在充分议程中取得了进展，但是波兰的持续镇压活动，正在削弱这些进展所具有的政治基础。

8．盟国仍然致力于有效的威慑政策，继续谋求武器控制，他们特别对里根总统在11月18日讲话中包含的倡议表示欢迎。如果苏联对波兰采取行动，不遵守现存的国际义务，破坏了武器控制进程，苏联将承担全责。使波兰回归真正的改革和对话，这将有助于创造一种互信的氛围，并且提供一种在武器控制与限制领域的谈判中取得进展所需的限定，包括针对中程核打击力量的“日内瓦谈判”，亦于1月12日恢复。

9．考虑到波兰事态严峻，严重侵犯了《赫尔辛基最后议定书》，盟国一致同意“马德里会议”尽早在外长层级应对这一情形。

10．盟国也将加强努力，使世界公众舆论和国际组织关注波兰出现的侵犯人权以及暴力行动，这些组织包括联合国及其特殊派出机构，例如“国际劳工组织”。

11．每一个盟国都将依照其自身的情形与立法，确定在以下领域各国可能采取适当的行动：

（1）进一步限制苏联与波兰外交人员的行动，对苏联和波兰外交使团与组织实施限制；

（2）在不更新交换协议的基础上，减少科学与技术交流活动。

同时，盟国还强调：

（3）他们决心尽其权力所能，确保波兰所发生事件的真相能够继续为波兰人民所知晓，尽管波兰政府和苏联政府制造了许多障碍，这些障碍与《赫尔辛基最后议定书》的规定直接冲突；

（4）他们态度坚决，即他们与波兰军政府之间关系的质量，应该反映波兰当前形势的异常性，他们拒绝将其视为常态；

（5）他们愿意与其他政府一起，针对那些目前在海外、不能或者不愿返回自己国家的波兰公民，为解决他们的问题做出贡献。

12．盟国认识到，通过采取经济措施，说服波兰政府和苏联注意西方对波兰事态的严重关切，这一点非常重要；他们也强调里根总统所宣布的措施具有重大意义。

13．关于与波兰的经济关系，盟国：

（1）注意到，针对商品而非食物的未来商业信用将会暂时搁置；

（2）注意到，就1982年到期的波兰官方债务支付而举行谈判的问题，将会暂时处于悬而未决状态；

（3）断言，他们愿意继续并且增加对波兰人民的人道主义援助，通过非政府组织进行分配和监督，确保这些援助能够送达其打算递送的人们手中；

（4）注意到，那些向波兰出售食物的盟国，将寻求波兰人民对食用这些食物所做的最清晰的承诺。

14．在波兰当前的形势下，盟国与波兰、苏联的经济关系必定会受到影响。苏联对波兰所采取的行动，要求盟国必须检查与苏联的未来经济与商业关系的发展方向。盟国认识到，每一个盟国都会依据其自身的情形与法律采取行动，他们将检验种种措施，这些措施可能涉及有关从苏联进口物品的安排、空中服务协议、苏联商业代表的规模，以及围绕出口信用的种种条件。

15．盟国将会贯彻其决心，保持密切协商，不破坏彼此采取措施所产生的影响。

16．除同意在不久将来所采取的步骤展开协商外，依据已经变化的形势，出于在军事与技术力量等领域保护其竞争能力的需要，盟国也会慎重考虑长期的东西方经济关系，特别是在能源、农业日用品以及其他商品等领域，还有技术出口。

希腊代表团对这些段落持保留态度。

<<

八、北大西洋理事会波恩峰会宣言

（1982年6月10日）

1．作为北大西洋联盟16个成员国的代表，我们重申将致力于跨大西洋伙伴关系赖以为基础的共享价值观与理想。

2．在西班牙平静地转变为议会制民主国家后，西班牙加入《北大西洋公约》，此举见证了北约作为一支维护和平与自由力量所具有的生命力。

3．北约已经维持了三分之一个世纪的和平。这是一个自由国家联合在一起的联盟，目的是通过相互保证以及《联合国宪章》所承认的集体自卫，来维持其安全。北约仍然是一个重要工具，即通过强有力的防御来抵抗侵略，通过建设性对话来加强和平。我们保持团结一致，绝不会与每个国家有权选择自身政策与内部发展的权利发生冲突，它允许有很广泛的多样性，这就是我们的力量所在。本着相互尊重的精神，我们通过自由和密切的协商，准备好调整我们的目标与利益；这些都是盟国日常合作的核心内容，它们将会适当得到加强。我们是一种平等的伙伴关系，没有统治者，也没有被统治者。

4．就其本身而言，苏联要求与之有关系的国家，作为一个集团联合采取行动，目的是保持一个僵硬的、强加在一起的体系。进言之，有经验表明，苏联最终愿意在其自身领土之外实施威胁或者使用武力，阿富汗事件以及苏联对波兰危机的态度清楚地展示了这一点。苏联在过去10年间，将很大一部分资源用于大规模军事建设，远远超出其防御需求，支持军事力量在全球范围内投送。在形成这些不同层面威胁的同时，华约各成员国政府还将西方的防御努力斥为侵略性的；在禁止其自身国家实施单方面裁军行动的同时，他们却要求西方实施单方面裁军。

5. 就苏联而言，国际稳定秩序与世界和平要求其实施更大程度的限制，承担更大的责任。就我们而言，我们强调北约的原则与目标，提出我们关于和平自由的计划。

（1）我们的目标是制止战争，在保卫民主制度的同时，奠定持久和平的基础。我们的武器从未述诸使用，除非是对进攻予以回应。我们尊重所有国家的主权、平等、独立和领土完整。在实现我们目标的过程中，我们仍将保持足够的军事和政治团结。在此基础上，我们将继续努力，通过对话、谈判以及相互有利的合作，建立一种更富有建设性的东西方关系，苏联的所作所为随便何时都会使此举成为可能。

（2）我们的目标是，通过运用足够的常规力量与核力量抵抗侵略与威胁，保持北大西洋区域安全。这就要求所有盟国继续努力，提高其防御准备与军事力量，而不去谋求军事优势。我们这些国家拥有必要的资源来推进这一努力。北美武装力量留在欧洲，美国对欧洲做出战略核武器承诺，这些仍然是盟国安全所必不可少的。同样重要的是，保持并持续提高北约的欧洲成员国的防御能力。在运用国家资源实施防御的过程中，我们寻求获得更大程度的有效性，并且对务实合作中正在发展中的许多领域给予应有的重视。在这方面，有关盟国将紧急探讨一些方法，在技术上和经济上全面利用正在出现的技术。与此同时，我们还将在一些适当的论坛上采取措施，限制华约获得与西方军事相关的技术。

（3）我们的目标是在可能最低水平上建立一种稳定的平衡，因此要加强和平与国际安全。我们已经提出了一系列综合性建议，支持就军备控制与削减问题在军事上达成非常重要、平等而且可验证的协议。

我们全面支持美国为与苏联展开谈判所付出的努力，支持对两个国家的战略核武器实施重大削减，支持对其中程核武器实施严格而且有效的限制，此举将全面削减其陆基进程导弹，这是美苏双方最关切的东西。我们将继续对美苏双方在欧洲的常规武装力量进行大幅削减，就那些有助于构建信任、加强整个欧洲安全的措施达成协议。为了这一目标，在我们当中参加在维也纳会议“相互均衡裁军谈判”的国家，一致同意提出一项新的倡议，给这些谈判注入新的动力。我们也将在针对武器控制与裁军的更广泛的国际谈判中，发挥更积极的作用。在刚刚于纽约召开的“联合国第二届裁军特别会议”上，我们将为这些谈判提供新的动力。

（4）我们的目标是发展坚固而且平衡的东西方关系，目标是实现真正的和解。要实现这个目标，所有国家的主权，不论其位于何方，都必须得到尊重，人权无须为国家利益做出牺牲，思想的自由行动必须代替片面的宣传，人类的自由流动必须成为可能，必须述诸努力以建立一种富有稳定与开放特色的军事关系；总体上，《赫尔辛基最后议定书》全文中的所有原则与条款必须付诸实践。就我们而言，我们将一如既往地以这种精神准备谈判，我们寻求真正的证据，这种态度将会得到回报。

（5）我们的目标是为世界范围内的和平进步做出贡献，我们将努力清除不稳定的因素，例如外来干预所造成的不发达状况或者紧张局面。我们将继续在反对饥饿与贫困的斗争中发挥作用。对真正不结盟运动的支持，对国际稳定来说非常重要。我们所有人对世界其他地区的和平与安全都很感兴趣。考虑到我们共同确定的目标，我们将酌情就这些地区发生的事件共同展开协商，因为这些地区对我们的安全产生了影响。在我们当中能够这样做的国家，将努力对要求援助的主权国家做出回应，因为他们的安全与独立受到威胁。

（6）我们的目标是确保我们这些国家的经济与社会稳定，此举会加强我们保卫自身安全的联合力量。因为我们对每一个国家针对其他国家政策的影响非常敏感，因此我们会最大限度遏制通货膨胀，并且最大限度地再度实现经济持续增长和高就业率。

我们同时还提到，我们与华约成员国的经济关系非常重要，这可以在发展一种稳定的东西方关系中发挥作用。我们将以一种谨慎而又多样化的方式，着手处理那些关系，这种方法符合我们的政治与安全利益。经济关系应该在一种美苏双方达到平衡优势的基础上展开，我们同意在可靠的经济基础之上，与华约成员国设法建立一种金融关系，包括在授予出口信用中保持商业谨慎态度。针对我们与华约成员国保持经济、商业、金融关系的所有方面，我们同意在一个适当的论坛上交流信息。

6．我们对共同基本价值观所做的承诺，不会比我们对德国和柏林形势的关注展现得更清楚。我们坚持柏林的安全与自由，我们继续支持为维护这座城市及其周边地区的稳定局面付出努力。联邦德国在改善两德关系方面所付出的努力，取得了一连串成功，这对于保卫欧洲和平可谓非常重要。我们回想到，与柏林和德国相关的四大国，其权利和责任在整体上没有受到影响；我们也肯定了自身对联邦德国政治目标的支持，即欧洲将步入一种和平状态，其中，德国人民通过自决再度获得统一。

7．我们谴责所有的国际恐怖主义行为，他们对人类的尊严与权利构成了公然侵犯，他们对正常国际关系行为构成了威胁。依照我们国家的法律，我们强调有必要实施可能最有效的合作，制止战争，抑制恐怖主义灾祸。

8．我们号召苏联遵守国际社会所能接受的行为标准，没有这一点，国际社会就不会建立稳定的国际关系；我们现在呼吁苏联和我们一起寻求建立更具建设性的关系，实施武器削减，实现世界和平。

<<

九、北约对武器控制和裁军的文件

（1982年6月10日）

正如我们今天的宣言所示，作为北大西洋联盟16个成员国的代表，我们由此就武器控制与裁军提出非常详细的立场。

针对武器控制与裁军问题，订立在军事上极其重要、公平而且可验证的协定，有助于加强和平，此举构成我们安全政策的一个组成部分。西方提出建议，有可能大大削减美苏的战略武器、中程核武器以及欧洲常规力量，也可能实施覆盖整个欧洲的互信构建措施。

1．在即将到来的“战略武器削减谈判”（START）中，我们呼吁苏联同意对美苏战略核力量实施大幅度削减，削减将集中于最不稳定的洲际系统。

2．在针对中程核力量（INF）的谈判中，该谈判在“战略武器削减谈判”框架下进行，其基础是1979年12月针对中程核力量现代化与武器控制的决定，美国建议全面销毁自身所有的“远距离陆基中程核力量”，苏联也承诺兑现一个公平的结果，为所有国家提供稳固的安全。

3．在我们中间，参与维也纳会议中“相互平衡削减谈判”的那些国家，很快提出一个条约草案，很具体地提出了一项新的、综合性建议，该建议旨在为这些谈判提供新的动力，实现加强欧洲稳定与安全的长期目标。他们强调，如果西方条约建议能够被接受的话，它将向所有涉及其武装力量的参与国承诺，包括欧洲与北美等国在内，按照集体原则参加大量人员削减，以使东西双方的参与国在中欧的武装力量能达到同样的集体对等上限；基于所认可的数据，运用相关措施，加强互信和验证。

4．在“欧安会”中，对于在欧洲召开“欧洲信任与安全构建措施与裁军会议”的建议，作为“欧安会”中“马德里峰会”续会所达成均衡结果的一部分，此举将为增加从大西洋到乌拉尔山整个欧洲的透明度、加强稳定，开辟道路。与此同时，我们将继续努力，在全球范围内推进稳定和平。

5．在日内瓦“裁军委员会”中，盟国积极努力，谋求获得平等而且可验证的协议，包括全面禁止化学武器禁令。

对于正在取得进展的“联合国大会第二届裁军特别会议”，我们相信，尤其通过推进在军事上的公开性与可验证性，可以赋予当前以及未来谈判以新的动力。有必要重申，必须严格遵守《联合国宪章》所尊奉的削减武装力量原则，而且遵守现存协议的做法，也必须予以加强。

我们请求所有国家，在加强和平与安全的这些实践中与我们合作，我们特别呼吁苏联，将其所宣称的裁军承诺转变为一些积极步骤，以便在谈判桌上获得具体、均衡而且可以验证的成果。

<<

十、北约核计划小组蒙特贝洛决策

（1983年10月27日）

在蒙特贝洛，核计划小组的部长们宣布，北约的政策就是通过保持最低程度的武装力量，维持和平，抵御华约组织的威胁。

与这一政策相一致，考虑到常规武装力量与核力量的发展，北约从1977年起就一直展开数据分析，其目标是确保北约军械库中的核武器能保持必要的最低数量，足以实施威慑。

以这些分析的最初结果为基础，北约在1979年12月做出决定，除非与苏联进行成功谈判已无必要，部署远距离武器（潘兴II导弹与巡航导弹），对于恢复均衡、保持北约威慑姿态的统一可谓极其重要。北约坚持“双轨制决定”及其实践。与此同时，部长们决定将北约的库存减少到1000枚核弹头，这一削减行动已经完成。进而，部长们授权进一步展开分析，以此决定是否在1000枚核弹头之外再削减核弹头，然后再决定能否安全执行这一决定，北约的态度符合以可能最低水平武器来保持威慑这一原则。

北约的分析现已完成，核计划小组在1983年10月27日做出决定，在今后几年中削减1400枚核弹头。这次部长会议所做的决定，连同已经削减的1000枚核弹头；自1979年以来，北约共计从欧洲削减了2400枚核弹头。进言之，这次削减不会因为部署“远距离战区核力量”（LRINF）

而受到影响，因为每一个弹头都会从已部署的每一枚潘兴Ⅱ导弹或者陆基巡航导弹（GLCM）上移除。

详细实施这一决定，即针对军械库中确切的武器构成实施削减，这是担负其责的军事机构来决定的事情；北约还将制定一项能生成这一决策的计划，并且在此后五到六年时间内付诸实施。就此而言，应当适当考虑短程导弹系统。北约的军事机构应该在未来的核计划小组会议上汇报其调查结果。

北约认识到，最低水平的库存就可以对威慑实践做出最有效的贡献，运载系统和核弹头两者必须具有高存活率、快速反应能力以及有效性，北约部长们相应确定了一系列可能的改进措施。部长们建立了广泛的标准，这些标准对于下一个10年来说仍然会非常有效，包括继续加强常规武装力量所具有的重要意义。然而，北约必须考虑这一时期苏联力量在任何时候所发生的变化。

给人们的印象相反，北约一直通过增加核武库，刺激军备扩充。这个已经得到证实的削减计划，会在20多年中，将北约的核武库削减到最低水平。部长们鼓励苏联追随北约所确立的范例，停止并且反转对其核力量的扩充，和北约一起寻求一个更加安全的未来。

<<

十一、北大西洋理事会外长会议布鲁塞尔宣言

（1983年12月9日）

作为北大西洋联盟16个成员国的代表，我们重申北约各成员国将对保持自由和平做出奉献。

北约不会威胁任何国家。我们不会使用手中的武器，除非是对侵略实施反击。我们不会追逐军事优势，但我们也不会接受其他国家就应比我们更占优势这种事实。只有在欧洲和北美之间建立紧密联系，才能保证我们的合法安全利益。我们呼吁苏联尊重我们的合法安全利益，就像我们尊重他们的合法安全利益一样。

我们决心在保持可能最低水平武装力量平衡的基础上，确保我们的安全。由于面临着苏联SS-20导弹所构成的威胁，有关盟国正在推进1979年“双轨制决定”贯彻实施。最终的目标是，不论是苏联还是美国都不部署陆基“远距离中程核力量”。可能会停止部署美国导弹，或者推翻在谈判桌上取得的具体结果。本着这种精神，我们期待着及早恢复与苏联已经中断的中程核力量谈判。

我们鼓励华约组织成员国抓住机会，即我们提供了建立一种均衡而且富有建设性关系的机会，也提供了实现真正缓和的机会。在所有武器控制谈判中，参与国必然会取得进展，特别是在以下方面取得成果：

1. “战略武器限制谈判”；

2．“中程核武器谈判”（INF）；

3．“相互均衡裁军谈判”；

4．在“裁军委员会”内部努力通过一项全面禁止化学武器的禁令。

我们也下决心将即将到来的“斯德哥尔摩会议”当作一个机会，拓宽与东方阵营的对话，就建立互信措施展开谈判，加强全欧洲的稳定与安全。

我们应该继续尽自己最大努力，保持一个安全与和平的未来。我们向苏联以及其他华约组织成员国提议，与我们一起，在平等、适度、互惠的基础上，共同建立一种长期的、富有建设性的现实关系。为了全人类的利益，我们赞成展开一场公开的、综合性的政治对话，赞成在互利基础上展开合作。

<<

十二、北大西洋理事会对东西方关系的华盛顿声明

（1984年5月31日）

1．经比利时外长提议，北约成员国外交部长在1983年12月召开会议，这次会议做出决定，即北大西洋理事会应该对东西方关系展开评估，目的是展开一场更富有建设性的东西方对话。

2．这一项评估肯定了1967年“哈默尔报告”所提出的均衡方法持续有效。为了确保北约成员国的安全，最恰当的长期政策是保持足够的军事力量和政治团结，并且在此基础上，通过对话与合作，在东西方之间谋求建立一种更加稳定的关系。这些因素是互补的：如果每一方都对其安全充满信心，而且都准备尊重他国的合法利益，那么对话就可以产生积极成果，单凭军事力量无法保证能有一个和平的未来。经验表明，“哈默尔报告”所提出的北约两项主要任务，应该持续得到全面、一致、合理的推进。

3．在追求这种方法的过程中，盟国探寻缓和紧张局面的根源，并且为扩大合作而营造出一种合适的氛围。采取了类似“柏林四方协议”的步骤，改善了两德关系，这给每一方都带来了积极结果，第一轮“战略武器限制谈判协议”（SALT）既包括《反弹道导弹条约》，也包括了“欧安会”所达成的最后议定书，这些都是该政策付诸实施的结果。然而，在人类沟通与人类自由扩展方面，所取得的进展无法令人满意。尽

管如此，单个国家还是因联络与沟通的机会不断增多而受益。

4．与此同时，苏联则致力于大规模军事建设，这对北约安全以及西方重大利益构成持续威胁。苏联一直寻求利用任何明显的弱点，就北约而言，它已经觉察到这一弱点。进言之，盟国的克制一直没有得到苏联实行相互克制的回报。相反，他们一直追求一场无休无止的战斗，以破坏北约的团结。苏联情愿威胁或者使用军事力量来达到政治目的，这种意愿最典型地表现为对阿富汗实施入侵、向波兰施加压力。

5．尽管东西方国家之间一直存在着一些根本性差别，但盟国仍然相信，确实存在一些应该具有共同利益的领域，这些领域包括有必要保卫和平、建立互信、增进安全、提升危机处置的机制、促进繁荣。为了这一目的，盟国决心建设这些领域，以及其他具有共同利益的领域。他们将述诸努力，为了实现真正的缓和，与华约组织成员国一起推进更富有建设性的对话与合作。

6．盟国支持继续并加强“欧安会”进程，这代表了长期推进稳定而且富有建设性东西方关系的一种重要手段。他们坚持从各方面履行《赫尔辛基最后议定书》和《马德里总结文件》。在“欧安会”框架下，一些重要的协议已经达成，许多协议已得到履行。如果单个一方不能从更加尊重人权和不断增进的人类沟通方面受益，东西方关系出现的改善就是不完整的。

7．所有欧洲人民具有的共同历史和传统，这一认识持续指导着盟国。考虑到欧洲特别是德国持续出现分裂，北约继续支持联邦德国的政治目标，努力在欧洲创立一种和平状态，其中，德国人民将通过自决重新实现统一。

8．每一方都无须寻求单方面利益、军事优势地位或者对其他国家的统治。在权力平等、不使用武力的基础上，相互尊重彼此安全，就像《联合国宪章》以及其他当前的国际协议所呼吁的那样，保持克制，尊重国际行为规则，对于加强信任与合作可谓极其重要。

9．盟国尊重世界各国的主权与独立，也尊重真诚的不结盟政策。这一点反映在他们与其他国家的政治、经济及援助关系上。如果苏联在世界范围内实施负责任的行为，就会对东西方关系的持久改善做出重大贡献。

10．盟国认识到，作为北约成员国，他们的重要安全利益将受到条约覆盖区以外地区事态发展的影响。他们将致力于就这些发展事态及时展开磋商，他们强调所有国家有责任制止将东西方的分歧转移到第三世界许多地区，他们希望从自身经历了35年之久的干扰中，见证和平、稳定、人权与自由的好处，世界其他地区也受到这种干扰。

11．在目标统一和安全得到保证的基础上，盟国重申了其提高东西方关系的意向，这些意向在最近在1983年12月9日“布鲁塞尔宣言”中提到。他们建议应该为以下活动做出特别努力：

（1）在所有层面，针对东西方之间所有问题，包括政治与安全问题、人权与双边事务，展开对话、合作以及沟通，目标是增加相互理解，识别共同利益，澄清目标，扩展达成一致的领域，解决或者孤立存在分歧的领域；

（2）与华约组织成员国一起，在非常平等的商业关系上保持互惠贸易与经济合作，这些合作与盟国广为关注的安全内容相一致，这些合作包括避免为苏联军事力量助力；

（3）通过在具体的武器控制、裁军以及建立互信措施等方面，达成均衡、公平以及可检验的协议，在保持最低武装力量水平上赢得安全。

为了这些目标，有关盟国尤其会继续：

① 强调美国已准备就绪，针对中程核力量（INF）和“战略武器限制谈判”，在任何时间、不预设任何先决条件的情况下，与苏联举行双边谈判，并且呼吁苏联返回谈判桌；

② 为“相互均衡裁军谈判”取得进展而展开工作，盟国最近提出新的建议，以便在削减常规武装力量方面打破僵局；

③ 鼓励在世界范围内削除化学武器，这已成为列入“裁军大会”议程的美国条约草案的一个目标；

④ 就像盟国所建议的那样，在“斯德哥尔摩会议”（CDE）坚持就具体措施达成一致意见，这些措施旨在建立互信，确保在整个欧洲的军事行动保持公开性，因而可以减少突袭和战争威胁的风险。为了进一步施加影响，并且表达所有参与国的现有责任，在他们的双边关系中避免威胁或者使用武力，依照“马德里会议”的授权，就具体措施达成一致将非常必要。

12．北约的目标仅仅是防御性的，它所拥有的武器从不会付诸使用，除非是回击侵略，北约不会追求优势地位，但却会努力寻求实现一种稳定的武装力量均衡状态。防御和武器控制是北约安全政策的一个组成部分。所有国家合法的安全利益必须在互惠基础上得到尊重。北约的凝聚力和安全，将以北约的欧洲成员国与北美成员国的紧密联系为基础，通过密切磋商而得到强化，它构成了保护他们共同利益和价值的基石。在推进对其评估的过程中，盟国已经肯定，他们就正在进行中的东西方关系达成共识，而且他们承诺开启一个富有建设性的东西方对话。

13．和平与稳定要求付诸共同努力，盟国期望苏联和其他华约组织成员国加入这一努力中，因为这一努力总体上对世界非常有益。盟国已准备尽自己的职责，并且准备好仔细审议任何合理的建议，然后催生出一种长期、富有建设性以及现实性的关系。

<<

十三、北大西洋理事会里斯本会议公报

（1985年6月6—7日）

1985年6月6—7日，北大西洋理事会在里斯本召开部长会议，部长们就下列问题达成一致：

1．我们是一个防御联盟，致力于维持和平、保护自由。

2．在重申去年针对东西方关系发表的“华盛顿宣言”原则的同时，我们决心保持政治稳定与军事力量，这对于我们的防御是必需的。在此基础上，我们将通过与苏联以及东欧每一个国家在所有领域展开建设性对话与广泛合作，寻求真正的缓和。我们呼吁苏联新的领导人，和我们一起谋求在东西方关系中取得实实在在的进步，此举将使我们能够建立具有共同利益的领域。在最近于日内瓦举行的美苏谈判中，苏联对美国的建议做出积极回应，这将在根本上有助于实现这一目标。

3．我们不会为自己寻求军事优势，除去对武装攻击予以回击，我们永远不会使用我们的武器。但是面对苏联核武器与常规武器的持续建设与现代化，我们应该通过维持足够的常规力量与核力量，保持可靠的威慑。参与北约军事结构的盟国，正在特别努力地提高其常规力量。

我们的威慑战略已经证明了其在保卫和平中的作用，它仍然完全有效，它的目标就是阻止战争，使我们有能力抗拒威胁。

4．北美和欧洲盟国的安全是不可分割的，通过对影响我们共同利益与安全的所有问题展开持续协商，北约的凝聚力得以保持。

5．威慑与防御，再加上武器控制与裁军，都是北约安全政策的一个组成部分。我们希望在保持可能最低水平武装力量的基础上，通过建立稳定的军事平衡，巩固和平。

6．本着这种精神，针对美苏双方就战略核武器、中程核武器以及防御与空间系统而在日内瓦展开谈判，我们表示欢迎。这些谈判的目的是在两国之间达成有效协议，旨在阻止空间武器竞赛，并且在地球上消除武器竞赛；限制并削减核武器，巩固战略稳定。我们强烈支持美国在日内瓦谈判中就三个领域展开努力，我们也呼吁苏联采取积极态度。

有关盟国重申，他们愿意就“远距离中程核力量”的部署，实施修正、中止、反转或者免除，将其当作履行公平而且可验证武器控制协议的部分内容。在没有这一条约的情况下，他们将继续按照规定时间部署“远距离中程核力量”导弹。

我们将继续就所有这些问题展开协商。

7．我们决心在武器控制与裁军的其他方面也取得进展，同时鼓励苏联与我们一起为达成均衡而且可检验的协议而展开工作，特别是：

（1）在维也纳召开的“相互均衡裁军谈判”中，参与其中的盟国，正在通过对欧洲常规武装力量实施可验证的削减，以及通过相关的有效措施，寻求建立平等的集体人员水平；

（2）在“斯德哥尔摩会议”上，我们正在达成的协议，不仅在军事上非常重要，在政治上具有约束力，而且具有可验证的构建信心与安全措施，它覆盖了整个欧洲，赋予所有参与国的现存责任以崭新而且具体的影响及表达，避免了威胁以及使用武力；

（3）在关于裁军问题的“日内瓦会议”上，我们特别寻求达成一项世界范围内全面而且可以检验的禁止化学武器的禁令，我们深切关注这类武器的扩散与使用。

8．我们高度重视所有参与国全面实施《赫尔辛基最后议定书》所尊奉的全部原则与条款，我们也高度重视“欧安会”进程在所有方面所取得的均衡进展。1985年8月是签署《赫尔辛基最后议定书》10周年纪念，应该由参与国召开一个部长级会议以示庆祝。我们乐于见到，以“欧安会”进程所取得的重要进展，展示这一周年纪念与众不同，包括在渥太华召开重要的人权会议，产生了意义深远的结果。我们也希望在这年秋季布达佩斯召开的“文化论坛”上展开积极的思想交流。

9．我们强烈谴责恐怖主义，我们将继续展开工作，以消除对我们公民的威胁，同时推动我们所共同拥有的民主价值观。

10．本着《北大西洋公约》第二条款的精神，我们仍然完全致力于推进我们共同体的稳定与幸福；这一共同体由民主国家组成，享有共同的价值观。我们继而重申，针对那些不受欢迎伙伴国的特殊计划，具有极大的重要意义。

11．保持柏林城内及其周边地区的平静局势，包括所有进出道路都畅通无阻，这是东西方关系中的一个基本要素。

我们支持联邦德国为两德关系取得进展所付出的努力，这些努力大大有助于欧洲的互信建设，并且对德国人民非常有益，特别会使柏林人受益。

12．苏联入侵阿富汗，现在已是第六个年头，此举危及国际法的基本原则，我们鼓励苏联结束阿富汗人民的苦难，撤出其军队，同意政治解决方案，恢复阿富汗的独立与不结盟地位。

波兰发生的事件强烈表明，持续需要在社会不同力量之间展开真诚对话，也持续需要民族和解。

对我们而言，我们尊重所有国家的主权与独立，我们将保持警惕，我们将就《北大西洋公约》以外地区发生的事件展开协商，因为这些事件可能会威胁我们的共同安全。

西班牙外交部长在目前这份公报中保留了其政府的立场，希腊与丹麦就这一段的“中程核力量”（INF）这部分内容保持其立场。

除公报外，各国外交部长决定发表关于1985年6月6—7日里斯本会议备忘录的如下摘要。

军备合作

部长们检查了“国家武器控制协会”提交的报告，他们欢迎“国家武器控制协会”所做的决定，按照参与到“盟国军事结构”中的那些盟国就“常规防御进展”所提出的倡议，对加强北约军备合作的方法展开全面分析。他们强调，重视提高合作具有极大的政治重要意义。部长们提到在空中武器计划中所取得的进展：“北约护卫舰替换计划”、“北约直升机计划”，他们也提到持续性优先权，从短期和长期看，“国家武器控制协会”正在采用大量“新兴计划”。最后，针对北约飞机的共同与安全识别系统，对于在满足其要求的解决方案方面取得的重大进展，部长们表示欢迎。

北约内部的经济合作与援助

部长们提到北约秘书长个人所做的“北约内部的经济合作与援助”报告，审议了经济形势，以及三个不太发达北约成员国的发展前景；对他们要求由盟国提供更多援助的需求予以特别关注。盟国处于向其提供援助的状态，为的是帮助这些国家解决一些紧迫问题，因为这些问题抑制了其实现必要的经济与防务现代化。

恐怖主义

关于他们对1985年6月公报第九段的态度，部长们强烈重申，他们谴责世界范围内不断兴起的恐怖主义行为，他们以严重关切的心情提到，这些行为对其公民构成威胁，破坏了民主与自由机构以及正常国际关系中的行为。部长们再次强调，有必要实施可能最具效率的合作，防止和禁止这种祸患。

北约的科学计划

部长们满意地提到，从“北约科学交流计划”中受益的科学家质量高，数量大，他们肯定，在《北大西洋公约》第二条款背景下出台的这一计划具有重大意义。

部长们提到，自1981年开始，北约“支撑稳定的科学计划”所赞助的项目，获得了许多技术成果与经济成果，希腊、葡萄牙、土耳其对此深感兴趣。他们也提到，对这一计划实施扩展的建议，正准备在1985年12月的部长会议上予以考虑。

地中海形势

部长们提到关于地中海形势的报告，考虑到这一地区的事件对北约安全所产生的实际而且潜在的影响，他们要求处于会期中的北大西洋理事会，继续就这一问题展开协商，并且在其将来召开的会议上提交进一步报告。

域　外

关于1985年6月会议公报中的第12段，部长们重申，在《北大西洋公约》以外地区发生的事件，可能会影响到北约成员国的共同利益。如果已经确定他们的共同利益涉及其中，他们将及时致力于对这类事件展开协商。必须在《北大西洋公约》域内保持足够的军事力量，维持足够强大的防御态势。那些能够这样做的盟国，将会努力支持那些在抵御对其安全与独立威胁中需要援助的国家。那些能够推动在《北大西洋公约》域外部署武装力量的盟国，在国家决策的基础上可能会这样做。

东西方贸易

回想到他们在此前公报中所做的声明，部长们重申，要在商业完善条款以及互惠的基础上进行贸易，此举避免了苏联的特惠待遇，有助于发展富有建设性的东西方关系。与此同时，与苏联以及东欧其他国家的双边经济关系，必须要与广泛的盟国安全考虑相一致；这些考虑包括，避免对苏联的依赖，或者避免助益于苏联的军事力量，因此西方能源资源的发展应该得到鼓励。为了避免苏联进一步利用某种贸易方式，用于加强其军事力量，盟国将在持续审核东西方经济关系中有关安全的实施过程中，继续保持警惕。这项工作将支持各个盟国政府在该领域的政策实践。

“复杂事件（CEP）处理事务”（1985—1989）

——对“民事紧急计划”的部长级会议指导

“民事紧急计划”是北约全面威慑与防御概念中的一个基本元素，它的目标是使用并且动员成员国的民间资源与基础设施，支持防务实践，同时支持并且保护平民百姓。

“民事紧急计划”仍然是一项国家责任，然而，为了高效率，北约在这一领域的行动必须建立在各国政府展开最大限度合作的基础上，而且必须在北约层面上进行。

为了这一目标，部长们提到一份关于民间准备状态的报告，并且在此基础上，部长们也对北约内部所有未来“民事紧急计划”下的行动实施指导，实践范围涵盖了1985—1989年这一时段。

下一次北大西洋理事会部长级定期会议将在1985年12月于布鲁塞尔召开。

<<

十四、北大西洋理事会布鲁塞尔会议公报

（1985年12月12—13日）

1985年12月12—13日，北大西洋理事会在布鲁塞尔召开部长级会议，部长们达成以下一致意见：

1．自从我们在6月召开里斯本会议后，东西方关系出现了令人鼓舞的变化，这些变化展示了我们政策的有效性，该政策已在“华盛顿声明”中重申，即通过足够的军事力量与政治团结，保持和平自由；并且在此基础上，在东西方国家之间谋求建立一种更加稳定与合作的关系。

2．我们欢迎东西双方最近展开高层接触，最明显的是里根总统与戈尔巴乔夫总书记会晤，这标志着我们为发展与东方阵营国家展开具有现实性和建设性对话的努力迈出了重要一步。我们希望这会推动东西方关系改善，建立更多的联络，包括定期召开高层会议，在涉及东西方问题的所有方面实施广泛合作。我们应该在取得进一步进展的过程中尽到自己的全责，我们呼吁苏联及其盟国加入我们这种努力中来。

3．与此同时，苏联持续建设其核武器与常规武器，这是盟国关心的一个主要问题。我们不会寻求军事优势，但是我们决心通过保持足够的常规力量与核力量，捍卫我们的安全。我们的威慑战略在维持和平的过程中证明了其价值，并且仍然完全有效。

北美与欧洲盟国之间建立了亲密、持久的联系，它维持和平长达36

年之久，这种联系构成我们集体安全的基础。通过对影响我们共同利益和安全的所有事务展开密切协商，北约的凝聚力将继续得到确保。这些协商所具有的价值在最近几个月中再次得到清楚展现。

4．我们致力于在武器控制中取得实质性进展，它必须建立在强化稳定、实施公平与重大的武器削减、可以实施有效验证的基础之上。

5．我们检讨了美苏在日内瓦就其战略与中程核武器、防御与空间系统而展开的谈判。这些谈判的目标是阻止空间武器竞赛，在地球上铲除武器竞赛，限制和减少核武器，加强战略平衡。我们强烈支持美国在谈判中就上述三个领域所做的努力。我们欢迎里根总统与戈尔巴乔夫总书记达成一致意见，推进日内瓦的谈判工作，特别是推进那些具有共同性的领域，包括削减美苏两国50%核武器的原则，应适当予以运用。

有关盟国将支持那些关于美苏中程核力量（ING）体系的富有建设性的建议，这些建议最近由美国提到日内瓦谈判桌上，他们支持达成一项临时性协议的设想。他们重申，愿意修正、中止、反转或者免除“远距离中程核力量”的部署，作为达成公正、可验证的武器控制协议中的一部分。如果没有这样一个协议，他们将继续按照时间表部署“远距离中程核力量”。

6．参加在维也纳召开“相互均衡裁军谈判”的盟国，在1985年12月5日建议订立一项可验证协定，支持削减美苏两国的地面武装力量；他们随后达成一项集体承诺，即美国与苏联、北约与华约，三年内不增加军事力量。这项建议使相关措施具体化了，这些措施为建立可靠的武装力量水平开辟了道路，而且也对验证与协定条款是否相符非常重要。此举对东方阵营较早提出的建议做出回应，并且代表了一种富有想象力的尝试，意在打破长期僵局。

7．我们仍然深深关切化学武器的扩散与使用。在就裁军问题召开的“日内瓦会议”上，我们寻求达成一项有效而且可验证的协定，全面而且彻底地禁止此类武器，摧毁现存的化学武器储备。我们强烈支持里根总统与戈尔巴乔夫总书记所达成的协议，为实现这一目标而加大努力。

8. 我们呼吁苏联与东欧各国政府，有效实施《赫尔辛基最后议定书》与《马德里总结文件》中的所有条款。我们遗憾地注意到，关于人权问题而召开的“渥太华会议”，给“布达佩斯文化论坛”掺了沙子，虽然它们自身也很有用，但是也暴露了在贯彻这些文件过程中始终存在的许多不足之处，而且两者无法得出共同结论。

作为“欧安会”进程的一部分，在“斯德哥尔摩会议”上，我们为达成与“马德里会议授权”相一致的早期协议而积极开展工作。这一协议将使一整套在军事上极其重要的构建信心与安全措施变得具体，这些措施将覆盖整个欧洲，并且会给所有参与国的现存责任带来具体的表达与影响，抑制威胁或者使用武力。

在《赫尔辛基最后议定书》10周年纪念之际，所有参与国都重申其对《赫尔辛基最后议定书》的承诺。我们寻求在《赫尔辛基最后议定书》的所有方面都能取得真诚而且均衡的进步，包括那些对人权、个人基本自由心存敬意的国家，以及那些关系到各国合作的国家。在即将到来的关于人类沟通的“伯尔尼会议”上，我们仍致力于取得具有深远意义的结果。“维也纳后续会议”将审核“欧安会”进程的所有方面。

9. 保持柏林城内及其周边地区的平静局势，包括自由进入这座城市，对于东西方关系具有根本性的重要意义。严格观察并且全面实施“四方协议”，对于这一目标可谓非常重要。在这一点上，我们支持为促进这座城市的繁荣与生存能力而付出的所有努力。我们也支持联邦德国所付出的努力，即进一步发展德国内部关系，这成为对和平所做的一个重要贡献，也促进处于分裂状态的德国人民获得幸福，特别是对柏林人更是如此。

10. 我们鼓励苏联结束其对阿富汗无法让人接受的、长达7年之久的军事占领，撤出军队，同意政治解决，恢复阿富汗的独立与不结盟地位。

我们强调，波兰不同的社会力量之间需要持续展开真诚对话，波兰需要民族和解。

就我们而言，我们尊重所有国家的主权与独立，我们将保持警觉，我们将就《北大西洋公约》以外地区发生的事件展开协商，因为这些事件可能会威胁到我们的共同安全。

11．我们强烈谴责恐怖主义，我们将继续致力于消除这一威胁，我们邀请所有国家加入解决这一问题的行列。

12．我们检查了旨在加强北约全部盟国之间军备合作的方法，这种合作反映了我们对建立有效防御的持续关注，特别是在常规武装力量领域。根据我们的检查，我们决定实施一种旨在提高合作的战略。针对我们在北约内就该领域所做的工作，此举提供了一种新的推动力，并在短期内催生了多个特殊的合作项目，这些项目包括北约的欧洲成员国与北美成员国在内。

13．本着《北大西洋公约》第二条款的精神，我们重申，该特殊计划对那些不受宠爱的伙伴国非常重要，我们仍将致力于推进由自由国家组成的共同体的稳定与幸福。

14．1986年春季的北大西洋理事会部长级会议，将于5月在加拿大哈利法克斯举行。

西班牙外长保留其政府对当前公报的态度。

丹麦与希腊也对这一段“中程核力量”（INF）这部分内容持保留态度。

对北大西洋理事会备忘录发表的摘录

除公报外，外长们决定就北大西洋理事会1985年12月12—13日布鲁塞尔会议的备忘录，发表以下摘录。

北约内部的经济合作与援助

部长们强调，盟国安全不能只依靠军事威慑和政治团结，也要依靠北约所有成员国的经济福祉。部长们提到北约秘书长个人所做的报告——“北约内部的经济合作与援助”，这个报告表达了其关注之情，即希腊、葡萄牙、土耳其的人均国民生产总值（GDP）相对于北约平均值，差距不断加大。部长们强调，特别是在经济、技术、科学、军事以及国防工业部门，有必要展开更多的合作与援助。部长们也注意到北约秘书长的呼吁，即更加繁荣的盟国在做出影响到希腊、葡萄牙、土耳其的经济决策时，要考虑这些国家的特殊需要，而且为了实现这一目标，也要让他们的影响适当地由国际论坛来承担。

“迎接现代社会挑战委员会”

部长们提到北约秘书长1985年就“迎接现代社会挑战委员会”工作所做的年度报告，他们对高层活动的持续进行表示满意。在这一年中，有两项研究得以完成：即“空中污染控制战略”、“冲击地型与地震学以及地震减灾”。“利用和处置城市污水污泥与保护”与“恢复古迹”这两项研究几乎已经完成。三项新研究——“现代社会中的空中噪声”、“二恶英问题”、“港湾管理”，则一直由“迎接现代社会挑战委员会”承担。

“支持稳定的科学计划”

部长们满意地注意到，自1981年“支持稳定的科学计划”实施后，该计划取得了很大成就，该计划旨在调动希腊、葡萄牙、土耳其的人力资源与制度资源。考虑到这种成功，部长们原则上决定延长该计划的时间期限，设定为1987—1991年。资助的层次稍后决定。

地中海的形势

部长们提到了关于地中海形势的报告，鉴于地中海地区所发生事件对北约安全具有现实的、潜在的影响，他们要求处于会期中的北大西洋理事会继续就这一问题展开协商，在将来会议上提交进一步报告。

域外地区

部长们重申，《北大西洋公约》以外地区发生的事件，可能也会影响北约成员国的共同利益。假如涉及其共同利益这一事实成立的话，他们将就这些事件及时展开协商。在《北大西洋公约》地区必须保持足够的军事力量，以维持足够强大的防御姿态。这些能够这样做的盟国将会支持那些主权国家，那些主权国家在应付针对其安全与独立的威胁时需要援助。那些能够促成在《北大西洋公约》以外地区部署武装力量的国家，可能会在国家决策的基础上如此行事。

东西方贸易

回想到先前所做的声明，部长们重申，应该在完善的商业条款与互惠基础上开展贸易。此举不仅可以避免苏联的特惠待遇，而且也将有助于创建富有建设性的东西方关系。与此同时，盟国与苏联及东欧国家之间的双边经济关系，与广泛的盟国安全考虑必须保持一致。这些安全考虑包括，避免对苏联形成依赖，或者助益于苏联的军事力量建设。为了避免苏联进一步使用某种形式的贸易，加强其军事力量，盟国将在持续审核东西方经济关系的安全方面保持警觉。这项工作将会在该领域推进其政策的过程中助力于各盟国政府。

<<

十五、北大西洋理事会哈利法克斯会议声明

（1986年5月29—30日）

在哈利法克斯会议上，我们审议了东西方关系的所有方面。我们得出的结论是，不管达成协议所遇到的阻碍有多么严重，我们都不应该阻止双方构建具有共同利益的领域。我们准备在具有共同利益的领域展开合作，我们将继续付诸努力，缩小在其他领域存在的分歧。

在决心保持足够武装力量、寻求与东方阵营国家建立更具建设性关系等方面，我们保持着统一立场。然而，欧洲在常规力量方面存在着不平衡，而且苏联军事力量的所有门类都得到持续性增强和现代化，这一点继续引起盟国的关注。为了保持和平、阻止任何形式的战争，我们将保持北约的威慑战略。

我们决心继续努力，在武器控制与裁军方面取得进展，我们的目标是保持一个更低、更均衡的军备水平。我们支持美国所付出的努力，谋求对苏联与美国的核力量实施大幅度削减；我们寻求订立一项条约，全面削除化学武器。在常规武装力量上实施削减也非常重要，其目的在于纠正当前北约与华约在常规武装力量上的不均衡。除此之外，我们的目标还瞄准了整个欧洲常规力量稳定。我们今天已就常规武器控制做了一项附加声明。

在他们所展开的所有谈判中，参与其中的盟国提出了内容详尽的建

议，直接要求加强稳定和安全。我们现在期待着苏联和其他华约成员国，在谈判桌上做出同样富有建设性的回应，而只是发表声明则远远不够。

实施充分检验的措施，即是当前谈判取得进展的关键，也是建立互信和公开性的根本。任何协议都应加强遵从条约的信心，同时还要加强现存的条约体制。我们准备在全面互惠的基础上，接受全面的检验措施，包括系统的定点检查。

但是，发展和平而且实际的东西方关系，需要的不只是武器控制。人的因素仍很关键：这包括了尊重人权，鼓励个人沟通。进言之，包括政治对话、贸易、文化交流在内，需要建立一种更具合作性的东西方关系，所有国家都能以平等方式参与其中。

我们重申，我们每个国家在所有方面加入“欧安会”，这具有很重要的意义；在斯德哥尔摩，我们迫切希望到1986年9月能够就确立一套“构建信任与安全措施”达成协议。我们决心在11月“欧安会”的“维也纳后续会议”上，继续深化“欧安会”，这次会议应该在政治层面上召开。我们强调，继续观察就柏林问题所达成的“四方协议”具有非常重要的意义；特别是基于当前形势，保持这座城市自由流动，也是非常重要的。

我们所有人都极其关注恐怖主义，对于我们的公民以及正常的国际关系行为，恐怖主义都构成了一种无法容忍的威胁。我们决心共同努力，根除这一苦难的根源。我们鼓励在这种努力中建立更紧密的国际合作。

北约的目标就是，使我们的人民生活在和平自由中，避开任何针对其安全的威胁。我们寻求建立一种能产生多种结果的东西方对话，这将加强我们与华约组织成员国之间关系的稳定性，我们号召苏联和其他东欧国家一起参加这种努力。

<<

十六、北大西洋理事会对常规武器控制的布鲁塞尔宣言

（1986年12月11日）

北大西洋理事会

1．在哈利法克斯，我们对加强整个欧洲的稳定与安全这一目标一致表示同意，通过增加公开性，在较低水准上建立一种可以检验的、广泛的、稳定的常规武装力量平衡。为了达到这一目标，我们建立了一个“高级别工作组”，今天我们已经复审了其第一份报告。我们一直指导它继续其现有的工作，进一步向北大西洋理事会提交定期报告。

2．武器控制应该加强而不是减少欧洲安全，我们重申我们的承诺，即保持一种有效的、可信的威慑态势。因此，我们对待武器控制的方法将符合这种需要，在谈判进程中的每一个步骤上，都保留贯彻北约战略与国家战略的方法。

3．保持有效威慑，这涉及核力量与常规力量，我们寻求针对欧洲的常规力量建立一种稳定的关系。减少核武器是美苏在“日内瓦会议”上讨论的主题，这会增强消除常规力量差距之举所具有的重要意义。

4．因此，我们准备开启东西方讨论，目的是为常规武器控制谈判确立一种新的授权，这一武器控制谈判横贯整个欧洲，从大西洋到乌拉

尔山脉。

5．为了使谈判获得成功，必须认识关于当前形势的这些事实，也必须对宗旨、目标和方法有共同的理解。

事　实

6．东部阵营的发言人有时发表声明，暗示欧洲当前的军事形势是稳定和均衡的，但事实并非如此。相反，不对称和差距成为欧洲军事形势的标志，这种差距在区域与区域之间并不一样，但是它对于西方安全是有害的，而且构成了潜在不稳定形势的一个根源。这些相关因素包括：

（1）军备、装备类型、部队展开、数量、所涉及武装力量的机动性和预备状态；

（2）关于他们的信息、预见性以及信心；对地理的考虑。

宗　旨

7．武装力量的存在就是阻止战争，确保自我防御，不是为了发动侵略，也不是为了政治或军事恐吓。

目　标

8．这些目标应该是

（1）建立一支能够保持稳定和安全水平的武装力量，这支力量适合于消除差距；

（2）谈判进程步步向前推进，确保所有有关国家在每个阶段的安全都不打折扣；

（3）集中力量消除发动突袭或者实施较大规模进攻行动的能力；

（4）采取进一步措施建立信任，提高军事行动的公开性与可推导性；

（5）运用涉及整个欧洲的措施，但采取的方式是考虑并且寻求重新调整地区不平衡，避开圈套；

（6）建立有效的核查制度（其中，要有详细的信息交换，并且实施定点监督，这是检查制度的一个重要内容），确保符合协议中的多项条款，保证对武装力量能力的限定不会被逾越。

方法

9. 我们建议展开直接谈判：

（1）建设并且扩展针对“构建信任和安全措施”的“斯德哥尔摩会议”所取得的成果；

（2）消除从大西洋到乌拉尔山脉之间现存的差距，在较低水平、在不同国家之间实现常规力量稳定，因为这些国家的武装力量与欧洲主要的安全关系有最紧迫的关系，它们在名义上属于北约和华约。

10. 因此，根据前述，我们准备就加强整个欧洲的常规力量稳定展开讨论。

十七、北大西洋理事会雷克雅未克声明

（1987年6月11—12日）

1．在每一次东西方关系取得进展时，我们都召开会议，这表明特别有可能在武器控制领域取得真正进展。我们对这些进展表示欢迎，并且将努力确保这些进展能够提高安全与稳定。我们注意到，苏联的内部与外部政策出现了一些令人振奋的迹象；在评估苏联意图的过程中，我们一致同意，最后的测试内容将包括苏联从人权到武器控制整个领域的行为。

我们重申，1967年“哈默尔报告”中所发表的互补原则是正确的。保持足够的军事力量，保持北约的凝聚力与团结，这是构成我们对话与合作政策必不可少的基础。这一政策旨在逐渐建立越来越稳定、富有建设性的东西方关系。

2．在常规武器、化学武器以及核领域存在着严重不平衡，苏联军事亦不断扩充，这些一直引起我们的关注。我们重申，就我们所预知的内容而论，对于阻止战争的北约观念——威慑战略来说，并没有什么选择；该战略的基础是将足够而且有效的核力量与常规力量适当混搭，每一种力量都无法分割。这一战略将继续停留在将自由欧洲的安全与北美安全相结合之上，因为他们的命运紧密相连。因此，美国做出核承诺、美国在欧洲留驻核力量，加拿大与美国在欧洲部署常规武装力量，这些都是至关重要的。

3．武器控制和裁军是我们安全政策的一个组成部分，我们谋求订立可有效验证的武器控制协议，因为该协议能够在保持较低水平武装力量的基础上达成一种更加稳定和安全的力量平衡。

4．我们重申，我们将快速推进战略核武器领域的削减工作，这一点至关重要。因此，我们对下列这一事实持欢迎态度，即美苏目前达成削减其战略武库中50%的目标，我们强烈支持美国在“日内瓦会议”上提出的建议，该建议会对苏联产生影响，并且鼓励其做出积极回应。

针对美苏双方在“日内瓦会议”当前阶段就防御与空间系统展开的谈判，我们进行了审议；上述系统的目标是阻止空间军备竞赛，加强战略稳定。我们将继续支持这些努力。

5．我们注意到，在“日内瓦裁军会议”上所取得的进展，是订立一项全面禁止化学武器的禁令。我们仍致力于达成一项早期协议，签订一项综合性的、世界范围的、可有效验证的条约，包括在一个已确定的时间表内、全面摧毁现存的化学武器储备，阻止未来再生产此类武器。

6．我们认识到，常规力量稳定的重要性不断增加，特别是当具有重大意义的核力量有可能削减时；我们重申“哈利法克斯声明”和“布鲁塞尔宣言”所提出的倡议，其目的是在较低水平的常规力量之上建立一种综合、稳定而且可验证的平衡。我们回想到，关于常规力量稳定的谈判，应该在“欧安会”35个参与国之间经谈判完成，这些谈判建立并扩展了《赫尔辛基最后议定书》和《斯德哥尔摩协议》所包括的“构建信任和安全措施”。我们一致同意，应该在“欧安会”进程的框架下推动未来的两项安全谈判，其中，常规力量稳定谈判将确保自治、参与以及程序，并且将自治作为主题。以这些协议为基础，我们做出必要决定，使针对“常规军备控制”的“高级别工作组”（我们在哈利法克斯部长会议上成立），继续进行草案授权方面的工作，该授权被列入“欧安会”会议中，亦被列入刚刚召开的“维也纳会议”的“常规力量稳定”授权谈判中。

7. 在审议了美苏之间就中程核力量（INF）协议的谈判所取得的成就后，有关盟国呼吁苏联放弃保持一部分SS-20导弹力量的要求，并且重申他们希望看到削除所有远程陆基导弹，以实现北约长期坚持的目标。

他们支持美苏在全球范围内实施可有效验证的销毁所有陆基短距离中程核导弹力量（SRINF）的行动，其中，这些短程导弹射程为500—1000公里；他们将此举当作中程核力量（INF）协议的一个组成部分。

他们认为，与北约的灵活反应战略相一致，在一个连贯的、综合性的武器控制与裁军协议中，建立在这一基础上的中程核力量（INF）协议堪称是一个重要因素，其中武器控制与裁军协议包括：

（1）在当前日内瓦谈判中，应该实现削减50%美苏进攻型核武器这一目标；

（2）在全球范围内消除化学武器；

（3）通过消除差距，在全欧洲范围内，将常规武装力量建立在一种稳定和安全的水平上；

（4）建立常规武装力量平衡、全球范围内销毁化学武器、对美苏较短射程的陆基核导弹系统实施真正而且可核查的削减，三者将会产生对等上限。

8. 我们已经指示处于常设会期内的北大西洋理事会，与适当的军事机构一起开展工作，进一步考虑创建一种关于武器控制与裁军的综合概念。北约所面临的武器控制难题，提出一些复杂而又相互关联的问题，这些问题必须放在一起评估，在以上列举的武器控制谈判以及北约安全需求、北约威慑战略的要求中，我们要牢记总体进展情况。

9. 我们努力探寻所有机会，谋求展开一场愈加广泛而且富有建设性的对话，这一对话表达了东西双方人民的内心关注。我们坚信，欧洲和平与安全的稳定秩序无法仅通过军事方法来完成，我们赋予“欧安会”进程以特殊的意义，因此决定充分利用“欧安会”在维也纳召开后续会议。

全面实施由35个参与国共同确认的“欧安会”进程所认可的所有条款，特别是在人权与人类沟通领域，这些仍是北约的基本目标，并且对于东西方关系在所有领域取得丰硕成果极其重要。

回想到我们所提出的富有建设性的提议，我们应该坚持努力，劝说东欧国家兑现他们的承诺。

我们将继续为召开一次具有实质内容、及时的会议而努力工作。

10．在我们中间，参与“相互均衡裁军谈判”的国家，重申我们渴望订立一项具有深远意义的协议，这一协议要求实施削减、限制和有效查验；我们呼吁华约组织中参与谈判的那些国家，对1985年12月西方提出的重要建议做出积极回应，在谈判中采取一种更具建设性的姿态。

11．在庆祝柏林建城750周年纪念中，我们强调与柏林团结一致，这座城市在东西方关系中继续扮演着重要角色；在德国内部关系所取得的实际进展，尤其应该使柏林人得到好处。

12．从美国国务卿马歇尔在哈佛大学发表颇具远见的演说开始，已历时40个春秋，我们全都在分享他所表达的基本价值观，而且这些基本价值观随后在“马歇尔计划”中被具体化，这些基本价值观在那时和在今天同样重要。

13．我们重申，我们谴责所有形式的恐怖主义。我们重申与之进行斗争的决心，我们相信，保持紧密的国际合作是根除这一祸患的一种重要手段。

14．由于得到自由选举的议会代表的支持，以及最终得到公众的支持，北约的凝聚力得到了实质性强化。因此，我们强调在北约所面对的一些问题上展开自由辩论具有巨大价值，我们欢迎在成员国的议员中间就这些问题交换看法，包括在“北大西洋议会”中的议员。

15．我们对冰岛政府的热情好客表示感谢，冰岛对维护北约的北部海上通道安全做出了重要贡献。

16. 北大西洋理事会1988年春季部长会议将于6月在西班牙召开。

（1）希腊收回其对核事务的立场。

（2）就此而论，法国回顾到，它不是1979年“双轨制决定”的一方，因此，它也不受其影响或者承担其后果。

<<

十八、《美苏两国销毁中程和中短程导弹条约》

（1987年12月8日）

美国和苏联在下文中被简称为当事国，他们意识到，核战争将会毁灭所有人类活动的成果。在加强战略稳定这一目标的指导下，他们确信条约所提出的方法，将会有助于减少战争爆发的危险，加强国际和平与安全，记住他们在本条约第四部分——反对核武器扩散的责任，他们达成以下共识：

第一条款

依照本条约规定，条约包括了“谅解备忘录”与协议，该协议构成了其中一个组成部分；任何一方都将销毁其中程导弹和短程导弹，从此以后不再拥有此类导弹系统，并且执行条约中所提及的其他义务。

第二条款

条约的目的：

1．“弹道导弹”这个词的意思是，导弹在其大多数飞行路线中拥有弹道轨道。“陆基弹道导弹”（GLBM）这个词的意思是从地面发射的弹道导弹，该导弹是一种武器传输工具。

2．“巡航导弹”这个词的意思是一种无人操纵的、通过运用空气动力学来托举大部分飞行航线的自身驱动工具。“陆基巡航导弹”这个词的意思是从地面发射的巡航导弹，该导弹是一个武器传输工具。

3．“陆基弹道导弹发射装置”这个词的意思是一种固定的发射机器，或者一种可以移动的地面运输安装发射机器，可以用来发射“陆基弹道导弹”。

4．“陆基巡航导弹发射装置”这个词的意思是一种固定的发射机器，或者一种可以移动的地面运输安装发射机器，可以用来发射“陆基巡航导弹”。

5．“中程导弹”这个词的意思是“陆基弹道导弹”或者“陆基巡航导弹”，射程超过1000公里，但是不超过5500公里。

6．“短程导弹”这个词的意思是“陆基弹道导弹”或者“陆基巡航导弹”，射程等于或者大于500公里，但不超过1000公里。

7．“部署区域”这个词的意思是特定区域，可以在此区域内操作中程导弹和发射装置，同时在此区域内可部署更多的导弹操作基地。

8．“导弹操作基地”这个词的意思是：

（a）就中程导弹而言，复杂的设施坐落在“部署区域”内，中程导弹及其发射装置通常都在该区域内进行操作，而且与此类导弹及发射装置相关的辅助机构以及辅助设备通常也位于该区域内。

（b）就短程导弹而言，复杂的设施可以坐落于任何区域，短程导弹及其发射装置通常在该区域内进行操作，而且与短程导弹及其发射装置相关的辅助设备通常也位于该区域内。

9．关于中程或短程导弹及其发射装置，“导弹辅助设备”这个词的意思是导弹生成设备或发射装置生成设备、导弹修理设备或发射装置修理设备、训练设备；导弹储存设备或发射装置储存设备、试验范围或者“谅解备忘录”中作为术语而定义的“销毁设备”。

10．依照本条约第四部分第五段的通报，“运输”这个词的意思是，中程导弹或者此类导弹发射装置，在导弹辅助设备之间的运动，在此类辅助设备与部署区域之间的运动，或者在部署区域之间的运动。或者短程导弹与此类导弹的发射装置，从导弹辅助设备或者导弹操作基地，到“销毁设备”的运动。

11．“部署导弹”这个词的意思是将中程导弹设置在部署区域内，或者将短程导弹设置在导弹操作基地。

12．“非部署导弹”这个词意思是将中程导弹设置在部署区域以外地区，或者将短程导弹设置在导弹操作基地以外地区。

13．“部署发射装置”这个词意思是将中程导弹发射装置设置在部署区域内，或者将短程导弹发射装置设置在导弹操作基地内。

14．“非部署发射装置”这个词意思是将中程导弹发射装置设置在部署区域以外地区，或者将短程导弹发射装置设置在导弹操作基地以外地区。

15．“基地国家”这个词意思是除美苏两国以外的某个国家，在1987年11月1日后任何时间，美苏双方在其领土上设置中程导弹或者短程导弹、此类导弹的发射装置、或者与这些导弹相关的辅助结构与发射装备。

第三条款

1．这一条约的目标在于，现存中程导弹型号有：（a）就美国而言，美国所指定的导弹类型是指潘兴Ⅱ导弹以及BGM－109G导弹，苏联通过同样指定的类型而对其熟知。（b）就苏联而言，苏联所指定的导弹类型是指RSD-10、R-12和R-14，美国所知的导弹类型分别是SS-20、SS-4和SS-5。

2．这一条约的目标在于，现存短程导弹型号有：（a）就美国而言，美国所指定的导弹潘兴IA，苏联通过同样指定的类型而对其熟知。（b）就苏联而言，苏联所指定的导弹型号OTR-22和OTR-23，美国所知的导弹类型分别是SS-12、SS-23。

第四条款

1. 任何一方必须销毁其所有的中程导弹以及此类导弹的发射装置，还有“谅解备忘录”中所列举的、与这些导弹和发射装置相关的所有种类的辅助结构和辅助设备，这样，在本条约生效后3年内，任何一方从那时起将不再拥有此类导弹、发射装置，以及辅助结构或者辅助设备。

2. 为了执行这一部分第一段内容，根据生效的条约，美苏双方将开始并且坚持贯穿每一个阶段的始终，减少其所有类型已部署以及未部署的中程导弹及其发射装置，减少与这些导弹和发射装置相关的辅助结构和辅助设备，以便与本条约的规定保持一致。这些削减应该分两个阶段实施。

（a）到第一阶段结束，削减行动应不晚于本条约生效后的29个月：

（i）每一方部署中程导弹发射装置的数量，不能超过双方所认可的、可一次性携带或包含171枚弹头的导弹发射装置数量；

（ii）每一方部署中程导弹数量，不能超过双方所认可的可携带180枚弹头的导弹数量；

（iii）每一方所积聚的已部署和未部署的中程导弹发射装置总数，不能超过双方所认可的、可一次性携带或包含200枚弹头的导弹发射装置数量；

（iv）每一方所积聚的已部署和未部署的中程导弹总数，不能超过双方所认可的、可携带200枚弹头的导弹数量；

（v）每一方所拥有的已部署和未部署的中程陆基弹道导弹（GLBMs）现存类型的总数，以及与其所拥有的已部署和未部署的中程导弹类型总数的比率，不能超过1987年11月1日一方所拥有的此类中程陆基弹道导弹与另一方所拥有中程导弹的比例，就像“谅解备忘录”所规定的那样。

（b）在第二阶段结束时，即本条约生效3年内，每一方所有的中程导弹及此类导弹的发射装置，以及“谅解备忘录”所列出的、与此类导弹及发射装置有关的辅助结构和辅助设备，都将被销毁。

第五条款

1．每一方都要销毁其所有短程导弹及其发射装置，以及“谅解备忘录”所列出的、与该导弹及发射装置有关的所有辅助设备，这样，在本条约生效后18个月内，任何一方从那时起都不再拥有此类导弹、发射装置以及辅助设备。

2．在本条约生效后90天内，每一方将完成撤除其已部署短程导弹，以及已部署和未部署的此类导弹的发射装置，将其带到销毁场地；每一方将使它们保留在其原位，直到根据《销毁协议》所阐明的程序将其彻底销毁。在本条约生效后12个月内，每一方必须撤除其所有未部署的短程导弹，运到销毁场地；同时每一方将使它们保留在其原位，直到根据《销毁协议》所阐明的程序将其彻底销毁。

3．短程导弹及其发射装置，不应置于同样的销毁场地；这种场地的隔离距离应不少于1000公里。

第六条款

1．本条约生效后，任何一方不可以：

（a）制造中程导弹或者对其进行飞行测试，或者制造分级的此类导弹或者发射装置；

（b） 制造短程导弹或者对其进行飞行测试，或者制造分级的此类导弹或者发射装置。

2．虽然这一条款第1段已有说明，但每一方有权制造一种不受本条约限制的陆基弹道导弹，这种导弹会使用单级推进，它在外表上看起来与现存中程陆基弹道导弹类型所具有的单级类似，但是却不可与其交换，这种陆基中程弹道导弹不止一级推进；其前提是，每一方不能制造任何级别推进的导弹，这些级别与中程陆基弹道导弹现存类型的其他级别在外表上看起来相似，但却不能与之交换。

第七条款

本条约的目标在于：

1．如果弹道导弹或者巡航导弹已经进行了飞行测试，或者为了武器交付而部署到位，所有这一类型的导弹都应被看做是武器运载工具。

2．如果陆基弹道导弹或陆基巡航导弹为中程导弹，所有此类型的陆基弹道导弹和陆基巡航导弹都应被视为中程导弹。如果陆基弹道导弹或者陆基巡航导弹是短程导弹，那么所有此类型陆基弹道导弹和陆基巡航导弹都应被视为短程导弹。

3．如果一种陆基弹道导弹是一种成熟的类型，并且单独测试拦截，以反击非地面目标，它就不应被视为本条约所限制使用的导弹。

4．本条约第三款并没有列举出陆基弹道导弹的射程范围，这是该导弹已进行测试的最大范围。本条约第三款所未列举的陆基巡航导弹的射程范围，将被视为导弹在标准设计模式下实施飞行、直到燃料耗尽所能覆盖的最大距离；它将取决于从发射点到撞击点之间、在地面上空的发射飞行路线。陆基弹道导弹或者陆基巡航导弹的射程范围，等于或者大于500公里，但是不超过1000公里，它们就应该被视为短程导弹。陆基弹道导弹或者陆基巡航导弹的能力范围，大于1000公里，但不超过5000公里，就应该被视为中程导弹。

5．现存类型的中程导弹或者短程导弹所能携带弹头的最大数量，应该以“谅解备忘录”中所列出的那种类型导弹所携带的弹头数为准。

6．每一种陆基弹道导弹或者陆基巡航导弹所携带弹头的最大数量，应该以“谅解备忘录”所列出的那种类型陆基弹道导弹或者陆基巡航导弹所携带的弹头数为准。

7. 如果一个发射装置已经经受了陆基弹道导弹或者陆基巡航导弹的发射测试，所有那种类型的发射装置，就都会被视为已经测试了发射陆基弹道导弹或者陆基巡航导弹。

8. 如果一个发射装置包含或者发射了一种特殊类型的陆基弹道导弹或者陆基巡航导弹，所有那种类型的发射装置，就都应被视为能够发射陆基弹道导弹或者陆基巡航导弹。

9. 每个现存类型中程导弹或者短程导弹发射装置所发射的导弹数量，应该以“谅解备忘录”所列出的那种类型的导弹能一次性携带或者包含的数量为准。

10. 除了按照《销毁协议》所规定的程序实施销毁以外，下列情况将适用于：

（a）对于分阶段储存或移动陆基弹道导弹来说，中程或短程陆基弹道导弹最长的阶段应该被视为是一种整体导弹。

（b）对于并非分阶段储存或移动的陆基弹道导弹来说，发射中程陆基弹道导弹所使用发射筒类型应该被视为整体导弹，除非一方证明另一方感到满意，即不包含中程陆基弹道导弹或者短程陆基弹道导弹的组合。

（c）对于陆基巡航导弹来说，中程或者短程陆基巡航导弹的空间框架，应该被视为一种整体导弹。

11. 弹道导弹如果不是在陆基发射模式发射，就不会被视为是陆基弹道导弹；假如弹道导弹在测试点、用一种固定的发射装置实施测试发射，这一发射装置仅被用于测试目的，而且它与陆基弹道导弹的发射装置截然不同。巡航导弹如果不是在陆基模式下发射，就不会被视为陆基巡航导弹；假如巡航导弹在测试点、用一种固定的陆基发射装置实施测试发射，这一发射装置仅被用于测试目的，而且它与陆基巡航导弹的发射装置截然不同。

12. 每一方都有权制造和使用升压机系统，该系统可能会另外被视为中程导弹或者短程导弹。此种升压机系统的发射，不能被视为中程导弹或者短程导弹的飞行测试，条件是：

（a）这种升压机系统所使用的推进层级，有别于本条约第三款现存类型中程导弹或者短程导弹所列出的那些导弹所使用的推进层级。

（b）此类升压机系统只用于研究和开发目的、测试目的，而并非测试升压机系统本身。

（c）在任何时候，每一方所拥有的、用于这种升压机系统的发射装置总数不能超过35个。

（d）用于这种升压机系统的发射装置是固定的，安置在地面之上，设置在“谅解备忘录”所规定的仅仅为了研究和开发的发射点内。依据本条约第六款，用于研究和开发的发射点可以不接受检查。

第八条款

1．所有中程导弹及此类导弹的发射装置，必须设置在部署区域内，位于导弹辅助场，或者处于运输途中。中程导弹以及此类导弹的发射装置，不能设置在这些区域以外的地区。

2．具有推进层级的中程导弹应该设置在部署区域内，位于导弹辅助场，或者在两个部署区域之间移动，或者在导弹辅助设施之间移动，或者在导弹辅助设施与部署区域之间移动。

3．直到他们按照本条约第五条款第2段的要求、将导弹撤除到销毁场地，所有的短程导弹及其发射装置，必须设置在导弹操作基地、导弹辅助设施或者处于运输过程中。短程导弹或者这类导弹的发射装置不能设置在其他位置。

4．遵守本条约的规定，运输导弹或者发射装置需要在25天内完成。

5．所有部署区域、导弹操作基地和导弹辅助设施，在“谅解备忘录”中都做了明确说明，或者根据后来在本条约第九款第3段5（a）、5（b）更新了数据。依据“谅解备忘录”所做的陈述，除了销毁场地外，任何一方都不得增加部署区域、导弹操作基地或导弹辅助设备的数量，不得改变部署区域、导弹操作基地或导弹辅助设备的位置或者边界。导弹辅助设施不能被视为部署区域的一部分，即使它可能位于部署区域的地理边界内。

6．在条约生效30天后，任何一方不得再设置中程导弹或者短程导弹，包括此类导弹的推进层级及其发射装置，置于"谅解备忘录"所列出的导弹生产设备、发射装置生产设备或实验范围之中。

7．任何一方不得将任何中程导弹或者短程导弹置于训练场地中。

8．除出按照要求、在修理场地指挥维修以外，或者按照要求在销毁场地指挥发射以此销毁导弹外，尚未部署的中程导弹或者短程导弹，不得由该类型导弹发射装置所操作或者承载。

9．根据该条款第1段和第3段中有关中程导弹和短程导弹及其发射装置的陈述，中程导弹或者短程导弹的训练导弹或训练发射装置，应该遵守相同的区域限制规定。

第九条款

1．"谅解备忘录"包含就本条约所承担义务的相关数据类别，并且就双方在1987年11月1日所拥有的全部中程导弹或者短程导弹、此类导弹的发射装置，以及与此类导弹和发射装置相关的辅助系统和辅助设备，开列了名单。依据"谅解备忘录"所包含的数据类别，应该提供该条款所要求的更新数据以及通告。

2．双方必须更新数据，并且根据条约要求、通过"核风险减缩中心"发布通告，该中心在1987年9月15日、由美苏双方根据协议创建。

3．在条约生效后30天内，每一方需要向另一方提供更新数据，即自本条约生效之日起，"谅解备忘录"所包含的所有数据类别。

4．条约生效后，在每6个月间隔结束后，在30天内，每一方需要就"谅解备忘录"所包含的所有数据类别种类，向另一方提供更新数据；

通知另一方所发生的所有变化，包括已完成的变化以及正在发生的变化；因为此前的数据不断交换以及这些变化产生净影响，这些数据在6个月的间隔里已经发生了变化。

5．在条约生效后，每一方将向另一方发出以下公告：

（a）至少提前30天，通知有关销毁特殊部署区域、导弹操作基地或导弹辅助设施的预定日期。

（b）至少提前30天，通知销毁场地数目的变化或者地点的变化，包括地点或者预定日期的每一个变化。

（c）除去为了销毁目标而发射中程导弹外，针对销毁中程导弹或者短程导弹、此类导弹的推进层级、此类导弹发射装置以及与导弹及发射装置有关的辅助系统和辅助设施，至少提前30天通知预定的启动时间。包括：

（ i ）将要销毁的导弹系统项目的数目和类型；

（ ii ）销毁地点；

（iii）对中程导弹来说，此类导弹、发射装置以及与此类导弹及发射装置有关的辅助设备，将会从其所在位置上迁往销毁场地；

（iv）除了辅助结构外，根据本条约第十一款第7段，通过检查小组对进入点的检查，开始指挥检查；预估检查小组进入销毁场地之后的离开时间。

（d）就出于销毁导弹目标而实施发射的日期，或者启动一系列中程导弹发射的预定日期，至少提前10天发出通知，包括：

（ i ）需要销毁的导弹类型；

（ ii ）发射地点，如果销毁导弹是通过一系列发射的话，这种发射的地点以及次数；

（iii）根据本条约第六款第7段，通过检查小组进行检查的进入点；

（iv）预计检查小组从开始进入销毁场地到其离开的时间。

（e）在清理工作开始48小时之内发出通告，内容是中程导弹以及短程导弹的数量变化、此种导弹发射装置的数量变化，以及与此类导弹和发射装置相关的辅助结构和辅助设备的变化，这些变化导源于《销毁协议》所描述的销毁规定。其中包括：

（ i ）被销毁的导弹系统项目的数目和类型；

（ ii ）这种销毁的日期及地点。

（f）在销毁工作完成后的48小时内发出通告，内容是运输中程导弹或者短程导弹、或者此类导弹的发射装置、或者训练导弹或这种中程及短程导弹的训练发射装置，其中包括：

（ i ）导弹或者发射装置的数量；

（ ii ）离开和到达的地点、日期以及次数；

（ iii ）运输模式；

（ iv ）在运输期间，至少每4天一次，就地点以及达到那个地点的时间发出通知。

6．当本条约生效以及在生效后，每一方至少提前10天通知另一方，关于预定日期、研究和开发升压机系统的发射位置，就像本条约第七款第12段所描述的那样。

第十条款

1．根据《销毁协议》所陈述的程序，每一方都要销毁其中程导弹与短程导弹、此类导弹的发射装置，以及与此类导弹和发射装置相关的辅助结构和辅助设备。

2．根据本条约第十一条款、《销毁协议》与《检查协议》，对《销毁协议》所说明的导弹系统项目实施销毁，将要实行现场检查。

3．当一方因为其销毁目的而将其中程导弹、此类导弹的发射装置、与此类导弹及发射装置相关的辅助设备，从部署区域转移到销毁场地，该方应该以完全部署的、有组织的部队来完成这些工作。对美国来讲，这些部队应该是潘兴Ⅱ导弹营以及BGM109G分队。对苏联来说，这些部队应该是由2个或者3个营组成的SS-20导弹团。

4．销毁中程导弹与短程导弹、此类导弹的发射装置，以及与此类导弹和发射装置有关的辅助设备，应该在“谅解备忘录”所提及的场地中实施，或者根据本条约第九款第5段的通知进行，除非按照《销毁协议》第四部分、第五部分实施销毁。与遵守本条约的导弹和发射装置有关，辅助设备应该遵守原地销毁的规定。

5．在条约生效后6个月内，每一方有权通过发射最多100枚中程导弹的方式实施销毁。

6．在条约生效之前已经测试但从未部署的中程导弹和短程导弹，它们并非是本条约第三款中所罗列的现存类型的中程导弹或者短程导弹，还有此类导弹的发射装置，依据《销毁协议》所陈述的程序，须在本条约生效后6个月内销毁，这些导弹是：

（a）对美国来说，美国所指定类型的导弹，如潘兴IB，该型导弹为苏联所指定的称谓而为人熟知；

（b）对苏联来说，苏联所指定类型的导弹，如RK-55，则被美国冠名为SSC-X-4导弹而熟知。

7．中程导弹和短程导弹及其发射装置，以及与此类导弹和发射装置有关的辅助结构和辅助设备，应该在《销毁协议》所规定的程序完成后、根据本条约第九条款第5段所提出的通知，全部予以销毁。

8．每一方都要销毁其部署区域、导弹操作基地以及导弹辅助设备。一旦以下所提出的条件获得满足，一方应依据本条约第九条款第5段告知另一方：

（a）所有设置在部署区域的中程导弹和短程导弹、此类导弹的发射装置，以及与此类导弹和发射装置相关的辅助设备，都已经移除；

（b）所有与设置在部署区域的导弹和发射装置相关的辅助结构，都已经销毁；

（c）相关此类导弹和发射装置生产、飞行测试、训练、修理、储存或者部署，所有的活动都已经停止。

不论是依据本条约第十一条款第4段已经对其展开检查，还是依据本条约第九条款第5段所通告的预定销毁日期以后的60天，这种部署区域、导弹操作基地和导弹辅助设备应视为已被销毁。在条约生效前，“谅解备忘录”所提及的、能够满足以上条件的部署区域、导弹操作基地或者导弹辅助设备，根据本条约第九条款第3段、并未被包括在原始数据交换中，也应该被视为已经销毁。

9. 如果一方打算改变“谅解备忘录”所列出的导弹操作基地，用于不受本条约限制的陆基弹道导弹和陆基巡航导弹的基地，那么这一方就应该在启动转变的预定日期提前至少30天，通知对方预定的转变日期以及基地转变的目的。

第十一条款

1. 为了确保核查遵守本条约的各项条款，每一方都有权进行现场检查。根据这一条款、《检查协议》和《销毁协议》，双方可以实行现场检查。

2. 每一方都可以根据这一条款，有权在其他一方领土内，或者在建有导弹操作基地的国家领土内进行检查。

3. 在本条约开始生效后30天，每一方都有权在所有的导弹操作基地进行检查，对“谅解备忘录”所提及的导弹辅助设施进行检查，而导弹生产设施除外；而且还可以对包含本条约第九条款第3段所要求的、最初数字更新的所有销毁场地进行检查。这些检查要在本条约生效后90天内完成。检查的目标是核实导弹、发射装置、辅助结构和辅助设备的数量以及其他数据，自本条约生效之日起，依据本条约第九条款第3段来提供。

4. 每一方都有权实施检查，就像依据本条约第九条款第5段所通告的，核查对导弹操作基地和导弹辅助设施的销毁工作，导弹生产设施除外，因为这些设施根据该条款第5段不再接受这种检查。在销毁这种设施预定日期以后60天内，应该实施这样的检查。在销毁这一设施预定日期后，依据该条款第3段，如果一方对特殊设施进行检查，那么根据该条款第3段，将不允许附加任何检查。

5．根据这一段落，在条约生效后13年，任何一方都有权进行检查。条约生效后的第一个3年，每一方每年都可以进行20次此类检查；在此后5年中，每一方每年可以进行15次此类检查；再往后5年，每一方每年可进行10次此类检查。任何一个设有导弹操作基地的国家领土内，每一方实施检查的次数都不得超过每年检查次数的一半，每一方都有权实施以下工作：

（a）从条约生效后90天开始，对导弹操作基地以及导弹辅助设备实施检查，除去销毁场地以及导弹生产设备以外，根据“谅解备忘录”所表明的数据类别，查明导弹、发射装置以及辅助结构、辅助设施的数量，上述装备在检查时，都设置在每一个导弹操作基地或者复杂的导弹设施内；

（b）依据本条约第十条款第8段，对前导弹操作基地和前导弹辅助设施的销毁工作进行检查，除去前导弹生产设施以外。

6． 从条约生效后30天起，每一方在条约生效后13年中，都有权通过持续的监视实施检查：

（a）其他一方的任何设施入口，都是陆基弹道导弹使用阶段最后汇集之处，任何在外表上看起来与本条约第三款所列出的固体推进阶段相同的阶段，都已经完成；

（b）如果一方没有这样的设施，已商定的前导弹生产设施入口，就是中程与短程陆基弹道导弹现存类型的开发之处。

根据这一段落，其设施正在经受检查的一方，应该确保在条约生效后6个月内，或者在分段落（a）所描述的最后汇集过程开始后6个月内，另一方能够建立永久的持续监督系统。如果在本条约生效后第2年结束，任何一方都未实施分段落（a）所描述的连续12个月的最后汇集过程，那么，每一方都无权对另一方的任何导弹生产设备进行持续监督，并且展开检查，除非分段落（a）所描述的汇集过程再度开始。在条约生效后，被持续监督检查的设备应该是：依据分段落（b），对美国来说，就是位于犹他州麦格纳市的“大力神一号工厂”；依据分段落（a），对苏联来说，就是位于俄罗斯加盟共和国的乌德摩尔特自治共和国“沃尔特金斯特机器制造工厂”。

7．每一方都须对销毁程序实施检查，包括通过发射中程导弹和短程导弹、此类导弹的发射装置，以及与此类导弹发射装置相关的辅助装备，依据本条约第十条款以及《销毁协议》，在销毁场地销毁中程导弹。根据这一段落的规定，检查者在开始检查时要确定，对导弹、发射装置和辅助设备实施销毁所指定的过程已经完成。

8．依据《销毁协议》第十部分，每一方都有权进行检查，以便确定已经完成了中程导弹和短程导弹、发射装置和辅助设备的销毁过程；依据《销毁协议》的第二、第四、第五部分，完成对训练导弹、分级训练导弹、训练发射筒和训练发射装置的销毁。

第十二条款

1．为了确保核实遵守本条约各项条款，每一方应该在其清理工作中使用国家技术的核实手段，这在某种意义上符合普遍公认的国际法规则。

2．每一方都不能：

（a）依据这一条款的i段落，干涉另一方使用国家技术手段进行核实；

（b）依据这一条款第1段，使用隐藏的手段，会妨碍通过国家技术手段核实遵守本条约的各项条款。这项义务并不适用于在部署区域内实施覆盖或者隐藏，这些行为与常规训练、维护和操作有关，包括使用环境避难所，以此保护导弹和发射装置。

3．为增强通过国家技术手段核查进行监视，在双方关于减少和限制战略进攻武器条约开始生效之前，但在本条约生效后3年内的任何情况下，每一方有权要求在部署基地采取合作措施，部署航程超过5500公里的机动路基弹道导弹；根据本条约第十条款第8段，这些导弹并非是先前导弹操作基地所销毁的导弹。提出这种请求的一方，应该通知另一方关于在部署基地所采取的合作措施。其基地将要接受检查的一方，应该采取以下合作措施：

（a）在此请求发出6小时内，当事国应该打开所有位于该基地、具有固定结构的发射装置的顶盖，完全移除此类固定结构发射装置上所有的导弹，并且在户外展示位于发射装置上的这些导弹，而不是采取隐蔽措施；

（b）该方应该从收到检查请求后的12个小时，保持顶盖敞开，并且让位于发射装置的导弹处于适当的位置。

每一方都有权在每年提出6次这样的请求。只有一个部署基地可以在任何时间都接受这些合作措施。

第十三条款

1．为了促进这一目标以及实现本条约的规定，双方据此建立了“特别核查委员会”。双方同意，如果任意一方提出这样的要求，他们将在“特别核查委员会”的框架内展开协商：

（a）解决关于服从所承担义务的问题；

（b）认可此类措施可能有必要改善本条约的可行性和有效性。

2．双方将利用“核风险减缩中心”，该中心将在双方之间提供持续交流。

（a）交换数据，并且就像本条约第九条款第3、4、5、6段落和《销毁协议》所要求的那样，发出通知；

（b）根据本条约第十条款第9段的要求，提供和收取信息；

（c）根据本条约第十一条款和《检查协议》的要求，提供和收取检查通知；

（d）根据本条约第十二条款第3段的要求，提供和收取合作措施的要求。

第十四条款

双方需要遵守本条约，不承担与本条约的条款相冲突的任何国际义务。

第十五条款

1．本条约将无限期使用。

2．在行驶国家主权方面，每一方都有权退出本条约，条件是它认为与本条约主旨相关的非常事件已经损害了其最高利益。在退出本条约前6个月，它要将其行为通知对方。在通知中，应包括通知方所认定的已危害其最高利益的、有关非常事件的陈述。

第十七条款

每一方或许都想修改本条约。根据掌握条约生效的第十七条款所提出的程序，经商定的修正案可以生效。

第十八条款

1． 本条约包括“谅解备忘录”及协议，它们构成了条约的一个组成部分，本条约应依据每一方的宪法程序得到批准。本条约应在交换批准书之日生效。

2． 根据《联合国宪章》第一百零二条款，本条约将进行登记。

1987年12月8日，本条约在华盛顿完成；文本有两种版本，一个是英文版，一个是俄文版，两种文本同样都是真实的。

罗纳德•里根
美国总统
代表美利坚合众国

M.戈尔巴乔夫
苏共中央委员会总书记
代表苏维埃社会主义共和国

美利坚合众国与苏维埃社会主义共和国就销毁其中程导弹或者短程导弹，达成《关于销毁导弹系统公约的程序议定书》

根据并且执行美利坚合众国与苏维埃社会主义共和国在1987年12月8日签署的销毁其中程导弹与短程导弹的条约，以下所指就是该条约，双方因此对销毁导弹系统适用该条约的程序达成一致意见。

I. 遵守《销毁条款》的导弹系统项目

每种类型被销毁的导弹系统的特殊项目是：

1．对美国来说：潘兴II式导弹、发射装置以及发射衬垫保护；

BGM-109G式导弹、发射筒以及发射装置；

潘兴IA式导弹以及发射装置；

潘兴IB式导弹。

2．对苏联来说：SS-20式导弹、发射筒、发射装置、导弹运输工具、固定结构发射装置；

SS-4式导弹、导弹运输工具、导弹安装器、发射看台和燃料推进容器；

SS-5式导弹；

SSC-X-4式导弹、发射筒、发射装置；

SS-12式导弹、发射装置、导弹运输工具；

SS-23式导弹、发射装置、导弹运输工具。

3．对双方来讲，所有训练导弹、分级训练导弹、训练发射筒和训练发射装置，都应该销毁。

4．对双方来讲，所有推进级的中程导弹和短程陆基弹道导弹都应该销毁。

5．对双方来讲，所有前沿部署的中程导弹和短程导弹都应该销毁。

II. 销毁场地中的销毁程序

1．该协议第一部分提及的导弹、分级导弹、前端环节、发射筒、发射装置、导弹运输工具、导弹安装工具和发射台，还有训练导弹、分级训练导弹、训练发射筒、训练发射装置等类型和数量，为了确保有可靠的决心在销毁场地对上述实物予以销毁，并且排除了恢复这些项目的可能性，因为其目的与本条约规定不一致。双方需要满足以下要求。

2．对这一部分第一段落所列举的导弹系统项目启动销毁程序，除了训练导弹、分级训练导弹、训练发射筒以及训练发射装置，根据本条约第十一条款和《检查协议》的规定，应该进行现场检查。双方可根据这一部分第11段的描述，有权对训练导弹、分阶段训练导弹、训练发射筒、训练发射装置进行现场检查，确认完成销毁程序。拥有此类训练导弹、分级训练导弹、训练发射筒或训练发射装置的一方，应该通知另一方关于销毁场地的名字与坐标，以便有可能进行现场检查，同时在确定的日期进行检查。这样的通知，应该在检查之日前至少30天告知对方。

3．在导弹到达销毁场地以前，其核弹头装置和制导元件可能已被移除。

4．每一方都可以选择特别技术手段，以确保这一部分第10段和11段所要求的程序得以实现；按照这一部分第10段的要求，允许对销毁程序进行现场检查，以便与本条约第十一条款、本协议以及《检查协议》相一致。

5．启动对这些导弹系统项目的销毁工作，应该被视为这一部分第10段、第11段所描述程序的开端。

6．这一部分第10段所描述的销毁程序刚刚开始前，一方的检查员收到了本条约第九条款第5段所要求的相关通知，需要确定并且记录这一部分第一段所列出的、将要被销毁的导弹系统项目的类型和数量。如果检查方认为这是必需的，将包括对发射筒的内容实行目视检查。

7．按照这一部分第10段所描述的程序，通过燃烧将导弹的推进级销毁，不应为数据收集而进行检验。根据此部分第10段描述，销毁程序开始之前，检查方的检察员需要确定，这种分级导弹不会为数据收集而进行检验。这些分级导弹在燃烧完全结束之前，应该由检查者从检查时起连续检查。

8．完成这一部分所叙述的销毁程序，除去销毁训练导弹、分级训练导弹、训练发射筒以及训练发射装置之外，还有那些程序已经完成的导弹系统类型与数量，这些应该由实施销毁一方的代表以及另一方检查小组的领导人写成书面报告。销毁训练导弹、分级训练导弹、训练发射筒以及训练发射装置，应该被认为已经完成在这一部分第11段所提出的程序，同时也完成了本条约第九条款第5段所要求的通告，而且按照这一部分第2段所提及的日期完成工作。

9．双方同意，美国和苏联的所有中程导弹和短程导弹以及相关的重返大气层运载工具，需要在双方都认可的整个销毁时期实施销毁。需要进一步达成协议的是，事实上，所有此类导弹必须在整个销毁时期结束之前15天内被完全销毁。在最后15天，通过单方面做出决定，一方需要撤走进入其国土的重返大气层运载工具；此举源自现存的合作项目，并且根据这一部分所叙述的过程，在相同的时间框架内将其销毁。

10．这一部分第1段所列出的导弹系统项目，对其实施销毁的特殊过程须按如下所示进行，除非双方同意根据不同的程序取得相同的效果，就像在这一段落中所表明的过程那样：

潘兴II：

导弹：

（a）分级导弹须要通过爆炸性破坏或者燃烧予以销毁；

（b）应该将尚未在此过程中遭到破坏的固体燃料、火箭喷嘴以及电动机壳，通过燃烧、压碎、摧毁或者爆炸方式予以毁灭；

（c）前端环节、次核弹头装置以及制导元件，应该予以压碎或者摧毁。

发射装置：

（a）必须将举升式发射装置从发射装置底座上移除；

（b）必须将所有举升式发射装置的组件在非组合接头处切割成差不多大小的两部分；

（c）应该将导弹发射装置的辅助设备，包括外部仪器分隔在内，从发射装置底盘上移除；

（d）应该将发射装置的底盘在非组合接头处切割成差不多大小的两部分。

BGM—109G：

导弹：

（a）导弹机身应该按照长度切分为两段；

（b）应该将飞行翼和尾部从导弹机身的位置上切割下来，切割之处无法实施装备组合；

（c）应该将前端环节、次核弹头装置以及制导元件予以粉碎或者摧毁。

发射筒：应该将发射筒予以粉碎和摧毁，切割成差不多大小的两个部分，或者以爆炸方式予以毁灭。

发射装置：

（a）必须将举升式发射装置从发射装置底座上移除；

（b）必须将所有举升式发射装置的组件在非组合接头处切割成差不多大小的两部分；

（c）应该将导弹发射辅助设备，包括外部仪器舱在内，从发射装置底架上移除；

（d）应该将发射装置的底盘在非组合接头处切割成差不多大小的两部分。

潘兴IA：

导弹：

（a）应该通过爆破或者燃烧，销毁分级导弹；

（b）应该将尚未在此过程中毁灭的固体燃料、火箭喷管以及电动机壳，予以燃烧、粉碎和摧毁，或者通过爆炸方式予以毁坏；

（c）应该将前端环节、次核弹头装置以及制导元件予以粉碎或者摧毁。

发射装置：

（a）必须将举升式发射装置从发射装置底座上移除；

（b）必须将所有举升式发射装置的组件在非组合接头处切割成差不多大小的两部分；

（c）应该将导弹发射辅助设备，包括外部仪器舱在内，从发射装置底架上移除；

（d）应该将发射装置的底盘在非组合接头处切割成差不多大小的两部分。

潘兴IB：

导弹：

（a）应该通过爆破或者燃烧来摧毁分级导弹；

（b）应该将在此过程中尚未被破坏的固体燃料、火箭喷管以及发动机壳，予以燃烧、粉碎、摧毁，或者通过爆炸方式予以毁灭；

（c）应该将前段环节、次核弹头装置以及制导元件粉碎或者摧毁。

SS-20:

导弹：

（a）应该通过爆破，拆除发射筒中的导弹，或者燃烧分级导弹，来销毁导弹；

（b）应该将在此过程中尚未被破坏的固体燃料、火箭喷管以及发动机壳，予以燃烧、粉碎、摧毁，或者通过爆炸方式予以毁灭；

（c）应该将前段环节予以粉碎或者摧毁，包括重返大气层工具、次核弹头装置和仪器舱、次制导元件。

发射筒：必须将发射筒予以毁灭，连同对导弹爆破拆除一起，或者通过分别实施爆炸的方式予以毁灭，或者将其分割成差不多大小的两个碎片，予以粉碎或者摧毁。

发射装置：

（a）必须将举升式发射装置从发射装置底座上移除；

（b）必须将所有举升式发射装置的组件在非组合接头处切割成差不多大小的两部分；

（c）应该将导弹发射辅助设备，包括外部仪器舱在内，从发射装置底架上移除；

（d）所装备的举升式发射装置以及发射装置的水准测量支架，应该从发射装置底架上切断；

（e）发射装置水准测量支架应该在非组合接头处切割成差不多大小的两部分；

（f）应该将发射底架的一部分切断，即后轴的尾部至少切断0.78米。

导弹运输工具：

（a）所有与导弹装载和装配有关的机器，都应该从运输车的底架上移除；

（b）所有此类机器的装配，应该从运输车的底架切断；

（c）所有与导弹装载和装配有关的机器部件，都应该在非组合接头处切割成差不多大小的两部分；

（d）应该将外部仪器舱从运输车底架上移除；

（e）应该将运输工具的水准测量支架，从运输工具的底架上切断，使之无法将两个差不多大小的碎片组合装配在一起；

（f）应该将运输工具底架的一部分切断，即后轴的尾部至少切断0.78米。

SS-4：

导弹：

（a）应该将推进系统的喷嘴在其无法组合连接之处切断；

（b）应该将所有的推进剂容器切割成差不多大小的两块；

（c）应该将仪器舱与次制导元件切割成差不多大小的两块；

（d）应该将前端环节与次核弹头装置予以粉碎或者摧毁。

发射站：应该将发射站组件在非组合接头处切割成差不多大小的两部分。

导弹举升装置：

（a）应该将起重机臂、导弹安装测量支架以及导弹举升机械，在导弹举升装置上切断，使之无法装配组合；

（b）应该将起重机臂、导弹安装测量支架切割成差不多大小的两个部分。

导弹运输车：应该将导弹和导弹安装机械的装备组建、导弹架设在发射装置上的支撑结构以及运输工具车在无法实施组合装配之处切断。

SS-5：

导弹：

（a）应该将推动系统的喷嘴从组合连接处切断；

（b）应该将所有推进容器切割成差不多大小的两部分；

（c）应该将仪器仪表隔间和次制导元件切割成差不多大小的两个

部分。

SSC-X-4：

导弹：

（a）应该将导弹机身切割成两个部分；

（b）应该将导弹飞行翼和尾部在无法实施组合装备之处切断；

（c）应该将前端环节、次核弹头装置和制导元件粉碎或者毁灭。

发射筒：应该将发射筒粉碎和毁灭，将其切割成差不多大小的两个部分，或者将其爆炸摧毁。

发射装置：

（a）应该将导弹升举机械从发射装置底架上移除；

（b）应该将所有的导弹升举机械在非组合接头处切割成差不多大小的两部分；

（c）应该将导弹发射支持设备和规避外部仪器舱，从发射装置底架上移除；

（d）应该将发射装置机器配件、发射装置水平测试支架与发射装置底架切断；

（e）应该将发射装置水平测试支架，在组合接头处切割成差不多大小的两个部分；

（f）应该将发射装置底架切断，即在距后轴不到0.70米的后部切断。

SS-12：

导弹：

（a）应该通过爆破或者燃烧分级导弹，销毁导弹；

（b）应该将在此过程中尚未被毁灭的固体燃料、火箭喷嘴以及发动机壳焚烧、粉碎以及毁灭，或者通过爆炸方式将其摧毁；

（c）应该将前端环节、次核弹装置、仪器舱以及次制导元件粉碎、毁灭，或者通过与导弹一起爆破的方式予以摧毁。

发射装置：

（a）应该将发射装置机械从发射装置底架上移除；

（b）应该将所有发射装置组件在非组合接头处切割成差不多大小的两部分；

（c）应该将导弹发射辅助设备，包括外部仪器舱在内，从发射装置底架上移除；

（d）应该将发射装置机械的配件以及发射装置水平测试支架，从发射装置底架上切断；

（e）应该将发射装置水平测试支架从非组合接头处切成差不多大小的两部分；

（f）应该将发射装置底架的一部分切断，即后轴的尾部至少切断1.10米。

导弹运输车：

（a）应该将所有与导弹装载与装配有关的机器从运输车底架上移除；

（b）应该将所有这样机器的装配与运输车底架切断；

（c）应该将所有与导弹装载和装配有关的机器组件，在非组合接头处切割成差不多大小的两部分；

（d）应该将外部仪器舱从运输车底架上移除；

（e）应该将运输车水平测试支架与运输车底架切断，并且在非组合接头处切割成差不多大小的两部分；

（f）应该将运输车底架的一部分切断，即后轴的尾部至少切断1.10米。

SS-23：

导弹：

（a）应该通过爆破拆除或者燃烧分级导弹的方式，销毁导弹；

（b）应该将在此过程中尚未毁灭的固体燃料、火箭喷嘴以及发动机壳，予以焚烧、粉碎和毁灭，或者通过爆炸方式予以摧毁；

（c）应该将前端环节、次核弹装置、仪器舱、次制导元件予以粉碎、毁灭，或者通过与导弹一起爆破的方式予以摧毁。

发射装置：

（a）应该将发射装置机械从发射装置主体上移除；

（b）应该将所有发射装置机械组件，从非组合接头处切成差不多大小的两部分；

（c）应该将导弹发射辅助设备从发射装置主体上移除；

（d）应该将发射装置机械装配以及发射装置水平测试支架，与发射装置主体切断；

（e）应该将发射装置水平测试支架在非组合接头处切割成差不多大小的两部分；

（f）应该将每一个发射装置主体的环境覆盖物移除，或者将其切割成差不多大小的两部分；

（g）应该将发射装置主体的一部分切除，即后轴的尾部至少切断0.85米。

导弹运输车：

（a）应该将所有与导弹装载和装配有关的机械从运输车主体上移除；

（b）应该将所有此类机械的装配与运输车的主体切断；

（c）应该将所有与导弹装载与装配有关的机械组件，从非组合接头处切割成差不多大小的两部分；

（d）应该将与导弹装载有关的机械控制设备从运输车主体上移除；

（e）应该将运输车水平支架支持与运输车主体切断，并且在非组合接头处切割成差不多大小的两部分；

（f）应该将运输车主体的一部分切断，即后轴的尾部至少切断0.85米。

11．在这一部分的第一段提及训练导弹、分级训练导弹、训练发射筒以及训练发射装置，其销毁的特殊程序应该按以下方式进行：

训练导弹和分级训练导弹：应该将训练导弹和分级训练导弹粉碎并

摧毁，将其切割成差不多大小的两部分，或者通过爆炸的方式予以毁灭。

训练发射筒：应该将训练发射筒粉碎并摧毁，切割成差不多大小的两部分，或者通过爆炸方式予以毁灭。

训练发射装置：应该将训练发射装置底架，在这一部分第10段所提及的相同地方、与同种类型的导弹发射装置切分开。

III. 通过发射手段销毁导弹

1．根据本条约第十款第5段，通过发射的手段销毁导弹，应该按照本条约第十一款第7段和《检查协议》所提，进行现场检查。在每一次为了销毁导弹而进行发射之前，实施检查的一方应该通过目视观察，对此类已发射的导弹进行确认。

2．通过发射手段来销毁所有导弹，需要从指定的销毁场地发射此类导弹，转移到现在有影响的地区。此类导弹不能当作弹道导弹截击机的靶机。

3．通过发射方式销毁导弹，必须在一个时间发射，发射导弹的时间间隔应不少于6小时。

4．此类发射应该包括所有分级导弹的点火。任何一方都无法通过发射的手段，从被销毁的导弹传输或恢复数据，除非是用于安全范围目标的非加密数据。

5．完成这一部分所陈述的销毁程序，那些已经完成程序的导弹类型和数量，应该由执行销毁任务一方的代表和另一方检查队伍领导，以书面报告方式予以确认。

6．在完成这一部分所提出的程序后，根据本条约第九款第5段的要求，通过发射手段而销毁的导弹，应视为已被销毁。

Ⅳ. 原地销毁程序

1. 支撑结构

（a）本协议第一部分所列出的支撑结构应该被原地销毁。

（b）启动销毁支撑结构，应该被认为是这一部分第1段所要求的销毁程序的开端。

（c）根据本条约第十一条款第4段，支撑结构的销毁，应该通过现场检查予以核实。

（d）针对支撑结构的特殊销毁程序，应该按照以下方式进行：

(i) 固定结构的上层结构或者遮盖物，应该予以拆卸或者破坏，同时会从底层或者基础部分移除；

(ii) 固定结构或者覆盖物的底层或基础，必须通过挖掘或者爆炸予以销毁；

（iii）被销毁的固定结构的底层或基础或者覆盖物，仍然可以见到为期6个月、用于核查的国家技术手段，或者直到根据本条约第十一条款完成现场检查；

（iv）按照以上要求完成销毁，销毁程序就应该被认为已经完成。

2. 应该将固定的SS-4导弹的推进剂容器以及可移动的SS-4导弹的推进剂容器，从发射地点移除。

3. 训练导弹、多级训练导弹、训练发射筒以及训练发射装置：

（a）尚未在销毁场地被销毁的训练导弹、多级训练导弹、训练发射筒和训练发射装置，应该在原地销毁。

（b）在原地销毁的训练导弹、多级训练导弹、训练发射筒和训练发射装置，应该根据该协议第二部分第11段所陈述的特殊程序予以销毁。

（c）每一方都有权进行现场检查，以便确定完成对训练导弹、多级训练导弹、训练发射筒和训练发射装置的销毁程序。

（d）拥有此类训练导弹、多级训练导弹、训练发射筒或者训练发射装置的一方，应该通知另一方关于地点名称以及调整，即根据这一部分第3段所提及的现场检查可能进行的地点和时间。此类通知应该在检查日期前至少30天发出。

（e）关于训练导弹、多级训练导弹、训练发射筒和训练发射装置的销毁工作，应该被认为已完成了这一段落所要求的实施程序，完成了根据本条约第九款第5段所要求的通知，时间是在这一部分第3段所提出的日期后。

V. 其他类型销毁

1. 遗失或者偶然破坏

（a）如果本条约第一部分提出的项目遗失，或者因为意外而遭毁坏，拥有方应该在48小时之内通知另一方，根据本条约第九条款第5段的要求，该项目已经被销毁。

（b）此类通知应该包括销毁项目的类型，近似的或者假定的地点，以及与遗失或意外毁坏相关的环境。

（c）在这种情况下，另一方有权在事故发生的特定地点展开调查，以提供证据，证明该项目已经被销毁。

2. 静态显示

（a）双方有权通过静态显示，销毁本条约第一部分所列出的导弹、发射筒和发射装置，还有列在本协议第一部分的训练导弹、训练发射筒以及训练发射装置，将其置于静态显示。每一方应该限制导弹总数为15枚，发射筒为15具，发射装置15个。

（b）在进行静态显示之前，应该宣布导弹、发射筒或发射装置不能用于与本条约不一致的目标。导弹推进燃料应该被移除，应该宣布发射装置机械无法发挥作用。

（c）一方拥有导弹、发射筒或者发射装置，还有训练导弹、训练发射筒或者训练发射装置，它将通过静态显示的方式销毁以上实物，应该告知另一方关于地点名称以及位置的调整；此类导弹、发射筒或者发射装置，将要在此实行静态显示，还有就像这一部分第2段所提出的现场检查，可能会在此发生。

（d）每一方有权根据这一部分第2段(e)的要求，在收到通知60天内，进行现场检查此类导弹、发射筒或者发射装置。

（e）通过将其置于静态显示，销毁导弹、发射筒或者发射装置以及训练导弹、训练发射筒或者训练发射装置，应该被视为完成了根据这一段所要求的设施程序，完成了按照本条约第九条款第5（e）段要求而发出的通知。

本协议是整个条约的一部分。在条约生效之日，本协议也会生效，并且其持续时间与本条约生效的时间一样长。根据本条约第十三条款第1段（b）所提出的要求，双方可能会同意采取这种必需的措施，它可能会改善生存能力和协议的效力。此类措施不会成为对条约的最终修正。

1987年12月8日，在华盛顿签署，有两个文本，一个是英文版，另一个是俄文版，两个文本同样都是正式文本。

罗纳德·里根

美国总统

代表美利坚合众国

M.戈尔巴乔夫

苏联共产党中央总书记

代表苏维埃社会主义共和国

苏联与美国关于《销毁中程和短程导弹的检查协议》

根据并且履行美苏双方在1987年12月8日签署《销毁中程和短程导

弹条约》，以下提到的条约，双方因此同意本条约第十一条款所提出的检查程序。

I. 定义

为协议、条约、“谅解备忘录”以及《销毁协议》做出定义：

1．“被检查方”这个词就是根据本条约第十一条款所提出的、在一些地点要接受检查的条约当事国。

2．“检查方”这个词就是执行检查的条约当事国。

3．“检查人员”这个词就是一方指定的、执行检查的某个人，并且按照该协议第三部分的规定，他也包含在这一当事国的检查人员名单中。

4．“检查组”这个词就是被检查方所指定的、执行特别检查任务的一组检查人员。

5．“检查现场”这个词就是执行检查的区域、地点或者设施。

6．“检查期间”这个词就是从检查小组到达检查现场、直到离开检查现场之间的时段，不包括任何在检查程序之前或者之后所花费的时间。

7．“入境地点”这个词就是：美国的华盛顿D.C.或者加利福尼亚圣弗兰西斯科；比利时王国的布鲁塞尔（国家机场）；德意志联邦共和国的法兰克福（莱茵河主要空军基地）；意大利共和国的罗马（洽米皮诺机场）；荷兰王国的史基浦机场；大不列颠及北爱尔兰联合王国的皇家空军格林汉康蒙基地；苏维埃社会主义共和国的莫斯科或者伊尔库茨克；德意志民主共和国的施克伊狄茨机场；捷克斯洛伐克社会主义共和国的布拉格国际机场。

8．“境内时期”这个词就是检查小组从来到进入点、直到从进入点离开这个国家这一时段。

9．“境内陪同”这个词就是被检查方指定一些人，在检查人员与机组人员在“境内时期”给予必要的陪同和帮助。

10．“机组人员”这个词就是执行与飞机操作相关职责的人员，根据该协议第三部分的规定，他们也包括在这一方所列出的机组人员名单内。

II. 一般义务

1．为了确保能够核实是否遵守本条约的规定，根据本协议，每一方都应该帮助另一方进行检查。

2．根据本协议的规定，每一方要注意确保收到另一方的保证，即在另一方与拥有导弹操作基地的国家之间达成谅解，即拥有导弹操作基地的国家同意在其领土上执行检查。

III. 检查前的要求

1．检查是为了确保能够核实双方是否遵守条约所规定的义务，依据这一部分第3段和第4段，由指定的检查人员实施检查。

2．在条约生效一天内，每一方应向另外一方提供以下东西：推荐机组人员名单；根据本条约第十一条款第3、4、5、7、8段的要求，推荐的执行检查的检查人员名单；根据本条约第十一条款第6段要求，所推荐的执行检查活动的检查人员名单。任何名单都不得在任何时间、在人员数量上超过两百人。

3．每一方应该检查另一方所推荐的检查人员名单以及机组人员名单。至于推荐名单所提及的、根据本条约第十一条款第6段要求实施检查活动的个人，如果此人不能被审核检查名单的一方所接受的话，检查名单的当事国应该在20天内通知提供名单的一方，此人将不被接受，而且将会从名单中被删除。至于推荐名单中的机组人员，或者根据本条约第十一条款第3、4、5、7、8段所提及的实施检查的检查人员，每一方在接到此类名单20天内，须通知另一方它所同意选派的每位检查人员和机组人员。检查人员应该是检查方的公民。

4．每一方都有权修改其检查人员名单和机组人员名单。新的检查人员和机组人员应该按照原来的名单、根据这一部分第3段的陈述，用同样的方式予以指派。

5．根据本条约规定，在接到检查人员及机组人员初始名单30天内，或者在接到随后又有修改的名单30天内，接到此通知的当事国，应该向每位所认可的个人提供或确保签证和其他文件，并且要求确保每位检查人员或者机组人员可以进入并且停留在当事国或者拥有导弹操作基地的国家；在“境内时期”，这些国家的领土内分布着检查点，目的是按照这一协议执行检查活动；此类签证或者文件应该至少在24个月内有效。

6．为了有效地发挥其职能，根据本条约附加条款的陈述，检查人员和机组人员应该在整个“境内时期”拥有在该国实施现场检查的特权和豁免权。

7．对其特权与豁免权不带有偏见，检查人员与机组人员有义务在其执行检查时，遵守所在国的法律和规定，并且有义务不干涉该国内部事务。如果被检查方认为，另一方的检查人员或者机组人员违反了本协议所陈述的有关检查活动的条件，或在被检查方或者拥有导弹操作基地的国家领土上犯罪，或者因犯罪而被判刑，或者被检查国家和拥有导弹操作基地的国家驱逐，被检查国家做出此类决定时，应该通知检查方，检查方应立即将其从检查人员或机组人员名单中删除。此时，如果此人还在被检查方或者拥有导弹操作基地国家的领土上，检查方应立即从该国撤离。

8．在本条约生效后30天内，每一方都必须通知另一方其常设外交许可的数量，用飞机运送用于检查的检查人员与必要的检查设备，进入或者离开设置有检查点的当事国领土，以及拥有导弹操作基地国家的领土；飞机进入以及离开指定进入点的路线，应该沿着已建立起来的国际航线确立，这一航线为当事国所认可，是其外交许可的基础。

Ⅳ. 通知

1．想要开展检查的通知，应该通过“核风险减缩中心”做出。通过“核风险减缩中心”，由被检查方在收到通知一个小时内，承认收到通知。

（a）根据本条约第十一条款的3、4、5段所展开的检查，此通知应该在检查组预计到达进入点时刻前至少16个小时发出，并且应该包括：

（i）进入点；

（ii）到达进入点的日期以及预计时间；

（iii）现场检查需要说明的日期和时间；

（iv）检查人员以及机组人员的姓名。

（b）根据本条约第十一条款第7、8段所展开的检查，应该在检查小组预计到达进入点时间前至少72小时发出通知，并且应该包括：

（i）进入点；

（ii）到达进入点的日期以及预计时间；

（iii）将要检查的地点以及检查类型；

（iv）检查人员以及机组人员的姓名。

2．根据这一部分第1段的通知，现场检查的日期和时间，应该在以下时间间隔中进行：

（a）根据本条约第十一条款第4、5段展开检查，应该在预计到达进入点时刻和日期后4小时—24小时以内进行；

（b）根据本条约第十一条款第3段所展开的检查，应该在预计到达进入点时刻和日期后4小时—48小时以内进行。

3．在预定飞离飞机场前6小时以内，实施检查的一方应当通过“核风险减缩中心”，向被检查的当事国提供一份飞行计划书，从最后一个飞机场进入该国领空，因为该国的检查现场位于其进入点。此类计划应该根据“国际民间航空组织”（ICAO）用于民用飞机的程序予以存档。

检查方应该在每一个飞行计划的备注部分，将常设外交许可和标注包括在内：“检查飞机，要求程序优先。”

4．在进入正在接受检查国家的领空之前，检查小组从最后一个机场预期离开前至少3个小时以内，根据这一部分的第3段，接受检查的当事国应该确保，已经存档的飞行计划会得到同意，这样检查小组就可以在预定的时间到达进入点。

5．每一方都有可能改变检查点或者进入其他国家领土的进入点，因为这些国家的境内分布着部署区域、导弹操作基地或者导弹辅助设施，需要将此类变化提前告知另一方。进入点的变化，应该在另一方接到关于此类变化通知后5个月生效。

V. 到达进入点后开始的活动

1．不论是接受检查的一方，还是拥有导弹操作基地的国家，其境内都分布着检查现场，由其政府所派遣的境内陪同和外交机组人员陪同，应该在检查小组的飞机着陆后，尽快与检查小组和机组人员在进入点会面。每一架飞机的机组人员，数目不能超过10人。境内陪同人员应该让检查小组、机组人员及其行李、设备、检查所必需的辅助设备，加快进入分布有检查现场的所在国。外交机组人员陪同，有权在整个“境内时期”陪伴机组人员，并向其提供帮助。当在拥有导弹操作基地的国家的领土上实施检查时，境内陪同应该包括该国代表。

2．从检查人员进入接受检查一方或者拥有导弹操作基地的国家的进入点起，就应该被视为开始履行职责；在其离开接受检查一方或者拥有导弹操作基地的国家的领土时，即被视为停止履行职责。

3．每一方都应该确保设备及物资免除所有关税。

4．检查方将设备和物资带到分布着检查现场的国家，这些设备与物资应该在其每次带入该国时、在进入点要接受检查，但这种检查应该在检查小组离开进入点、展开检查之前完成。对设备和物资的检查，应该由境内陪同人员在检查小组成员面前展开，使每一方感到满意，确保设备与物资无法发挥任何与条约检查要求无关的功能。如果在实施检查后，确定设备或物资与检查要求无关，那么它们将不能付诸使用，并且将会在进入点被扣留，直到检查小组从接受检查一方离开。在每一个进入点所储存的检查方设备和物资，应该被置于安全场地内的防干扰容器中。进入安全设备，将由一个“双钥匙系统”控制，该系统要求在双方都在场的情况下，才能接近设备和物资。

5．在整个“境内时期”，接受检查的一方应该向实施检查一方的检查小组与机组人员，提供或者安排供给伙食、住宿、办公场所、交通工具以及必要的医疗服务。根据本条约第十一条款第6段，所有与检查人员执行检查活动期间相关的支出，在接受检查一方的领土内，包括伙食、服务、住宿、工作场所、交通工具以及医疗服务，都要由实施检查一方承担。

6．接受检查的一方应该提供停车、安全保护和服务，并且向停泊在进入点实施检查一方的飞机提供燃料。实施检查的国家应提供此类燃料与服务的开支。

7．因为检查在当事国的领土上进行，检查小组应该进入接受检查一方领土上的进入点。按照本条约第十一条款第3、4段的要求，如果实施检查，检查小组的领导人将在本协议第一部分第1段（a）(ⅲ)发出通知之时或者在此之前，在进入点、通过境内陪同，通知接受检查的一方，关于检查的类型以及由地名和地理坐标所划定的检查现场。

Ⅵ. 实施检查的一般原则

1．检查人员将按照本协议履行其职责。

2．检查人员不会在实施检查期间披露收到的信息，除非获得实施检查一方的同意。检察人员在结束分配的任务后，仍然对此负有义务。

3．在履行其职责的过程中，检查人员将不会直接干涉现场检查正在进行的活动，他们应该避免不必要地妨碍或者延误检查设施操作，或者采取影响其安全操作的行动。

4．检查应该按照本条约第十一条款所提出的目标进行，该条款可用于本协议第四部分第1段（b）和第五部分第7段所辖、由实施检查一方所指明的检查类型。

5．境内陪同有权向检查人员与机组人员提供陪同，并且向其提供帮助，接受检查的一方将其视为在整个“境内时期”所必需的。除本协议以外另有规定，检查人员和机组人员的行动与旅行，将听凭境内陪同安排。

6．按照本条约第十一条款第6段的要求，检查人员履行检查行动，经境内陪同同意，应该允许在远离检查现场50公里的范围内旅行，此举被接受检查的一方视为是必需的，这一旅行应该由境内陪同人员相伴。这种旅行应当仅仅被视为一种休闲活动。

7．检查人员有权在整个检查期间，在接受检查一方的领土内，与实施检查一方的大使馆，通过接受检查一方所提供的电话通讯设备进行交流。

8．在检查现场，接受检查设施的代表，应该包含在境内陪同中。

9．检查小组可能会将一些检查所需要的文档带到检查现场，同时还会带来一些双方都认可的仪器，例如线性测量装置、照相机、便携式测重仪、辐射检测设备以及其他设备。上面所列出的仪器特征以及使用方法，应该在本条约生效后30天内、由双方达成一致。根据本条约第十一条款第3、4、5（a）、7、8段的要求，在实施检查期间，检查小组可以使用以上所列出的任何一种仪器，只有照相机要在实施检查一方提出要求、征得接受检查一方同意后方可使用。在检查人员的要求下，境内陪同人员应该得到接受检查设备的照片，这些照片应由实施检查一方能制造副本、可以即时成像的影印相机系统所完成。每一方都可以得到每一张照片的副本。

10．根据本条约第十一条款第3、4、5、7、8段所展开的检查，检查人员应该允许境内陪同人员看到检查小组在检查期间所用的工具。

11．检查期间的测量记录，应该由检查小组的一名成员以及境内陪同人员中的一名成员的联合签名所证明，此类证明数据应该包含在检查报告中。

12．检查人员有权请求澄清在检查中出现的有关分歧。这种请求应该由境内陪同人员迅速做出回应。在检查期间，境内陪同人员应该向检查小组提供有可能消除误会的说明。如果在检查现场中有关于物体或建筑的此类问题尚未解决，接受检查一方应按照实施检查一方的要求，拍摄这一物体或者建筑物的照片，以便澄清其性质和功能。如果在检查期间这种分歧还未消除，那么该问题、相关说明以及所拍摄的照片，都应该包含在检查报告中。

13．在执行任务时，检查人员需要观察检查现场所确立的安全规则，包括那些在某个设施中就保护可控制环境的规则，以及关于个人安全的规则。个人防护服以及装备，应该由接受检查一方在必要时提供。

14．根据本条约第十一条款第3、4、5、7、8段所实施的检查，在检查开始前的程序，包括简报以及与安全相关的活动，应该在检查小组到达检查现场时就开始，并且在1个小时内结束。检查小组在检查开启前的程序结束后，应该立即开始检查。检查时间不得超过24小时，本条约第十一条款第6、7、8段所提到的检查除外。检查时间可能会有延迟，但要征得境内陪同人员的同意，而且延长时间不得超过8小时。根据本协议第十一部分的各项条款，检查结束后的程序，包括完成检查报告，要在检查完成后立即开始，并且在检查现场、在4个小时内完成。

15．根据本条约第十一条款，执行检查任务的检查小组，所辖人数应不超过10人，除去检查小组执行根据本条款第7、8段所提出的检查任务以外，这个检查小组的人员数应不超过20人，而执行本条款第6段所列出检查任务的检查小组，人数应不超过30人。每一组至少有两人必须使用接受检查一方的语言。检查小组应该在小组领导或代理领导的指挥下开展检查工作。在到达检查现场后，检查小组应分成若干次一级小组，而且每个次一级小组至少有两名成员。在任何时候，都应该在检查现场留下一支检查小组。

16．除根据本条约第十一条款第3、4、8段所展开的检查以外，在完成检查结束后的程序，检查小组应立即返回其开始检查活动的进入点，并且在24小时之内、乘坐其自己的飞机，离开检查现场所在国家的领土。根据本条约第十一条款第3、4、7、8段所展开的检查，如果检查小组想要展开另外一项检查，就只能两者选一：

（a）通知接受检查一方要返回进入点的想法；

（b）通知接受检查一方关于检查类型，以及完成检查后程序的检查现场。在这种情况下，接受检查一方有责任确保检查小组顺利到达下一个检查点，而没有被不正当延误。接受检查一方应决定此类旅行的交通方式与路线。

考虑到分段落（a），本协议第五部分第7段以及本协议第七部分第1、2段所提出的程序，应该付诸实行。

VII. 根据本条约第十一条款第3、4、5段展开检查

1．根据本协议第四部分第1（a）段通知，在明确说明检查现场之后1小时内，接受检查一方应该在检查现场贯彻检查开启前的各项活动限制；在检查小组到达检查现场之前，这种限制应该保持持续有效。在检查启动前的活动限制其作用期间，适用于本条约的导弹、分级导弹、发射装置或者辅助设备，无法从检查现场移除。

2．接受检查一方应该将检查小组从进入点运送到检查现场，这样，根据本协议第四部分第1（a）段通知，在明确说明检查现场后9个小时内，检查小组要抵达检查现场。

3．如果在拥有导弹操作基地的国家展开检查，接受检查一方的机

组人员应该包括拥有导弹操作基地的国家的代表。

4．根据本条约第十一条款第5（a）段，任何一方不得在任何时候进行一次以上多余的检查；根据本条约第十一条款第5（b）段，不得在任何时候开展一次以上多余的检查；或者根据本条约第十一条款第3段，不得在任何时候开展超过10次以上的检查。

5．在销毁场地进行的检查现场边界，应该就是“谅解备忘录”所指出的销毁场地的边界。

6．除根据本条约第十一条款第4段或第5（a）段落开展的检查外，在检查小组到达检查现场时，境内陪同人员需要告知检查小组的领导，关于适用于本条约的导弹、分级导弹、发射装置、辅助结构以及现场辅助设备的数量，并且向检查小组的领导提供一张检查现场的图解，该图标表明了这些导弹、分级导弹、发射装置、辅助结构及检查现场辅助设备所在的位置。

7．根据这一部分第8—14段所提及的程序，检查人员有权检查整个检查现场，包括结构内部、容器、运输工具，或者包含所覆盖的物体，这些物体的容积可能等于甚至大于“谅解备忘录”所标明的导弹、分级导弹，发射装置或者接受检查一方辅助设备的容积。

8．适用于本条约的导弹、分级导弹或发射装置，只适合于外部目测检查，包括在必要情况下，测量这种导弹、这种分级导弹和发射装置推进级的容积。接受检查一方声称，将适用于本条约的导弹或分级导弹装载其中的容器，而且该容器并非足够大，大到可以容纳接受检查一方适用于本条约的1枚以上导弹或者分级导弹；此种容器只适用于外部目测检查，包括在必要时测量其容积，以确保其无法容纳接受检查一方适用于本条约的1枚导弹或者分级导弹。除了这一部分第14段所提及的内容外，一个容器大到可以容纳接受检查一方适用于本条约1枚导弹或者分级导弹；接受检查一方宣布，此类容器无法容纳适用于本条约的1枚导弹或者分级导弹，此类容器只可在必要时、通过测重的方式或者通过目测容器内部的方式进行检查；在必要时，确定此类容器在事实上并不能容纳接受检查一方适用于本条约的1枚导弹或者分级导弹。如果这一容器是一个不受本条约限制的、某种类型导弹相关的发射筒，而且接受检查一方宣布这一容器可以容纳1枚此类导弹，那么这一容器应该只适用于外部检查；包括在必要时，使用放射性探测仪器、目测以及线性测量，测量该容器的容积。

9．一个结构或者一个容器，无法大到可以容纳接受检查一方适用于本条约的1枚导弹、分级导弹或者发射装置，这一结构或者容器只能接受外部目测检查，包括在必要时测量这一结构或者容器，确保其无法大到可以容纳接受检查一方适用于本条约的1枚导弹、分级导弹或者发射装置。

10．在结构内部，其空间大到足以容纳接受检查一方适用于本条约的1枚导弹、分级导弹或者发射装置，但该空间却被证明无法使检查小组满意地看到接受检查一方适用于本条约的最小导弹、分级导弹或者发射装置，而且该空间也不适用于做进一步检查。如果接受检查一方可以使检查小组感到满意，通过从一个密闭空间的入口目测其内部这种方式，证明这个封闭空间无法容纳接受检查一方适用于本条约的任何导弹、分级导弹或者发射装置，那么这个空间也没有必要再进行进一步检查。

11．检查期间，应该允许检查小组在检查现场周边、检查现场出口处安置检查人员的站点，展开巡逻。

12．检查期间，在任何时候都应允许检查小组，检查接受检查一方运载适用于本条约的导弹、分级导弹、发射装置或者辅助设备的运输工具，此类运输工具在检查期间不能离开检查现场，直到检查小组在检查点出口已实施检查。

13．在检查现场内开始对某一栋建筑物实施检查之前，检查小组应该在建筑物的出口处安排一个次一级小组，该建筑物的出口非常大，足以允许接受检查一方适用于本条约的任何导弹、分级导弹、发射装置或者辅助设备可以由此通过。在该建筑物接受检查期间，任何可以容纳接受检查一方适用于本条约的导弹、分级导弹、发射装置或辅助设备的运输工具或容器，都不得离开该建筑物，直到检查结束。

14．在根据本条约第十一款第5（a）段实施检查期间，接受检查一方有责任证明，那些大于或者等于其适用于本条约的最小导弹、分级导弹或者发射装置的被遮掩物或者环境覆盖物，实际上并非适用于本条约的导弹、分级导弹或者发射装置。可以通过局部移除遮掩物或者环境覆盖物的遮盖，通过对所遮盖物体进行测量或者称重，或者通过其他方法，来完成上述工作。如果接受检查一方能够证明该遮掩物不是接受检查一方适用于本条约的导弹、分级导弹或者发射装置，让检查小组感到满意，那就无须对该物体进行进一步检查。如果这一容器是一个与本条约无关的某种类型导弹发射筒，并且接受检查一方也声明该容器承载有1枚此类导弹，那么，该容器将只适合于接受外部检查，包括在必要时使用放射检测装置、目测、线性测量等手段测量其容积。

Ⅷ. 根据本条约第十一条款第7、8段展开检查

1．根据本条约第十一条款第7段，执行针对《销毁协议》所陈述的导弹系统项目销毁过程的检查，应该与这一段落和《销毁协议》所描述的程序相一致。

（a）到达销毁场地后，应该向检查人员提供一份销毁活动时间表。

（b）检查人员应该检查接受检查一方所发布通知中详加说明的数据，即关于销毁程序启动前、将要销毁的导弹系统项目的数量和种类，为在销毁场地所要撤销此类项目的数量和种类做好准备。

（c）根据本协议第六部分第3、11段，检查人员应该遵守具体程序的执行，该程序支持对《销毁协议》所提及的导弹系统项目实施销毁。如果在达成一致的销毁程序中发现任何误差，检查人员都有权提醒境内陪同人员，有必要严格遵守以上提到的程序。该程序的完成，应该根据

《销毁协议》所详加说明的程序予以确认。

（d）在通过发射方法销毁导弹的过程中，检查人员有权通过目测来确定，预备发射的导弹正是适合于销毁的这一类型导弹。应该允许检查人员在接受检查一方所指定的安全位置，对此类导弹实施观察，直到这种导弹的发射已经完成。在对以发射方式销毁导弹、观察一系列导弹发射期间，接受检查一方应该决定在检查现场之间运送检查人员的运输方式及路线。

2．根据本条约第十一条款第8段，对《销毁协议》所说明的导弹系统项目的销毁实施检查，应该与《销毁协议》第II、IV、V部分所陈述的程序相一致，或者当事国另有约定。

IX. 根据本条约第十一条款第6段开展检查活动

1．接受检查一方应该保持一个环绕检查现场外围、双方商定的警戒线，同时应该指定一个入口，这一入口只能有一条铁路线和公路线，它们之间的距离相距50米之内。所有可以容纳接受检查一方的中程陆基弹道导弹或者最远距离陆基弹道导弹的运输工具，只能由该入口退出。

2．就这部分而言，本条约第七条款第10段的各项规定，将运用于接受检查一方的中程陆基弹道导弹以及最远距离陆基弹道导弹。

3．检查现场不能有两个以上其他出口，这些出口需要用适当的传感器进行监测。根据本协议第七部分第11段所陈述，检查现场的警戒线和出口应该实施监测。

4．实施检查一方有权在这一部分第1段所提及的入口，建立持续的监测系统，并且根据这一部分第3段的说明，在出口处设置适当的传感器，实施必要的工程测量、建设、修理，并且更换监测系统。

5． 接受检查一方应该根据实施检查一方的要求和开支，提供以下内容：

（a）建设并运行监测系统所需要的实用工具，包括电力、水、燃料、供暖和排水；

（b）包括混凝土和木材在内的基本建设原料；

（c）检查点要做好必要的准备，使其适应这一部分第1段所说明的、在入口处安装持续监测系统，同时适应这一部分第3段所说明的、在其他出口处安装适当的传感器，设置中心点，以便在检查期间收集数据。这种准备工作应该包括地面挖掘，敷设混凝土基础，在设备位置与公用工程之间挖沟；

（d）从检查现场的入口处运输必要的安装工具、原料和设备；

（e）最少有两条电话线，在必要时，还要有高频无线电设备，能够允许在检查现场所在的国家，与实施检查一方的大使馆取得直接联系。

6．在检查现场警戒线以外，实施检查一方有权：

（a）建造不超过3栋建筑物，这3栋建筑物的占地面积总量不超过150平方米，这些建筑物用于充当数据中心和检查小组总部。还要建造一栋单独的建筑，占地面积不超过500平方米，用于储存给养和设备；

（b）安装监测系统，监视出口，包括重量传感器、车辆感知器、监测系统以及车辆尺寸测量设备；

（c）根据这一部分第1段的说明，在入口处安装设备，测量装在发射筒或运输容器内部分级导弹的长度和直径；

（d）根据这一部分第1段的说明，在入口处安装不具破坏力的影像制作设备，为声称装载这一部分第11段所提及的导弹或者分级导弹的发射筒或运输容器中的东西造影成像；

（e）安装主要及后备的电源；

（f）在必要时，使用数据认证装置。

7．在安装或者操作监测系统期间，实施检查一方不能拒绝接受检查一方接近现有的结构或者安全系统。在没有得到接受检查一方同意的情况下，实施检查一方不能对这一结构采取任何行动。如果双方同意对这种结构进行重新修建或者拆毁，不管是部分还是全部，实施检查一方应提供必要的赔偿。

8．接受检查一方不能干涉这些已经安装的设备，也不能限制检查小组接近这些设备。

9．当检查人员在警戒线和数据收集中心巡逻时，实施检查一方有权使用其自身的双向无线电通信系统。这些通信系统符合接受检查一方在其领土上所建立的功率和频率的限制。

10．不能允许飞机在监测点的警戒线以内着陆，除非监测点发生了紧急情况，并且提前通知检查小组。

11．任何装载物都要从这一部分第1段所说明的入口处离开，这一装载物非常大而且非常重，足以容纳接受检查一方1枚中程陆基弹道导弹或者最远距离陆基弹道导弹，接受检查一方应该在装载物到达入口前通知检查小组。这份宣言声称，不论这一装载物承载了1枚导弹或是1枚分级导弹，都要相较接受检查一方的1枚中程陆基弹道导弹或者1枚最远距离陆基弹道导弹，要一样大或者一样重，或者要比它们更大更重。

12．检查小组有权对任何运输工具的容积实施称重或者测量，包括轨道车在内，离开检查现场，以查明其是否非常大而且非常重，足以容纳接受检查一方的中程陆基弹道导弹或最远距离陆基弹道导弹。应该快速实施这一测量工作，以便尽量减少离开检查现场的运输工具延误。如果运输工具既不够大，也不够重，无法容纳接受检查一方1枚中程陆基弹道导弹或者1枚最远距离陆基弹道导弹，那也就无需接受进一步检查。

13．根据这一部分第1段的说明，现存的运输工具从入口处离开，这些运输工具非常大而且非常重，足以容纳接受检查一方的1枚中程陆基弹道导弹或者1枚最远距离陆基弹道导弹，但声称其无法接受检查一方的1枚中程陆基弹道导弹或者1枚最远距离陆基弹道导弹，要一样大或者一样重，或者要比它们更大更重，应该适用于以下的程序：

（a）实施检查一方有权检查所有此类运输工具的内部；

（b）如果实施检查一方能够通过目测或者空间测量做出决定，在特定运输工具的内部，没有容器或者遮掩物这般大，或者可以容纳接受检查一方的1枚中程陆基弹道导弹或者1枚最远距离陆基弹道导弹，那么该运输工具无须接受进一步检查；

（c）如果在运输工具内部有一个或者更多的容器或被遮盖的物体，它们足够大，或者足以容纳接受检查一方的1枚中程陆基弹道导弹或者1枚最远距离陆基弹道导弹，接受检查一方有责任证明，这种容器或者被遮盖物体，并非而且也无法容纳其中程陆基弹道导弹或者最远距离陆基弹道导弹。

14．根据这一部分第1段的说明，现存的运输工具从进口处离开，并且声明可以容纳1枚导弹或者分级导弹，它们和接受检查一方的中程弹道导弹或者最远距离陆基弹道导弹一样大一样重，或者比其更大更重，它们应该适用于以下程序：

（a）实施检查一方应该保存接受检查一方其导弹或者分级导弹的完整性。

（b）测量设备只能置于放射筒或者运输容器以外；实施检查一方将使用这一部分第6段提及的设备展开测量。此类测量应该由境内陪同人员进行观测和证明。

（c）实施检查一方有权对任何宣称可以承载此类导弹或者分级导弹的发射筒或者运输容器展开称重并且测量，并且有权对宣称可以承载此类导弹或者分级导弹的发射筒或者运输容器中的东西造影成像；实施检查一方有权在每年观察8次承载于发射筒或运输容器中的导弹或者分级导弹。在所有此类观察阶段，境内陪同人员都应该在场。在这种内部审核期间：

(i) 应该打开发射筒的前端，并且打开运输容器的覆盖物；

(ii) 应该将导弹或者分级导弹从其发射筒或者运输容器中移除；

(iii) 应该按照双方都同意的方法，对不同推进级导弹的长度和直径进行测量，以确定导弹或者分级导弹并非接受检查一方的中程陆基弹道导弹，或者最远距离陆基弹道导弹；而且，此类导弹只有一个推进器，从表面上看与中程陆级弹道导弹只有一个推进器的现存类型很相似。

(d) 根据这一部分第13段所陈述的程序，实施检查一方有权检查任何其他容器或者被遮盖的物体，因为在这一器物中，可以容纳此类导弹或者分级导弹。

X. 取消检查

如果由于不可抗力的环境因素，导致检查无法进行，那么检查就应该取消。如果因为延迟的因素，导致检查小组无法开展根据本条约第十一条款第3、4、5段所提出的检查，在本协议第七部分第2段所说的时间内到达检查现场，检查小组可以既不取消也不展开检查。如果因为不可抗力的环境因素而导致检查取消或延迟，那么检查小组有资格进行检查的数量不能减少。

XI. 检查报告

1．根据本条约第十一条款第3、4、5、7、8段所开展的检查，在检查程序结束后期间，在完成整个检查两小时内，检查小组的领导应该向境内陪同人员提供一份书面检查报告，该报告分别用英文和俄文写成，而且该报告是真实的。这份报告应该包含所开展检查的类型和检查现场，以及适用于条约的导弹、分级导弹、发射装置以及辅助设备项目的数量；报告将根据检查期间的观察、根据本协议第六部分第10段所展开的测量记录而写成。按照议定程序、在检查期间拍摄的照片，以及根据本协议第七部分第6段提供的检查现场图解，也应该附在该报告中。

2．根据本条约第十一条款第6段所开展的检查活动，在每个月末的后3天，检查小组领导应该向境内陪同人员提供一份书面检查报告，该报告分别用英文和俄文写成，报告是真实的。该报告应该包含离开检查点的运输工具数量，这些运输工具声称可以承载导弹或者分级导弹，与接受检查一方的中程陆基弹道导弹或者最远距离陆基弹道导弹一样大一样重，或者比其更大更重；它们将通过本协议第九部分第i段所提及的大门，离开检查现场。根据本协议第六部分第11段所记录的那些运输工具，该报告也应该包含对其内部装载的发射筒或者运输容器的测量。根据这一协议第九部分第14（c）段的规定，如果实施检查一方已经查看了那些声称可以装载1枚导弹或者分级导弹的发射筒或运输容器的内部，它们与接受检查一方的中程陆基弹道导弹或者最远距离陆基弹道导弹一样大一样重，或者比它们更大更重。该报告也应该包括在检查期间获得的分级导弹长度及直径的测量数据，还应根据本协议第六部分第11段进行记录。根据议定程序、在检查期间拍摄的照片，也应该附在报告中。

3．接受检查一方有权在报告中写上评论。

4．在可能的情况下，双方应该解决检查报告所包含的、有关事实信息的分歧。相关的说明应该被记在报告中。该报告应该由检查小组的领导人以及境内陪同成员的一名成员共同签名，每一方都应保有该报告的一份副本。

本协议是本条约的一个组成部分，它在条约生效之日即开始生效，其持续有效期将与本条约的有效期一样长。根据本条约第十三条款第1（b）段所提及，双方应该同意这样的措施，在必要情况下改善本协议的可行性及有效性。此类措施不应被视为是对本条约的修正。

本协议在1987年12月8日、在华盛顿签署，共有两个副本，每个副本都用英文和俄文两种语言写成，两个副本同样真实可信。

罗纳德·里根

美国总统

代表美利坚合众国

M.戈尔巴乔夫

苏联共产党中央委员会总书记

代表苏维埃社会主义共和国

附录：

有关检查人员和机组人员特权与豁免权的规定

为了有效地发挥其功能，也为了履行本条约，而并非为了其个人利益，本协议第三部分提及的检查人员和机组人员，应该被授予该附录所包含的特权和豁免权。应该在整个“境内时期”、在坐落着检查现场的国家内被授予特权和豁免权，这些权力关系到此后作为检查人员或者机组人员，在行使其官方职责过程中以及在此前所采取的行动。

1．根据1961年4月18日《维也纳外交关系公约》第二十九条款，检查人员和机组人员应该被授予外交人员所享有的不可侵犯权。

2．根据本条约第十一条款第6段，检查人员开展检查活动所使用的生活区和办公场所，也应该被授予不可侵犯的权利；根据《维也纳外交关系公约》的第三十条款，被授予外交人员应享受的保护。

3．根据《维也纳外交关系公约》第三十条款，检查人员和机组人员的文件和通信，应该被授予外交人员所享有的文件及通信的不可侵犯权利，检查小组的飞机也应该是不可侵犯的。

4．检查人员和机组人员应该被授予豁免权，它与根据《维也纳外交关系公约》第三十一条款第1、2、3段授予外交人员的豁免权一样。从检查人员或机组人员司法权衍生出来的豁免权，可能会在这样几种情况下为实施检查一方所放弃；有人提出，豁免权可能会妨碍司法公正，它可以被放弃而不会损害本条约规定的实施。必须迅速表达弃权。

5．检查人员根据本条约第十一条款第6段而展开的检查行动，根据《维也纳外交关系公约》第三十四条款授予外交人员的手续费和税费豁免，他们也应该被授予此项豁免。

6．当事国的检查人员和机组人员应该获准将私人所用物品带到检查现场，带到检查现场所在的另一国或者拥有导弹操作基地的国家的领土内；这些供其个人使用的物品，无须缴纳任何关税或相关费用。但是，被法律禁止或者被检疫规定所控制物品的进出口除外。

7．检查人员或机组人员不得为个人利益，卷入任何接受检查一方或者拥有导弹操作基地的国家其领土内的专业性或商业性活动。

8．如果接受检查一方认为，出现了滥用附录所说的特权及豁免权的情况，双方应该举行协商，以便确定此种滥用行为是否存在，如果确定存在这种行为，则应防止这种滥用行为重复出现。

<<

十九、北大西洋理事会成员国与政府首脑宣言

（1988年3月2—3日）

再确认的时间表

1．作为北大西洋联盟16个成员国的代表，我们相聚在一起，再次共同强调我们的统一，共同对东西方关系当前状态展开评估，共同审视横亘在面前的机遇和挑战，并且也这样做了。

（1）再次确认共同的理想与目标，这些理想与目标堪称是我们伙伴关系的基础；

（2）再次使我们自身致力于1949年《北大西洋公约》的原则和条款；

（3）重申北约对安全所具有的重要意义，重申北约对我们实现和平战略所具有的有效性。

北约的目标与原则

2．北约是一个由自由与民主的平等国家所组成的自愿联盟，他们由共同的利益和价值观统一在一起，这在北约所涉及的范围及其成就中可谓史无前例。我们的安全是不可分割的。北约致力于维持和平自由，并且致力于集体性自卫，就像《联合国宪章》所认可的那样。我们将永远不会使用武器，除去对武装进攻做出回击。

3．“哈默尔报告”陈述了我们关于均衡安全政策的概念，这一概念已经成功地经受了时间的考验，它在两种互相补充、彼此加强的方法中仍然非常有效：即保持政治团结，拥有足够的军事力量；而且在此基础上，寻求展开建设性对话与合作，包括武器控制问题。北约最终的政治目标是，在欧洲建立一种公正、持久的和平秩序。

4．欧洲及北美盟国在自由中享有安全以及繁荣，两者紧密地连在一起，北美民主国家对维护欧洲和平与安全的长期承诺非常重要，美国的常规武装力量与核力量驻守欧洲，为美国的战略威慑、连同加拿大的武装力量一起，提供了必需的联系，这些都堪称是美国所做长期承诺的一种实实在在的表达。这种现实存在必须而且将会保持下去。

同样，一个自由、独立并且不断走向联合的欧洲，对于北美的安全也非常重要。如果没有欧洲所做出的重大贡献，盟国防御的可信性就无法得以维持。因此，我们欢迎最近为加强北约的欧洲支柱所付出的各种努力，我们打算从总体上加强跨大西洋伙伴关系以及北约安全。

如果欧洲虚弱，大西洋联盟就不会强壮

5．我们的目标将是，继续阻止任何形式的战争或者恐吓。通过保持切实有效的威慑，北约已经确保欧洲享有近40多年的和平，只是常规性防御还不能确保这一点。因此，在可预见的未来，北约战略就组织战争而言，可谓别无选择。这是一个威慑战略，其基础是适当混搭足够而且有效的核力量与常规力量，这种力量混搭将会继续跟上时代的必要需求。

6．在保持较低水准军备的基础上寻求安全与稳定的同时，我们决定保持必要的努力，确保我们的常规力量与核力量具有持续的可行性、可信性和有效性，包括在欧洲的核力量在内，此举同时为我们的共同安全提供了保证。考虑到北约的结构，我们每个国家都本着团结的精神，在这一共同事业中各尽其职；同时重申我们愿意公平地分担风险、负担和责任，并且共享我们共同努力所带来的好处。

7. 我们寻求建立一个公正、稳定的和平环境，其中，所有国家的主权与领土完整都会受到尊重，所有单个国家的权利，包括他们政治选择的权利，都会得到保护。

我们想要逐渐销毁欧洲大陆的非自然分界线，这一分界线最直接地影响到德国人民。我们将继续支持柏林所拥有的自由和生存能力，支持为改进这一形势而付出努力。

寻求与苏联及其他东欧国家建立一种改进的、更加稳定的关系，堪称是我们主要关注的内容。我们要求这些国家与我们一起工作，进一步放松紧张关系，在保持较低武器水平的基础上实现更大程度的安全，建立更广泛的人类沟通，增加信息的获取量。

我们将继续努力，扩展与东方阵营的合作，不管在何时与何地，此举都是互利的。

东西方关系：前方之路

8. 我们已经注意到，苏联及其一些盟国的政策出现了令人鼓舞的变化迹象，这为他们与其人民之间、与其他国家之间实现更大程度的公开性开创了美好前景。我们欢迎这样的进步，在某些领域已经取得了进展。但是我们在声明之外，还将眼光放远，谋求实现一些实实在在、持久的政策变化，以解决直接导致东西方分裂的那些问题。

9. 然而，我们到目前为止并没有看到，苏联推行多年的军事努力有放松的迹象，苏联坚持部署更大规模的武装力量，远远超出其防御需要。苏联并没有在其边境以外地区对使用这支大规模武装力量有所克制，在阿富汗就是这样，这支大规模武装力量成为东西方之间出现紧张局面的根源。苏联军事力量的稳步增长，需要我们持续关注，因为它影响到北约的每一个地区。

10. 我们将继续坚定地推进我们的安全政策，保持有效防御、可信的威慑，上述内容构成北约与东方阵营展开富有建设性对话的必要基础，对话内容则包括武器控制和裁军事务。

为了满足未来几年内我们的安全需要，我们需要更有效地运用我们的宝贵资源。因此，我们决心在军备采购以及其他方面扩展我们的务实合作。由此而论，我们承认我们那些工业欠发达盟国遇到的挑战，我们也承认有必要通过相互援助与合作来解决这些挑战。

11．武器控制是我们安全政策的一个组成部分，我们寻求谈判不是为了他们自身的缘故，而是为了达成可以大大减少冲突风险的协议，为稳定与和平做出真正的贡献。为达到这一目标，我们不仅将充满活力地共同工作，而且还将在展开最密切协商的基础上共同工作。

12．我们派驻北大西洋理事会的代表们，会继续积极地进一步发展关于武器控制与裁军的综合概念，正如1987年6月雷克雅未克会议部长宣言所指导的那样。

13．在我们实现一种更安全的和平、保持较低水平武器的努力中，美苏之间最近达成的《美苏两国消除中程和中短程导弹条约》（INF）堪称是一个里程碑，该协议是北约成员国的政治勇气、现实主义以及团结一致所共同达成的一项结果，给人留下深刻印象。条约中关于严格验证、不对称削减的条款，为未来的协议提供了很有用的先例，我们期待着条约能早日付诸实施。

14．与他们的安全要求相一致，有关的15个盟国利用了一切可能的机会，达成可以有效验证的武器控制协议，该协议确立了在较低水平武装力量的基础上达成一种稳定、安全的平衡。对他们来说，武器控制与裁军的综合概念包括：

（1）在当前的日内瓦谈判中，削减美国和苏联50%的战略进攻核武器；

（2）在全球范围内削除化学武器；

（3）通过削除差距，在整个欧洲建立一个常规武装力量的稳定和安全层级；

（4）建立常规武装力量平衡、在全球范围内销毁化学武器，实实在在并且可检验地削减美国与苏联的短程陆基核导弹系统，这些内容结合在一起，产生了对等上限。

15．在认识解决欧洲常规武装力量不平衡所具有的紧迫性与重要性同时，我们就常规武器控制通过了一项附加声明。

16．解决东西方分歧需要在许多领域取得进展，欧洲真正的和平不能只靠武器控制来确立，它必须严格建立在全面尊重基本人权的基础上。当我们继续努力削减军备时，我们应该迫切要求苏联政府以及其他东欧国家政府，全面实施《赫尔辛基最后议定书》和《马德里总结文件》的所有原则和条款。我们支持继续并且强化“欧安会”进程，因为它代表了一种重要的手段，可以在长远基础上推进东西方许多国家之间的稳定和建设性的关系，进言之，在整个欧洲的民族与个人之间，加强建立更紧密、更具丰硕成果的联系。我们呼吁所有参与国都尽一切努力，使“欧安会”在“维也纳后续会议”中能够早点得出结论，制定一个具有实质内容、均衡的最终文件。

17．我们一致同意，苏联应该从阿富汗快速、全面地撤出其军队，有效恢复该国主权，此举具有重大意义。正是因为苏联反对这些准则，所以我们应该对苏共总书记戈尔巴乔夫最近所做的声明进行评估。

18．我们希望，里根总统与戈尔巴乔夫总书记在莫斯科最近召开的峰会，能够在去年12月华盛顿会议成果的基础上取得进展。我们强烈支持美国所付出的努力，这些努力完全符合我们一贯的政策，即通过高层对话，寻求与苏联就一系列问题取得实质性进展，这些问题包括更加尊重人权、加强武器控制、减缓地区紧张局势、提高双边接触与合作的机遇。

19．考虑到差不多40年共同的努力以及所做的牺牲，考虑到所取得的成就，我们相信，北约的原则和目标在今天以及未来依然有效，我们要共同努力，确保建立一个更加安全的和平、更大程度的自由。我们将以想象与希望、坚定和警惕，迎接机遇与挑战，我们仍旧深受人民之恩。

<<

二十、常规军备控制：北大西洋理事会成员国及其政府首脑声明

（1988年3月2—3日）

在1986年召开的哈利法克斯会议上，各成员国政府发出清晰的呼吁，要求通过常规武器控制谈判来加强整个欧洲的稳定。这一年稍后在布鲁塞尔会议上，他们详细阐述了开展这种谈判的基本目标与方法。

欧洲的痛苦分裂使欧洲大陆身负重压，欧洲的军事冲突是这种分裂的结果而不是原因；在寻求以其他方式战胜这种分裂的同时，我们寻求在可能最低限度军备的基础上实现欧洲的安全与稳定。武器控制、充分的防御计划，都将有助于实现这一目标。

目前的现实

1．苏联在欧洲的军事存在，远远超出其自卫需要之外，对我们的安全以及我们对欧洲政治形势发生变化的期许，直接提出挑战。因此，欧洲常规武装力量不平衡仍然是欧洲安全考虑的核心内容。存在的问题是，华约在关键性常规武器系统中占据优势，而且在很大程度上发挥着作用。但是，这不仅是数量失衡的问题，其他的不对称问题也非常重要，例如：

（1）华约以苏联在前沿部署的武装力量为基础，有能力发动突袭以及大规模进攻行动，而盟国既没有这样的能力，也没有愿望；

（2）华约成员国组成一个相互连接的大陆块，而北约成员国在地理上则并不相连；

（3）华约可以从数百公里处派出大规模援军，而盟国的许多援军则需要跨越大西洋；

（4）华约的军事态势与行动仍处于保密中，但盟国的许多军事态势与行动则是透明的，而且处于永久性公众监督之下。

2．由于苏联的常规武装力量在欧洲占据优势地位，这些不对称变得更加复杂。在大西洋到乌拉尔山脉之间，这些常规武装力量相当于欧洲所有现役师的50%，苏联常规武装力量优势及其在东欧国家的军事存在，既能发挥政治作用，也能发挥军事作用，他们给整个欧洲笼罩上一层阴影。

3．常规武器控制不仅仅是对某个独立问题采取的一种技术矫正，而应该在一个连贯的政治与军事框架中对其进行观察。

一个政治与安全框架

4．我们重申，我们相信军事力量的存在，应该只是为了阻止战争、确保自身的安全，而不是为了发动侵略战争，也不是为了实施政治和军事恐吓。我们阻止每次战争的能力，或是核战争或是常规战争，都有赖于我们抵抗任何形式侵略的力量或决心。盟国的所有军事资源都被用于实现这一目标，那些属于统一军事机构的盟国坚持这种态度，那些不属于统一军事机构的国家同样也坚持这一态度。

5．核力量与常规武装力量的关系非常复杂，常规武装力量存在的不平衡，对华约非常有利，但这并不是核武器在欧洲存在的唯一理由。北约成员国目前处于苏联许多不同射程核力量的威胁之下，而且将来也仍会处于这一威胁之下。尽管常规力量均势将会给稳定带来重大收益，但只有核力量才能使潜在的侵略者面对一种让人无法接受的风险。因此，在可预见的未来，威胁将继续需要把核力量与常规力量充分混搭在一起。

6．因此，我们各国下定决心，确保将防御准备当作获得我们所寻求的安全局面的一种手段。我们将继续确保，我们的军事力量是有效的，是现代化的，其方式特别包括：

（1）继续与分担风险和责任的原则保持一致，接受对于加强我们的防御能力至关重要的优先权；

（2）提供足够的防御开支，共同努力，使我们的防御投入获得最大回报；

（3）建立能够纠正关键性缺陷的更加密切的合作，就此而论，支持最近的立法与其他倡议，这些立法与倡议旨在巩固在常规军备领域的合作，特别是在研究、发展、生产和采购等方面；

（4）帮助满足弱势盟国在加强其常规力量防御中的需要，纠正现存的重大缺陷。

7．防御与武器控制政策保持和谐，目的是确保它们能够对北约成员国的安全做出补充性贡献，这一点非常重要。在构想实现常规力量稳定的谈判建议中，盟国将确保，持续要求实施威慑与防御不带有偏见，因此他们既不会提出涉及侵蚀盟国核威慑能力的建议，也不会接受这些建议。

8．欧洲安全涉及的不只是军事，也涉及政治、经济因素，特别是人道主义因素。我们期待着欧洲结束分裂，其中，所有国家的人民都会自由地获得思想与信息、享受他们的基本人权、决定他们自己的未来。盟国的武装力量驻守在其国土以外，为的就是保护这些价值观，维护自由联盟的团结，因此他们不能等同于苏联武装力量驻守东欧。一个公正与和平的欧洲秩序，要求所有国家与自身的公民之间享有信任关系，相信他们可以做出自身的政治与经济选择，允许他们从其他国家公民那里获得信息，与他们交流思想。

9．常规武器控制谈判应该由一种连贯的政治视野所指导，这一政治视野会影响到这些价值观。正是由于他们坚持这一政治视野，从而使得盟国能够确保“斯德哥尔摩会议”获得成功结果。正是同样的这些考虑，一直引导着盟国对他们所提议的两个谈判做出决定，一个是常规力量稳定的谈判，一个是“构建信任与安全措施”的谈判，两者都将在“欧安会”进程的框架中实施。

10．那些针对“构建信任与安全措施”的谈判，将涉及“欧安会”所有35个参与国，也会成为这些国家将建立并扩展“斯德哥尔摩会议”的结果，当作他们的目标。谈判所达成的协议，标志着在减少欧洲战争风险的道路上迈出了重要一步。经过一段时间的全面实践，这将产生更大程度的透明度，并且有助于对整个欧洲的军事活动产生更大程度的信任度和预见性。“斯德哥尔摩会议”所开创的势头必须予以保持。

11．与此同时，我们也意识到欧洲两大军事集团的23个成员国所拥有的特殊责任，他们的军队最直接地对欧洲实质性的安全关系施加压力。因此，我们针对常规力量稳定所展开的明确而又富有自主性的谈判的决定，应该在23个国家之间展开。

12．谈判双方所采纳的授权，对“欧安会”的“维也纳续会”来说，必须是达成一个均衡结果的一部分，这次会议需要在《赫尔辛基最后议定书》的所有领域取得实质性进展。

盟国的目标

13．与我们实施常规武器控制的原则相一致，就像在《布鲁塞尔宣言》中所陈述的，在即将到来的常规力量稳定的谈判中，我们的目标是：

（1）在较低水平上建立一种安全与稳定的常规武装力量均衡；

（2）消除不利于稳定和安全的多种差距；

（3）作为一种最为优先的考虑，应该消除发动突袭以及大规模进攻行动的能力。

14．后一种能力最令人担心，它涉及侵略者扣押领土；扣押领土的重要组成部分，是在前沿地区部署拥有快速机动性和强大火力的常规武装力量。尽管战斗力的其他要素亦被证明同样重要，但坦克和大炮是其中最具决定性影响力的组成部分。人力要素也很重要，但是并非所有装备项目都适合实施限制，如果只是出于技术原因，对于进攻能力来说，单凭人力要素是一种不准确的指导。

15．我们的目标将是在欧洲建立某种形势，即武装力量的态势、武器系统的数量与部署，使发动突袭以及大规模进攻行动无法成为一种行得通的选项。我们将在以下标准的基础上推进这一目标。

（1）我们需要加强从大西洋到乌拉尔山脉整个欧洲的稳定，在保卫所有盟国安全的同时，以某种方式来这样做；即考虑到华约武装力量的集结，以及影响中欧、南欧与北欧地区的那些特殊问题；

（2）在寻求销毁实施大规模进攻能力的过程中，我们将集中关注关键性武器系统；

（3）我们将提出与驻扎部队打交道的规定，考虑在前沿部署的苏联常规武装力量所具有的分量，我们也将考虑武装力量组建与支援的能力；

（4）双方同等数量或同比例削减武装力量，仍将无法消除威胁欧洲稳定的差距，我们的建议将转而集中在结果以及剩余的权利上；

（5）我们的目标是纠正常规力量的不平衡，通过一整套措施，我们可以实现这一目标；这些措施特别包括：削减、限制、重新部署规定等相关措施，以及建立对等上限；

（6）这一结果需要东方阵营极其不对称地削减其武装力量，例如，必须在欧洲削减与华约发动突袭相关的数以万计的武器，这些武器包括坦克与重炮群；

（7）削减在战斗中能发挥决定性作用的装备，改变苏联的前沿部署态势，此举将只是我们减少冲突风险的一部分方法。在加强稳定与安全的努力中，作为一个同时发生的因素，我们也将建议采取措施，使整个欧洲的军事行动实现更大程度的公开性，确保武装力量保持较低水平，支持实行严格、有效而且可以信赖的监督与核查机制；

（8）这种监督与核查机制将有必要包括关于交换武装力量与部署的详细资料，还包括实施足够的定点检查的权利，以便培养信任，即约定的条款必须遵守。

未来之路

16．早期就常规力量稳定授权所达成的协议，作为“欧安会”中“维也纳续会”达成一个均衡结果的一部分，堪称是向前迈出的重要一步。我们寻求消除常规力量的不平衡，因为它威胁到欧洲的稳定与安全，我们也寻求增强尊重人权和基本自由，因为这是持久安全与稳定的最终所赖。

希腊收回其对核事务所持的观点。

<<

二十一、北大西洋理事会各国与政府首脑声明

（1988年5月2—3日）

再确认的时刻

1．作为北大西洋联盟16个成员国的代表，我们汇聚在一起，再次强调我们的团结，评估东西方关系的当前状态，审查即将到来的机会与挑战；在这一过程中：

（1）再次重申构成伙伴关系基础的共同理想与目标；

（2）再次使我们自身致力于1949年《北大西洋公约》的原则与条款；

（3）重申北约对世界安全可谓至关重要，同时重申我们支持和平战略所具有的正确性。

联盟的目标与原则

2．北约是由民主和自由的平等国家所组成的一个自愿联合体，由共同利益和价值观团结在一起。就其涉及的范围以及取得的成功而言，可谓史无前例。我们的安全不可分割，就像《联合国宪章》所承认的，北约献身于维持和平自由，致力于集体自卫。我们的武器从未付诸使用，除非是对进攻行动做出回应。

3．就像“哈默尔报告”所阐述的，我们对均衡安全政策的概念，

已经成功地经受了时间的考验。在其两种互补以及互相强化的方法上，这一概念仍然非常有效：即维持政治团结，拥有足够的军事力量；而且在此基础上，寻求展开建设性对话与合作，包括武器控制。北约最终的政治目标是，在欧洲建立一种公正、持久的和平秩序。

4．在欧洲与北美盟国中，在自由中享有安全与繁荣是密不可分的，北美民主国家对维护欧洲和平与安全所做的长期承诺可谓极其重要。美国在欧洲的常规武装力量与核力量，连同加拿大的武装力量，与美国的战略威慑建立了必要的联系，这些军事内容成为北美长期承诺的一种真实表达，这种军事力量的存在现在必须保持下去，而且将来也要保持下去。

同样，一个自由、独立并且日渐统一的欧洲对北美的安全也非常重要。如果没有欧洲的重大贡献，盟国防御的可靠性也无法维持。因此，我们欢迎最近为加强北约的欧洲支柱所付出的各种努力，我们打算在总体上加强跨大西洋伙伴关系和北约安全。

如果欧洲虚弱，大西洋联盟就不会强大。

5．我们的目标是，继续阻止任何形式的战争或者威胁。通过继续维持可靠的威慑，北约捍卫欧洲安全差不多长达40年，单凭常规防御无法保证做到这一点。因此，在可预见的未来，北约制止战争的战略可谓别无选择。这是一种威慑战略，其基础是适当混搭足够而且有效的核力量与常规力量，这支力量混搭将会继续跟上时代的必要需求。

6．在维持较低军备水平的基础上寻求安全与稳定的同时，我们决定保持必要的努力，确保我们的常规力量与核力量继续保持生存能力、可信度与有效性，包括在欧洲的核力量，它给我们的共同安全提供了保证。考虑到北约的结构，我们每个国家都本着团结的精神，在这种联合努力中各尽其责，重申我们愿意公平分担在共同努力中的风险、负担、责任以及好处。

7．我们寻求建立一种公正、稳定的和平环境，其中，所有国家的主权与领土完整都会受到尊重，所有个人的权利，包括其政治选择的权利，都会受到保护。

我们想逐渐战胜欧洲大陆非自然的分裂状态，这种分裂状态直接影响到德国人民。我们将继续维护柏林的自由以及生存能力，继续支持为改变柏林的现状而付出努力。

寻求与苏联及其他东欧国家建立已改进的、更加稳定的关系，成为我们主要关注的内容。我们呼吁这些国家与我们一起努力，进一步缓解紧张局势，在维持较低水平武器的基础上实现更大程度的安全，建立更加广泛的人类沟通，增加获取信息的渠道。我们将继续努力，扩展与东方阵营的合作，无论何时何地，这都是互利的。

东西方关系：向前之路

8．我们注意到，苏联及其盟国的政策出现了令人鼓舞的变化迹象，在他们与自身的人民、与其他国家的关系中，此举促成了更大程度开放的前景，我们欢迎这种进步，这在某些领域已经取得进展。但是，我们除发表声明，还要放远眼光，谋求实现一些实实在在、持久的政策变化，以解决直接导致东西方分裂的那些问题。

9．然而，我们不得不就此证明，苏联所追求的军事努力并没有放松。苏联坚持部署更多的军事力量，远远超出其防御需要以外。苏联在境外毫无节制地使用其大规模军事力量，就像在阿富汗的情形一样。这支大规模军事力量构成了东西方之间紧张关系的一个主要根源，它影响到北约的每一个地区，苏联军事力量稳步增长，需要我们持续关注。

10．我们将继续坚定地追求我们的安全政策，保持有效的防御以及可靠的威慑，这些为针对包括武器控制与裁军事务而与东方阵营展开建设性对话奠定了必要的基础。

为了在未来几年中满足我们的安全需要，我们必须在运用我们宝贵资源的过程中具有更大效率。因此，我们决定在军备采购以及其他领域扩展我们的务实合作。就此而论，我们承认对工业欠发达盟国的挑战，也承认有必要通过相互援助与合作来应对这些挑战。

11．武器控制是我们安全政策的一个组成部分，我们寻求谈判，不是为了他们自身的缘故，而是为了达成协议，这样就可以大大减少发生冲突的风险，并且为稳定与和平做出真正贡献。为了达成这一目标，我们将充满活力地共同工作，并且在展开最密切协商的基础上共同工作。

12．我们派驻北大西洋理事会的代表，将会继续积极地进一步发展关于武器控制与裁军的综合概念，正如1987年北约部长们在雷克雅未克会议上所做的声明一样。

13．在我们为获得更安全的和平以及较低水平武器这一目标而付出的多种努力中，最近美苏之间达成的《美苏两国消除中程和中短程导弹条约》（INFT）堪称是一个里程碑。这是政治勇气、现实主义以及北约成员国团结所产生的一个结果，给人留下深刻印象。条约中关于严格验证以及不对称削减的条款，为未来的协议提供了非常有用的范例，我们期待着它能早日付诸实施。

14．与他们的安全要求相一致，有关的15个盟国将会利用一切可能性，支持可以有效验证的武器控制协议；该协议将会在较低水平上、获得一种稳定和安全的武装力量平衡。对他们来说，武器控制与裁军的综合概念包括：

（1）在当前日内瓦谈判中，实现削减美苏50%进攻性核武器这一目标；

（2）在全球范围内削减化学武器；

（3）通过消除差距，在整个欧洲建立一种稳定与安全的常规力量层级；

（4）建立常规力量平衡，在全球范围消除化学武器，对美苏陆基短程核导弹系统实施真实而且可验证的削减，这些内容结合在一起将产生对等上限。

15．由于认识到应对欧洲常规力量不平衡的紧迫性和重要性，我们已就常规武器控制发表了一项附加声明。

16．解决东西方分歧，将在许多领域取得进展。只依靠武器控制，无法建立欧洲真正的和平，它必须严格建立在全面尊重基本人权的基础之上。在我们继续努力削减军备的同时，我们将迫切要求苏联与其他东欧各国政府，履行《赫尔辛基最后议定书》与《马德里总结文件》的所有原则与条款。我们支持继续并加强“欧安会”进程。它代表了一种重要手段，即在长远基础上、在东西方国家之间推进稳定而且富有建设性关系；进言之，它推动了整个欧洲在民族和个人之间建立更紧密、更富有成果的联系。我们呼吁所有参与国尽一切努力，支持“欧安会”的“维也纳续会”早日取得结果，达成一个具有实质内容而又保持均衡的最后文件。

17．我们同意，苏联从阿富汗迅速而且全面地实现撤军、有效恢复阿富汗的主权，这些都将具有重大意义。正是因为苏联反对这些准则，所以我们要对戈尔巴乔夫总书记最近发表的声明做出评估。

18．最近里根总统与戈尔巴乔夫总书记在莫斯科即将召开峰会，我们希望能够在去年12月华盛顿会议成果的基础上取得进展。我们强烈支持美国所付出的努力，这些努力完全符合我们一贯的政策，即通过高层对话，寻求与苏联就所有问题尽早取得实质性进展，这些问题包括更大程度尊重人权、武器控制、缓解地区紧张局势、增加实施双边联系与合作的机遇。

19．考虑到差不多40年付出的共同努力与牺牲，考虑到所取得的成就，我们相信，北约的原则与目标在今天仍然是有效的，在未来也依然有效。我们将共同努力，确保建立一个更加安全的和平、更大程度的自由。我们将以想象与希望，以坚定与警惕，迎接前面的机遇与挑战，我们仍旧深受人民之恩。

<<

二十二、常规武器控制：前方之路
——北大西洋理事会成员国与政府首脑声明

（1988年5月2—3日）

在1986年哈利法克斯会议上，我们多个国家的政府发出明确呼吁，即通过常规武器控制谈判，加强整个欧洲的稳定。在稍后的布鲁塞尔会议中，他们为这种谈判详细描述了基本的目标与方法。

欧洲的军事对抗是这种分裂的结果而并非原因，这一分裂成为欧洲大陆的负担。在寻求以其他方式战胜这一分裂的同时，我们也寻求在可能最低水平军备的基础上建立欧洲的安全与稳定。武器控制与足够的防御计划能够为这一目标做出贡献。

当前的现实

1．苏联驻守在欧洲的军事力量，远远超出其自卫需求以外，对我们的安全直接构成挑战，也对我们关于欧洲政治形势出现的预期直接构成挑战。因此，欧洲常规力量不平衡，仍然是欧洲安全考虑的核心内容。在很大程度上，这个问题是由华约在关键性常规武器系统中占据优势地位所决定的。但是它不仅仅是一种数量上的不平衡，其他的不对称也非常重要，举例来说：

（1）华约建立在苏联前沿部署武装力量的基础上，它具有发动突袭和大规模进攻的能力，盟国既没有这样的能力，也不打算这样做；

（2）华约成员国组成了一个相连的大陆块，而北约的成员国在地理上并不相连；

（3）华约能够从仅仅数百公里外派出大规模增援部队，而许多盟国的增援部队则需要跨越大西洋；

（4）华约的军事态势与行动仍属于机密，然而，盟国的军事力量则是透明的，而且永远处于公众监督之下。

2．由于苏联常规武装力量在欧洲占据着主导地位，这种不对称局面变得复杂化了，在从大西洋到乌拉尔山脉之间的欧洲，苏联的常规武装力量占到所有现役师的50%。苏联的常规力量优势以及在其他东欧国家领土上驻守，既发挥了政治作用，也发挥了军事作用，他们给整个欧洲笼罩上一层阴影。

3．常规武器控制不仅是在技术上纠正某个独立问题，它还应该在一个连贯的政治与军事框架下予以看待。

一个政治与安全框架

4．我们重申我们的信念，军事力量的存在，只是为了阻止战争，确保自卫，而不是为了发动侵略，也不是为了实施政治或者军事威胁。我们阻止任何形式战争的技能（核战争或者常规战争），将取决于我们抵抗任何形式侵略的能力与决心，所有盟国的军事资源都旨在对这一目标有所贡献。这一方法同样也为两类盟国所分享，一类是属于统一军事组织的那些盟国，另一类是不属于统一军事组织的盟国。

5．核力量与常规力量之间的关系非常复杂，常规力量的不平衡有利于华约，但这并不是在欧洲存储核力量的唯一原因。无论现在或者将来，北约成员国都会处于苏联各种射程核力量的威胁之下。尽管常规力量均势会给稳定带来重大利好，但是只有核力量才能以一种无法让人接受的风险抗衡潜在的侵略者，因此，在可预见的未来，威慑将继续需要把足够的核力量与常规力量混搭在一起。

6．因此，我们各个国家已下定决心，做好防御准备，确保将其当作获取我们所寻求稳定状态的一种手段，我们将继续确保，我们的军事力量是有效的，是跟得上时代的，采取的方式特别是：

（1）继续按照共享风险与责任的原则，尤其要优先加强我们的防御力量；

（2）提供足够的防御开支，连同我们的努力一起，在我们的防御投入上获得最大限度的回报；

（3）实施更紧密的合作，目标是纠正关键性的缺陷，就此而言，支持近来的立法权以及其他倡议，这些倡议的目标是加强常规军备领域的合作，特别是研究、开发、生产以及采购方面的合作；

（4）帮助满足弱势盟国在加强其常规性防御方面的需求，由此纠正现存的重大缺陷。

7．非常重要的是，防御和武器控制政策仍然协调一致，目的是确保他们能够对北约成员国的安全做出具有互补性的贡献。在设计他们关于实现常规力量稳定状态的谈判建议中，盟国将会确保，对威慑与防御的持续需要，不能带有偏见，相应的，他们既不会提出、也不会接受那些涉及会侵蚀盟国核威慑能力的建议。

8．欧洲安全不只涉及军事因素，也涉及政治、经济因素，尤其是人道主义因素。我们期待着欧洲结束分裂，其中，各国人民都可以自由地接受思想与信息、享受其基本人权、决定他们自身的未来。北约盟国武装力量驻扎在其领土以外，目的是保护这些价值观，同时维护这个自由联盟的团结一致。因此，盟国的驻外武装力量不能与苏联驻扎在东欧的武装力量相提并论。在欧洲建立公正和持久的和平秩序，需要所有国家都必须与自己的公民建立互信关系，相信他们做出自己的政治与经济选择，允许他们从其他国家公民那里获取信息、交换观点。

9．常规武器控制谈判应该接受某种连贯性政治观点的指导，这一观点影响到上述这些价值观。正是由于他们坚持这一观点，使得盟国能够确保“斯德哥尔摩会议”取得成功。正是这些同样的考虑，使得盟国决定召开他们目前建议的两个谈判：即关于常规力量稳定的谈判以及“构建信任与安全措施”的谈判，这两个谈判将会在“欧安会”进程框架下进行。

10．那些关于“构建信任与安全措施”的谈判将涉及“欧安会”的35个签约国，他们将会把目标设定为构建并且扩展“德哥尔摩会议”的结果；“斯德哥尔摩会议”所达成的协议，堪称是在减少欧洲战争风险的道路上迈出的一个重大步骤。在全面实施一段时间后，将会产生更大程度的透明度，并且有助于整个欧洲军事行动产生更大程度的信任度和预见性。“斯德哥尔摩会议”所启动的势头必须要坚持下去。

11．与此同时，我们意识到，欧洲两大军事联盟的23个成员国肩负特殊责任，他们的武装力量对欧洲的基本安全关系产生了最直接的压力。因此我们决定，关于常规力量稳定的各种截然不同、极富自主性的谈判，应该在23个国家之间展开。

12．通过两大谈判的授权，必须是“欧安会”中“维也纳续会”达成均衡结果的一部分，这就需要《赫尔辛基最后议定书》的所有领域必须取得实质性进展。

盟国的目标

13．就像《布鲁塞尔宣言》所提出的，依照我们应对常规武器控制方法的原则，在即将到来的常规力量稳定谈判中，我们的目标设定为：

（1）在较低水平上，针对常规武装力量建立一种安全和稳定的平衡；

（2）消除不利于稳定和安全的诸多差距；

（3）最优先要做的事情，就是消除发动突袭的能力，消除发动大规模进攻的能力。

14．涉及侵略者扣押领土的问题，后一种能力最令人担心；扣押领土的重要组成部分，是在前沿地区部署拥有快速机动性和强大火力的常规武装力量。尽管战斗力的其他要素亦被证明同样重要，但坦克和大炮是其中最具决定影响力的组成部分。人力也非常重要，但是并非所有的装备项目都适合于限制，如果仅仅出于技术原因，单凭人力只会对进攻力量造成不准确的指导。

15．我们的目标将是在欧洲建立某种形势，即武装力量的态势、武器系统的数量与部署，使发动突袭以及大规模进攻行动无法成为一种行得通的选项。我们将在以下标准的基础上推进这一目标。

（1）我们需要加强从大西洋到乌拉尔山脉之间整个欧洲的稳定，考虑到华约武装力量的集中，以及影响中欧、南欧和北欧地区的特殊问题，我们在保卫盟国安全的同时，也将以某种方式做到这一点；

（2）在谋求消除实施大规模进攻能力的过程中，我们将集中精力于关键性的武器系统；

（3）考虑到实施前沿部署的苏联常规武装力量所具有的分量，我们建议设置多项关于驻军的条款，我们还将考虑武装力量组建与增援能力；

（4）美国和苏联双方实施同等数量或者按比例削减，此举会消除威胁欧洲稳定的差距，我们建议将精力集中在结果以及剩余的权利上；

（5）我们的目标是解决常规力量的不平衡，此目标可以通过一系列措施达到，尤其包括削减、限制、重新部署等条款，还有相关的措施，此外还要建立对等上限；

（6）这一结果要求东方阵营实施大规模不对称削减，举例来说，还要在欧洲消除华约数以千计有关突袭的武器系统，其中有坦克与大炮；

（7）削减决定战争进程的装备，修正苏联的前沿部署态势，这是减少战争风险唯一方法的一部分。作为加强稳定与安全的努力中同时出现的一个元素，我们将建议采取措施，对遍及欧洲的众多军事行动实施更大的开放性，保证维持较低水平的武装力量，支持实施严格、有效以及可信赖的监督与核查体制；

（8）监督与核查体制需要交换关于武装力量与部署的详细资料，

实施足够多的现场检查，以提供信任，即必须遵守条约所规定的条款。

前方之路

16．作为“欧安会”进程中“维也纳后续会议”所达成的一个均衡结果，关于常规力量稳定授权所达成的早先协议，将是一个向前推进的重要步骤。我们寻求消除常规力量的不平衡，因为它将威胁到欧洲的稳定与安全。我们也将寻求增强对人权与基本自由的尊重，这是持续安全与稳定最终之所赖。

<<

二十三、北大西洋理事会部长会议布鲁塞尔声明

（1988年6月9—10日）

1．在1988年3月2—3日召开的布鲁塞尔会议上，北约各成员国及政府首脑重申其指导原则，并且强调他们决心继续为推进我们的共同理想与目标而努力工作。正是本着这种精神，在马德里会议上，我们审议了摆在我们面前的国际形势、挑战和机遇，思考最近去的积极进展。

2．在希冀国际事务保持更加和平与安全状态这一意愿的主导下，从北约峰会开始，我们一直考虑关于东西方关系和安全问题所具有的广泛空间，包括武器控制与现存的军事力量关系，在这种背景下，我们讨论了：

（1）东欧当前的形势以及前景；

（2）不久，“欧安会”中“维也纳续会”需要取得一个具有实质性内容的均衡结果，包括在人权、人类沟通、常规力量稳定、“构建信任与安全措施”方面的谈判授权；

（3）我们继续承诺，公平分摊风险、负担和责任，分享我们共同努力所获得的好处，根据不断变化的情况，考虑到北约的结构，我们有必要重新开始努力，维持一种公平的伙伴关系。

3．对里根总统与戈尔巴乔夫总书记在莫斯科峰会上所取得的结果，我们表示欢迎，此举既是为了其实质性内容，也是东西方关系未来发展的一个预兆。我们欢迎峰会的联合声明对人权给予前所未有的重

视，我们希望苏联采取一种更加积极主动的态度，这种态度也会受到“欧安会”总结文件的影响。我们支持在达成一项协议方面取得进展，即削减50%美苏战略核武器；我们强调，在保持较低水平军备的基础上寻求安全，这一目标非常重要。我们欢迎《美苏两国消除中程和中短程导弹条约》付诸实践，将其视为寻求达成有效查验的军备控制协定的一个重要步骤，这些协定与我们这些成员国暨政府首脑的声明是一致的。

4．北大西洋理事会正处于会期当中，它一直考虑进一步发展北约关于武器控制与裁军的综合概念，就像1987年6月雷克雅未克会议声明中呼吁的那样。北约秘书长报告了这项工作所取得的进展，我们期待着在12月下次会议上收到一份写好的报告。

5．我们欢迎苏联军队开始从阿富汗撤军，结束为期8年多的占领，我们希望《日内瓦协议》记录下这一进程的开始，使阿富汗人民实现其自决的权利，使他们的国家能够全面恢复其主权和独立。

6．就像当前“柏林倡议”所设想的，保持柏林城内及其周边地区的平静与稳定，改善那里的环境，仍然是东西方关系中的关键要素。1988年，作为欧共体所属的欧洲文化城市，柏林再一次展示了其活力与吸引力。

7．在我们于马德里召开首次会议之际，我们非常感谢西班牙政府和人民的好客。我们利用这一机会，欢迎西班牙获得北约成员国资格，到目前为止，这是北大西洋联盟具有活力的另一个明证。我们也强烈支持将这一进程付诸实施，以回应西班牙所提出的建议，即确认西班牙可以为共同防御在军事上做出贡献。

8．在完成其任期后，我们对将要离职的北约秘书长卡林顿勋爵深表敬意，他对北约组织做出了杰出贡献。我们对其为加强北约实力与统一所做的服务工作表示深深感谢，而且对其为和平与自由所做的贡献深表感谢。

<<

二十四、北约秘书长曼弗雷德·维尔纳的“阿拉斯泰尔·巴肯纪念演讲”

（1988年11月23日）

对我来说，这是一项很特别的殊荣，被邀请在伦敦战略研究学会（I.I.S.S）30周年纪念日、在1988年这一年发表“阿拉斯泰尔•巴肯纪念演讲”。不论是这一系列演讲活动，还是这个机构本身，都是对战后一位杰出思想家非常恰当的纪念。我们也正在开启北大西洋联盟40周年纪念庆祝活动，两个庆祝活动之间具有一种天然的联系。北约由16个独立的主权民主国家组成，它依靠公众的持续支持。伦敦战略研究学会自成立后，就一直促使西方安全政策能得到一种开放的公众舆论支持，谋求为其必要的发展做出贡献。

这个尊敬的场合被称为“讲演”，它通常被理解为是一场面对观众、提供信息的谈话，或者是一场冗长的责骂，我的宗旨哪个都不是。我的宗旨是请求获得你们的帮助，保持一个稳固的平台，在我看来，这个平台是我们下一个10年寻求在东西方关系中获得政治进展的唯一可想到的基础。首先，威胁我们成功的根本性挑战，是对培育公正理解、支持我们建立政治与军事战略平台的挑战，因而也是对保持公众信心平台的挑战。正是像你们这样的观众，在形成这种观念的过程中扮演了如此重要的角色。我希望我今天晚上的发言，会促使你们思考新的路径，讨论我们不敢视为理所当然的那些事情。

在传统上，周年纪念是一个能够反映过去的时刻，也是一个试图得出结论的时刻，这一结论可以使我们更好地适于满足未来的需要。如果你愿意的话，就会出现一个回忆和重新定位的双向过程。这几乎是一个老生常谈的建议，贯穿其存在始终，北约一直面临对其凝聚力的挑战。事实上，偶然阅读过去40年的公众评论，你可能会得出一种印象，即北约在过去一直处于一种反复爆发危机的状态中。当然，毫无疑问的是，一直存在着发生重大动乱的时期，这些动乱常常聚焦于核问题。伦敦战略研究学会建立的这一时刻，正值“斯帕尼克卫星”发射，这标志着终结美国不受挑战的战略核优势地位的时代已经开启。大约10年后，经历了就核武器在欧洲所扮角色的情绪高度紧张的辩论后，美国最终采纳了“灵活反应战略”。这场核争论10年后再度兴起，但伴随着对中程核力量（INF）以及所谓“双轨制决定”实行现代化的争辩，争论成为过去。然而，北约存活下来，事实上还不止于存活，北约还展示出一种政治团结与坚持。这使我们所处的形势很乐观，我们的和平与自由拥有比以前更坚实的基础。我们有很好的理由对我们过去的成功感到自豪，对未来感到乐观。

现在，我们面临着一个新的挑战，我们第一次面对一位对国际事务持更乐观态度的苏联领导人，我坚信，戈尔巴乔夫先生在苏联内部与外部改革尝试，是对我们取得的成功做出反应，也是对苏联体制明显失败做出反应。他的改革政策改变了东西方均势，我们必须对其表示欢迎和支持。但在同时，这些改革的目标是，阻止苏联政治体制所依赖的苏联经济陷入崩溃，从更长远看，也是阻止其军事力量陷入崩溃。如果没有政治改革，这一尝试就不会成功，我们已经看到其结果。

纵观整个东西方关系，存在着一个变化的过程，这种变化向北约提出挑战，带来风险，就像阿拉斯泰尔•巴肯自己在《战后时代的终结》一书的结束行写到：“这一进化过程意义重大的责任落在西方的肩上……正是西方充当着各种政治思想的摇篮……如果西方政治即兴之作的源泉干涸了，那么世界政治的新议程就会变得贫瘠。”

即使是在目前世事多变的环境中，这些话听起来也像真的一样，我们思想源泉并未枯竭。正是由于我们的议程取得了进展，而且避免了干枯。在一个面临共同现状的框架中，我们无法再设置东西方关系的发展进程。我们必须实现超越，并且创造一种活力；我们将以此在欧洲建立一种新的政治秩序，利用摆在我们面前的变化前景。在欧洲，政治竞争就是一种政治秩序，欧洲与西方联盟的未来都处于险境中。就像我那位出色的前任卡林顿勋爵在5年前的演说中所建议的，北约必须对本世纪结束前几年的未来欧洲安全秩序有一个清晰的愿景，必须有一种积极的政治战略追求这一愿景。我相信，我们有一个独一无二的机遇，可以创造一个新的安全框架，条件是只有当我们将动态政治变革进程与建立军事稳定（纳入核元素）结合起来，这一切才能奏效。

无法确定我们的政策在何处领先，无法清楚地加以表达，在某种程度上恐怕是我们不能说服年青一代的一个原因，特别是让其相信有必要保持我们的防御支援。我们的战略必须能够调解北约内部不断变化的政治关系，以及与苏联不断变化的政治关系。我们必须准备积极寻求将苏联更紧地拉入国际社会。我们正在寻求的东西，就是分享安全概念，这将为追求政治变化提供必要的基础，这一安全概念最终可能会产生一个新的、和平的、稳定的、更加人道的国际秩序。这一进程的关键就是保持稳定，事实上是加强稳定；与此同时，按照我们的条件，为促进并调整变化而创造一些条件。

在政治及公共话语上，我们倾向于把注意力集中在战术上，忽视了我们的战略与目标。我们对欧洲未来安全以及政治秩序的愿景已经非常明确，这一愿景建立在我们价值观的基础上，也建立在我们从一段苦涩历史中吸取教训的基础上。这一愿景由增进东西方关系的历史传统所驱使，我们承认，军事力量是一个无法逃避的现实，但是付诸于武装力量不再是国际关系行为中的一种选项。但是它同样建立在明确前提的基础上，包括核防御在内的防御，必须成为确立稳定的前提条件。实现我们雄心勃勃的政治议程，维持迅速变化的政治环境，这在军事不稳定的情况下是不可能的。

在这一主题的发展过程中，我必须首先对政治背景说些什么，因为我们不能忘记，我们所面临的挑战首先是政治上的。事实上，北约在本质上是一个政治联盟，尽可能多地巩固战后欧洲那些支离破碎的民主国家，以防备共产主义侵略的威胁。这在《北大西洋公约》的序言中有所反映："我们决心保卫民主原则、个人自由以及法治。"最后，北约生命力的延续有赖于保持我们的集体意愿，以保存我们的民主传统。

我们既不得不适应国际关系中快速变化的进程，也不得不适应西欧伙伴国有关经济实力与政治潜力的变化。但是，我今天不会详细论述分担角色、风险与责任的问题，即所谓的责任分担辩论；否则就等于说，欧洲的复苏被视为是在整体上强化北约。加强经济合作不仅仅加强了经济基础，这对于维持我们的集体军事努力也是必需的，而且它也直接促进了国防生产的合理化以及装备的标准化。北约需要在防御领域适应更大程度的欧洲一体化。但是，不管未来欧洲在安全与防务事务上的合作采取何种方式，它都必须展示其行动的透明度，必须展示与北约目标的兼容性。最终，跨大西洋伙伴关系必须成为我们集体安全的保证。

只有在伙伴关系的基础上，我们才能够建立军事稳定，才能抓住机遇，在东西方关系中应对风险。在戈尔巴乔夫的改革政策中，有许多受人欢迎的内容。我们应该为其所表明的意图喝彩，即扩大苏联公民的权利，增加信息自由流通，重建法律体系。与我们的安全政策更直接相关的是，我们也必须鼓励这一事实，即合作明显优于对抗，人类共同的利益明显优于不同意识形态之间的对抗。作为一名乐观主义者，我希望这些迹象能够反映，在国际关系中对共同价值观有更多的认可。我们正在向戈尔巴乔夫先生挑战，他所做的回应就是，他应该赢得我们的合作。

但是我们不应忘记，这些改革是必然的结果，而不是利他主义的产物。戈尔巴乔夫先生的目标是使社会主义体制变得更加有效，正如他所说，改革将释放社会主义体制被隐藏的潜力，他的目标是确保苏联作为世界超级大国，能够继续发挥作用。为了在国内实施经济与政治改革，他需要一个稳定的国际环境，既可以避免分散其在国内的改革努力，又可以在可能得到援助的情况下，确保西方不会干预这一进程。但是我们的目标远远超出给予他的保证，这一目标应该确保苏联的改革将推动其在军事上实施更大程度自制。关键问题是，在经历了一段时间的变化与改革后，苏联的军事力量无论如何都会成为欧洲政治秩序中的一个关键性决定因素。这一直是北约贯穿始终的一个主要目标，即放松对我们未来的束缚，有一些迹象表明，这一目标现在有可能实现。

我们也无须忽视一个事实，即苏联在其军事体系或者进攻本性中所拥有的实力，迄今为止一直没有出现多少变化。针对跨越华约全方位装备的现代化计划，继续有增无减。苏联要获得超级大国地位，几乎完全依赖于其军事力量。即使苏联领导人已准备将其军事力量降低至某种程度，至少从短期到中期内，有可能对其行动自由产生很大限制。因为如果苏联不再部署大量咄咄逼人的军事力量，它又怎样为保持其超级大国地位而做出补偿呢？

在此，西方领导人面临着一个关键难题。面对现在军事不平衡的延续，有必要将实力与信誉当作我们政治议程的基础，我们没有选择，只能保持自身的防御能力，同时向公众证明这是正确的。但是在这个防御共同体中，我们倾向于使用“威胁”这个词，将其当作所有专业人员所能很好理解的一种艺术用语。我们或许过于频繁、过分简单地使用这一术语，公众可能不会以同样的方式理解它。当然，对北约的军事威胁是一种实力与意图的结合。我们或许会估算，苏联目前并不打算对西方发动攻击，事实上苏联新领导人所采取的政策，当然要比其10年前所采取的政策，有更多更加良性的内容。毫无疑问，能做到这一切的军事力量仍然有增无减。进言之，意图可以比装甲师变得更快。

在外行人心目中，“威胁”更多与意图连在一起。戈尔巴乔夫先生是“一个可以与之做生意的人”，他的形象展示了在外交政策中闻所未闻的灵活性，为合作开启了新的机遇，这一形象向公众表明，我们没有必要担心“苏联威胁”。国际冒险主义式微，苏联从阿富汗撤军，苏联愿意在武器控制中做出妥协，从全面增加对西方的压力，到在政治上和军事上逐渐降低其警戒。东方阵营发生根本性政治变化的前景虽未变成现实，但却较难使苏联证明其威慑要求是正当的。我们的任务是使持久防务中每次努力都有合法依据，而公众的看法则是，保持强大的防御态势已无必要。

当然，西方的防务努力并非对军事威胁做出回应这样一个简单问题，保持安全与稳定这一概念，包含了保存政治和国家主权，确保持久自由，保持国际互信，包括在国际关系中保证预测性，展示我们的集体政治意志。如果西方开始在政治上和军事上放弃竞争，苏联的改革就会取得成功，既无须对其军事力量实施众所期盼的削减，也不必对其军事力量实施意义重大的限制（我们谋求于此）。因此，我们就会失去自身的政治胜利。

我们应该如何回应这种挑战呢？我还未将“哈默尔主义”作为我的演讲起点而道歉。尽管“哈默尔报告”在各种不同情况被采用，从当前流行的那些情况看，北约刚刚经受了双重打击，即法国撤出了统一军事结构，而且北约的战略也经受了剧烈转变。这使某些人甚至怀疑北约能否继续存在，北约所采取的办法非常合理，在我看来无需再验证。但是我已经说得很清楚，这并非是一种要求维持现状的呼吁。我们必须将我们政策的发展建立在坚实的“哈默尔主义”基础之上，以此应对新的挑战。我们将抓住机遇，建立北约力量的传统基础，即军事合作与政治团结。

武器控制在这一进程中当然扮演了一个重要角色。《美苏两国消除中程和中短程导弹条约》（INFT）涉及严重的不对称削减以及大量可验证安排，它只是作为北约的决心与凝聚力的一个结果而订立，《美苏两国消除中程和中短程导弹条约》已经指明了方向。在战略核武器、化学武器等领域，也许还有最具挑战性、让人期待的常规力量稳定谈判，目前存在着非常明显的机遇。但是我们的中心目标必须非常清楚：即在较低水平武装力量基础上谋求加强稳定。为了有效控制这一进程，我们必须确保，在一致认可的武器控制进程中严格展开各种不同谈判，并且使谈判与我们的要求相一致。

但是，包括武器控制在内的政治对话，仅仅是“哈默尔报告”的一半内容。我们必须同样保持一种强有力的防御态势，这一态势关键有赖于核武器所扮演的角色。而且，正是核武器所扮演的角色，处于战略难题的核心位置，上述难题使北约几乎从创建开始就承受着压力。这正是现在我想转入的主题。

我从提及两个周年纪念开始了我的演讲，这一年也是第三个周年纪念，是对北约具有重大意义的一个周年纪念。去年1月是“军事委员会14号文件第三版”（MC14/3）最后版本公开发表20周年纪念，该文件尊奉“灵活反应战略”。随着放弃“大规模报复战略”中旧的“伴网”计划，“灵活反应战略”赋予战区核力量一种核心作用，在提供重要环节中确保能持续将美国的战略威慑与欧洲安全连接在一起，这是对北约的欧洲成员国再度做出保证的一个关键要素。

然而，实施连接的敏感性仍然存在。几乎是在10年后，我的杰出前任、德国国防部长、那时的联邦德国总理赫尔穆特•施密特，做了也许是最广泛被引用的“阿拉斯泰尔•巴肯纪念演讲”。在这次演讲中，他指出北约安全方面所取得的进展具有政治含义，即“限制战略武器”谈判中，已经在限制主要战略武器系统方面取得进展，这与“相互均衡裁军谈判”中减少常规武器完全没有进展形成对比。他并未要求额外部署核力量，他宁愿集中精力于今后的武器控制方式上。他非常重视东西方在战区核力量上已经出现的差距。几乎同时，在核计划小组中的北约部长们举行会议，一致同意成立“高级别工作组”，检查对北约战区核力量实施现代化的需要。

就像他们所说的，过去的都已成为历史。“高级别工作组”随后建议对北约的中程核力量实施现代化，1979年12月，北约外交部长与国防部长签署“双轨制决定”。紧随1981年北约所建议的“零点方案”之后，此举最终催生了具有历史意义的《美苏两国消除中程和中短程导弹条约》，该条约最终在这一年较早时候获准通过。

然而，尽管《美苏两国消除中程和中短程导弹条约》成功签署，但是核困境仍然存在。事实上，通过对下一个阶段核裁军的预期，该条约在某种程度上给北约带来了许多问题。我提到这些问题，因为它们基本上有三倍之多。

第一个问题是没有核武器的欧洲盟国在核决策过程中所扮演的角色，这个问题在很大程度上由于20年前创建核计划小组而得到解决。该小组精心构建了北约核计划的政治框架，针对可能使用战区核力量来保卫北约的“总政治方针”，该计划在1986年的协议中达到高潮。该计划讨论了不时会遇到对军事力量实施特殊的现代化与部署决策。通过双方的努力，欧洲盟国在决策过程中能够始终全面参与。

对于核计划的政治态度，这一结果一直是一个非常负责的集体态度，包括在武装力量结构中实行相当大程度的自制，进言之，“军事委员会14号文件第三版”中的基本战略决不会修正。核计划小组的工作是为“总政治方针”做好准备，这项工作最终解决了某些人之间的争论：有些人认为战区核力量可以果断地被当作赢得欧洲冲突胜利的一种方法，有些人则将战区核力量所扮演的角色视为实际上传递政治信号的一种方法。这一政治信号具有强大的军事影响，但无论如何，它是就北约的解决方案而打算向苏联领导人传递一种清晰的信息。“总政治方针”毫不含糊地支持对这一战略稍后实施升华。但是，这些政策取得成功，连同在武器控制上取得成就，产生了第二个问题：当责任和理性较以前更多支配北约核政策时，颇具讽刺意味的是，人们重新公开质疑这一时期的威慑战略。我们所遇到的问题有时表现为，每个公民都是其自己的战略家，但是他们有时会倾向于忽视思想与判断的坚实基础，而这是核武器在我们安全中能够发挥作用的基础。

非常幸运的是，这一机构的创始成员，如阿拉斯泰尔•巴肯、麦克•霍华德、目前的负责人以及其他人，都试图确保我们的安全需要能够在他们的关系中得以确认，而且以一种人民可以理解的方式实现我们的政治目标。没有人能比麦克•霍华德更清楚地阐明了这一点。参与其中并且实施启蒙，这些是我们民主国家的基本需要，都有其价值。如果没有再次保证以及公民的认知，威慑就无法继续；这一公民认知就是，在核时代，民主国家会负责而且有目的地采取所有维持和平所必需的措施。

让我们完全释怀的是，贯穿北约存在之始终，核威慑一直是威慑战略的支撑，它催生了一种稳定，这种稳定不会在只有常规武装力量的情况下存在。此外，最近苏联发表的公告表明，它接受了一种主张，即核战争没有赢家，这种主张可能表明了一种理论上的共识。如果北约只有一次想要危害苏联的威慑政策，这将是非常奇怪的事情；北约在那时非常期盼苏联领导人能够了解，它为维护欧洲稳定所做的贡献非常重要，这对于和平变化来说是必需的前提条件。

但是，如果我们要说服苏联，我们就必须首先得到自己公众的支持。因此，我们必须矫正他们的概念，即这种武器是用于威胁和平的，而不是用于维护和平的。曾经在一个时期，我们在西方的战区核储备已经减少了三分之一以上，达到20年来的最低水平，此举堪称是我们真正意图的最实在证据，不管公众如何忽视，我们所面对的常规力量军械库已经大大加强。另外，还有由非核力量现在所控制的毁灭性力量，苏联拥有大量现代化的化学武器。如果没有了我们核力量所提供的威慑，抱着可以预见到结果的坚定与信心，这些非核力量可能会被视为随时都可付诸使用。

当然，寻求避开核武器是一种自然反应。我们所有国家都不喜欢它们，我现在可以预测，在任何情况下，北约任何一个成员国都不能没有核力量。假设这些核力量可以“被发明出来”，我们必须非常清楚，北约的所有方面都不会幸免于核力量所构成的威胁。无论核武器部署在东方或西方，西方的人和地方在可预见的未来，都可以见证防务计划者的精巧的设计，并非北约或者华约的所有成员国会超然于核武器之外，因此对核武器免疫是不可能的。但是，我们虽身处北约中，我们在能够从核武器以及一般战争中获得更大程度的安全吗？两者无法被分开。在这一点上，答案不仅仅是“是”，也是我们正在取得进展。核武器的纯粹数量与类型，其重要性要远远低于类似稳定性、脆弱性、可信性以及常规力量不平衡这样的因素。我们的防御目标一再重复，以至于它们经常淡出人们的视线，但是它们却非常重要：即保持低水平的武装力量，包括常规力量与核力量在内；保持稳定，保持确信度，即没有一个侵略国可以得出一个结论，即侵略可能获得的利益或许超过了风险。

因此，我们必须寻求让西方公众舆论确信，欧洲无核化的愿景，并不能减轻我们安全所面对的风险，这一愿景在实践上带来更大的风险，此举导致更大程度的不稳定性以及冲突，且不说它对西方民主国家持久存在所产生的结果，它将会造成毁灭性的破坏。戈尔巴乔夫先生提出关于无核世界的妄想，它不会产生一个更安全的世界，在所有北约成员国中，历届政府都考虑到这种风险的平衡，他们都不约而同地总结到，确保持久安全最好的途径就是实施威慑战略，该战略将建立在核力量与常规力量混搭的基础上。

我们会就此得出一个不可避免的推论，而且我们也不必对其畏缩不前。这一推论意味着，即使我们在常规武器控制谈判中成功地实现了大规模不对称削减，这将建立一种广泛的欧洲常规武装力量平衡，我们也仍然需要依赖现代化的战区核力量，用于支撑威慑。很自然，我们应该保持可能最低水平的核储备，符合威慑的需要；我们也应该在保持较低水平武装力量的基础上建立常规力量稳定，此举会在很大程度上有助于推动进一步削减核武器数量的进程。

这不是简单地传递一个信息，但是，威慑不会持久，特别是核威慑不会持久，除非我们的公众相信，这不仅是我们过去维持自身安全政策的一个直接结果，而且我们现在正在采取的措施，都是为了进一步推动和平与安全。只要东西方之间存在着深刻的政治分歧，双方就会保持能够给对方造成严重破坏的能力。我们必须保持常规力量与核力量平衡，因此，必须使各盟国政府首先对我们拥有正确的战略感到满意，然后再说服我们的公众。

第三个问题是我们应该如何对付苏联。在这一时期，我们会不断看到华约内部迅速发生政治变化，我们应该如何推行我们的政策，以使我们不仅可以继续对抗发生侵略的可能性，而且还能继续寻求建立一种更加稳定的安全关系？如果我的论点可以被接受，即关于核威慑原则的期许存在着一定程度的学说分歧，那么我相信我们需要开展工作，获得苏联领导人某种形式的政治认可，即认可我们寻求在保持较低水平武装力量的基础上建立军事稳定的方法，不过也包括核力量在内。

北约与华约双方需要承认有必要建立战略稳定，为的是促进政治变化。这种稳定可以通过保持较低水平武装力量而得到加强，包括核力量与常规力量，前提是双方达成一致意见，有必要保持一种核力量结构，即可以维持某些人所描述的“合理威慑”。换句话说，我们将寻求使我们当前的核威慑战略变成一种可以让人接受的过渡办法。对“军事委员会14号文件第三版”的详细描述，在过去20多年中得到发展，被载入“总政治方针”中，因此该文件被当作国际安全的一种原则，经受了时间的考验。

武器控制的持久进程可以采用这种方法发挥作用。但是，这种进程能有助于减轻紧张局势，它只是政治对话向前发展的一种附属物，而不是一种替代物。我们最终希望，在提供稳固安全与稳定的同时，这种过渡办法的发展可以成为建立一种迥然不同世界秩序的重大步骤。战后时代见证了有利于民主的巨大变化。最重要的是，变革之风开始吹拂东欧与苏联，我们还不清楚将会出现什么样的结果。我们只能希望，东方阵营会得出结论，必须避免与西方发生军事冲突，原因并非将会承担风险和处罚，而是因为负责任行为的共享规则以及更宽泛的价值观分享，这会使关于冲突的想法变得无法想象，因为它已经身处西方国家之列。

这就是我所相信的“哈默尔主义”的真实含义，让我再次援引阿拉斯泰尔•巴肯说过的话：“现代国际体系主要缘起于西方人、西方文明的思想与经验……下一个10年的智力挑战是运用和修正这一伟大的历史传统，缺点是有零星失败，但是这又使其变得充实；在棘手的社会秩序中，它为其他的文明和意识形态提供了一个临时居所，这一棘手的秩序限制了我们的野心，但是并没有终止我们的努力。”

巴肯所指的这10年，是指20世纪70年代。如果我们未能完成他的愿望，这也许不能归因于我们自身的失败，而应归因于我们无法与那个禁锢在其自身历史牢笼中的政府保持必要的对话。现在，我们可能有机会实现这种对话。我们能够充满信心地做这些，因为我们相信我们的政治与经济体制取得了成功，北约具有持久的生命力。但是，我们必须在我们的目标中保持统一、强大和清醒。200年前，约翰•卡伦提到，自由的条件是永远保持警觉，北约在过去的40年间已经展示了这种警觉，我们现在不能忽视它。

<<

二十五、北大西洋理事会部长会议对常规武器控制的声明

（1988年12月8—9日）

1．在其名为“常规武器控制：前方之路”的声明中，参与1988年3月北大西洋理事会会议的各国及其政府首脑强调，常规力量不平衡仍然是欧洲安全的核心问题。我们已经在谈判桌上提出特别建议，重新调整这种不平衡。

2．我们期待着尽早开启我们所建议的两个谈判：一个是欧洲两个军事联盟的23个成员国就常规力量稳定而展开的谈判，另一个是《赫尔辛基最后议定书》所有35个签约国就“构建信任与安全措施”而展开的谈判。

3．在这些谈判中，我们所接受的指导包括：

（1）坚信现存的军事冲突是欧洲处于痛苦分裂状态的结果，而不是原因；

（2）坚持我们所有国家安全不可分割的原则，我们应该拒绝只实现部分安全安排的要求，或者拒绝只订立多个单独协议的建议；

（3）希望苏联的新思维将为订立共同协议开辟道路，该协议的基础是做出许多现实的、军事上非常重要、可以验证的安排，这些安排将在保持较低武装力量水平上强化安全。

走向稳定

4．对欧洲安全的重大威胁来自那些可以发动大规模进攻行动、可以攫取并占据领土的武器系统，这些威胁胜过所有主战坦克、大炮与装甲运兵车。正是在这些特殊的系统中，东方阵营占据了如此巨大的优势。事实上，与华约所有其他成员国以及联合起来的北约相比，苏联自身拥有更多的坦克与大炮。这些武器在某种程度上都被集中起来，此举使人们严重关切苏联的战略，即他们打算向其所维持的欧洲分裂局面提供支持。

5．苏联宣布削减常规力量，这是为纠正这一局面所做的一个积极贡献。这些削减行动表明了常规力量不平衡所产生的严重问题，我们一直强调将常规力量不平衡当作欧洲安全的核心问题，这个不平衡问题现在由苏联政府加以解决。对于苏联政府宣布准备调整其武装力量态势，我们也表示欢迎。当前的重要事情是，寄希望于在谈判桌上获得充满希望的进展，为的是改变仍将存在的严重不对称局面，同时在保持较低水平武装力量的基础上确保平衡。为此，有必要解决好武装力量的位置、国别、待命状态以及数量等。我们的建议将会以下列特殊方式解决这些问题：

（1）我们将建议对欧洲军备的总占有量实施全面限制，在坦克接近一半的情况下，这种限制应该在大体上低于现有的水平，此举意味着对大约40000辆坦克实施全面限制。

（2）在我们的稳定概念中，没有一个国家能够凭借武力统治欧洲大陆，因此我们也建议，任何一个国家都应该使其占有的数量低于一定比例。例如，只能在每一个装备类别中，在23个参与国在欧洲所拥有的军备总量中占到30%。说到坦克，此举导致每个国家有权拥有不超过12000辆坦克。

（3）限制武装力量的数量与国别，不会影响其自身在其他国家领土上驻扎的武装力量，驻外部队与发动袭击特别相关，特别是那些现役作战单位，我们建议限制此类部队。

（4）我们的建议适用于整个欧洲。为了避免在欧洲某些领域中出现这些武器类别过于集中，我们将建议采取适当的分阶段限制。

6．为了支持对整个欧洲武装力量水平实施最终削减，我们将建议采取稳定措施。这些措施可能包括透明化、发出通告以及实施限制等措施，这些措施将用于常规武装力量的部署、行动以及各个层级的准备，包括常规武器与装备。

7．最终，我们要求建立一种用于监督和验证的严谨和可靠体制，这将包括定期交换关于武装力量及其部署的详细资料，也包括有权实施定点监督。

走向透明

8．实现更大程度的透明度，是实现真正稳定的基本要求。因此，在“欧安会”进程的框架下，就“构建信任与安全措施”展开谈判，构成关于常规力量稳定政策的一个重要补充。到目前为止，我们对成功实施《斯德哥尔摩文件》感到鼓励，我们认为，必须保持这种冲力。

9．为了实现军事组织的透明度，我们计划提出一项建议，即每年就有关军事组织、人员与装备以及主要的武器部署计划，展开一次广泛的、综合性的信息交流。为了评估这种信息，我们将提出多种方式，建立一套随机评估体系。

10．另外，为了《斯德哥尔摩文件》取得成功，为了使军事行动具有更大程度的透明度，我们将建议在这样的领域采取措施：

（1）就军事演习的通告提供更详细的信息；

（2）改进观察军事行动的各种安排；

（3）对军事行动实施更大程度的公开性与可预见性；

（4）强化体制，确保遵守和验证。

11．最后，我们将建议采取配套措施，目的是提高在这些军事领域的参与国之间的联系与沟通，加强与军事人员和媒体记者的接触，增加军事功能、行为和力量态势的相互理解。我们也将建议多种方式，支持就军事政策的观点有序展开交流，这些军事政策与欧洲实际的武装力量结构、功能和部署情况相关。

对欧洲的愿景

12．我们将在“欧安会”进程的框架下推进这些截然不同的谈判，因为我们相信：如果无法在导致欧洲分裂40多年冲突的所有方面取得稳步进展，就不会获得安全和平。进言之，纠正欧洲在常规力量方面存在的差距，将会除掉在所有欧洲国家之间获得更好政治关系的一个障碍，我们对此非常渴望。因此，常规武器控制应被视为动态进程中的一部分，这一动态进程将会应对欧洲分裂在军事、政治、人员方面存在的问题。

13．将我们当前的建议付诸实践，将我们正进一步制定“构建信任与安全措施”（CSBMs）的建议付诸实践，这将涉及欧洲安全会取得突破性进步。我们希望尽可能早地予以认可并付诸行动。根据其执行情况，我们愿意考虑采取进一步措施，加强欧洲的稳定与安全，例如：

（1）进一步削减或者限制常规武器与装备；

（2）重建武装力量，加强防御力量，进一步削减进攻力量。

我们的愿景仍然是欧洲大陆的愿景，军事力量的存在只是为了阻止战争，只是为了确保自卫，不是为了发动战争或者实施政治或军事威胁。

<<

二十六、《欧安会总结性文件》

（1989年1月）

参与“欧安会”的国家包括：奥地利、比利时、保加利亚、加拿大、塞浦路斯、捷克斯洛伐克、丹麦、芬兰、法国、德意志民主共和国、德意志联邦共和国、希腊、罗马教廷、匈牙利、冰岛、爱尔兰、意大利、列支敦士登、卢森堡、马耳他、摩纳哥、荷兰、挪威、波兰、葡萄牙、罗马尼亚、圣马力诺、西班牙、瑞典、瑞士、土耳其、苏联、英国、美国、南斯拉夫；各国代表从1986年11月4日到1989年1月19日，按照“欧安会”续会相关的最终法令规定，在“欧安会”其他相关文件的基础上，在维也纳举行会晤。

参与国代表听取了奥地利联邦总理在1986年11月4日所做的致辞。

所有代表团的领导都做了开幕陈述，他们都是参会国的部长或副部长、一些外交部长也在会议晚些时候致辞。

参会代表也听取了联合国秘书长代表的致辞、“联合国欧洲经济委员会”（ECE）和“联合国教科文组织”（UNESCO）代表的致辞。

没有参加“欧安会”的地中海国家：阿尔及利亚、埃及、以色列、黎巴嫩、利比亚、摩洛哥、叙利亚、突尼斯，其代表也都做了致辞。

参会国代表重申了他们对“欧安会”进程的承诺，强调他们将在增强自信、开创合作新方式、促进尊重人员及基本自由以及增强国际安全方面发挥重要作用。

对1983年《马德里会议总结文件》出台后国际形势的有利发展，参会国代表表示欢迎；他们很满意地表示，“欧安会”进程对这些进展做出了贡献。在强调加强他们之间的政治对话以及军事安全和裁军谈判取得重要进展的同时，他们同意做出新的努力，巩固这些积极的发展趋势，在双边关系上从根本上实现更进一步改善。因此他们重申，他们要采取单方、双方、多方等形式，坚决履行所有的《赫尔辛基最后议定书》以及其他“欧安会”文件规定。

根据“维也纳会议”所提供的议程，在由“欧安会”处理问题的背景下，参会国代表应该就执行《赫尔辛基最后议定书》最终方针、《马德里总结文件》的规定、“欧安会”所确定的任务，彻底交换观点；深化他们的双边关系，改善欧洲安全，促进欧洲合作的发展，在未来推动国际关系缓和进程。

在交换意见期间，参会国要对付诸实施的《赫尔辛基最后议定书》以及《马德里总结文件》进行彻底而且详细的检查。在兑现这些承诺的范围内，各种不同以及相反的观点都要表达出来，许多地方都提到鼓励发展，参与国对执行这些文件过程中持续存在的严重缺陷提出批评。

就有关应用与遵守《赫尔辛基最后议定书》原则，参会国举行了一个开放而且坦率的讨论，他们也对一系列严重违反这些原则的行为表示关切。尤其是，那些关于尊重人权和基本自由的问题，是集中而且争论的焦点。参会国同意，在所有方面全面尊重这些原则，这是改善他们双边关系的根本。

参会国讨论了执行《赫尔辛基最后议定书》关于构建信任的措施、在经济科技和环境领域合作、在地中海区域的安全及合作，以及就人道主义和其他方面展开合作展开讨论。参会国讨论了执行《马德里总结文件》以及其他“欧安会”文件的规定，有人认为，最终方针所提出的多种可能性并没有得到足够的重视。

参会国也表示了对恐怖主义扩散的关切，并对其进行了毫无保留的谴责。

这些讨论反映了“欧安会”程序具有更广泛的背景，并且肯定了考虑在世界范围内执行《赫尔辛基最后议定书》规定所具有的重要意义。

在他们的审议中，参会国代表考虑了以下这些结果：

——“斯德哥尔摩会议”，讨论关于在欧洲“构建信任与安全措施”以及裁军；

——“雅典专家会议”，继续检查并且精心设计能够被普遍接受的和平解决争论的方法，旨在完善现存方法；

——“威尼斯研讨会”，讨论有关地中海区域的经济、科技、文化合作；

——“渥太华专家会议”，讨论关于在他们国家尊重人权和基本自由以及在其所有方面所包括的问题，就像有《赫尔辛基最后议定书》所具体表述的那样；

——布达佩斯“文化论坛”；

——关于人与人沟通的“伯尔尼专家会议”。

此外，参会国家还进一步提到，1985年8月1日在赫尔辛基庆祝《赫尔辛基最后议定书》签字10周年纪念。

参会国家重申他们对持续推进“欧安会”进程的承诺，就像在《赫尔辛基最后议定书》所包含的“欧安会续会”章节中所认可的那样。他们认识到有必要在《赫尔辛基最后议定书》所有方面实现均衡发展，他们表达了其决心，从谋求合作的新机遇中获益，并且就后续活动的相应决定达成一致。

参会国代表检查了所有提交给此次会议的提案，并且达成了以下共识：

与欧洲安全有关的问题

参与国表达了他们的决心

——寄希望于在他们的关系中目前能够取得积极进展，以使缓和成为一种有生命力的、全面的、真正的进程，可以在全世界范围内展开。

——承担责任，全面执行《赫尔辛基最后议定书》以及其他“欧安会”文件所包含的承诺。

——加紧努力，寻求解决烦扰其关系的问题，加强保卫国际和平与安全。

——促进他们之间的合作与对话，确保有效地推进人权及基本自由，促进人民之间的沟通与联系。

——付诸新的努力，在加强信心和安全方面进一步取得成绩，促进裁军。

原　则

（1）参与国重申他们对《赫尔辛基最后议定书》全部10条原则的承诺，这些原则是《赫尔辛基最后议定书》公告中指导参会国关系的原则。参会国家重申所有这些原则都有重要意义，因此都要平等并且直接地予以应用。想要解释每一条原则，都要考虑其他原则。

（2）他们强调将尊重并完全运用这些条款，同时严格按照由此派生的所有“欧安会“承诺，此举具有极大的政治重要意义，并且对于建立信任和安全、发展他们之间的友好关系以及发展其在所有领域的合作均非常重要。

（3）就此而论，他们肯定他们将尊重其他各方的自由选择，并且发展他们的政治、社会、经济和文化系统的权力，同时尊重他们决定自己法律、规章、实践以及政治的权力。在执行这些权力的过程中，他们要确保其法律、规章、实践以及政治，符合他们在国际法下的义务，并且与“原则宣言”的各项条款以及其他“欧安会”承诺协调一致。

（4）他们也确定，由于人民具有平等权利与民族自决原则的优势，并且与《赫尔辛基最后议定书》的相关规定保持一致，所有民族都有权完全自由地做决定，在他们希望的时候，决定他们的内部和外部政治地位，毫无外部干涉，并且像他们所希望的那样，追求他们政治、经济、社会、文化的发展。

（5）他们确定，他们承诺将严格并且有效地遵守国家领土完整的原则。他们将避免违背此原则，因此禁止任何通过直接或间接手段违背国际法的行为，包括违背《联合国宪章》的目标与原则，违背国际法或《赫尔辛基最后议定书》规定的其他义务，违背领土完整、政治独立或国家统一。任何与此原则相违背的行动或情形，都不会被参会国视为合法。

（6）参会国肯定了他们对和平解决争端原则的承诺，确定禁止用武力威胁或使用武力，是对国家责任的重要补充，是维持巩固和平与安全的基本因素。他们表示，在《马德里总结文件》和《赫尔辛基最后议定书》相关规定的基础上，并且考虑“蒙特勒专家会议”和“雅典专家会议”提交的报告，决心继续付诸不断努力，检讨并释读一种能够让人们普遍接受的、和平解决争端的方式，旨在完善现存的方法。就此而言，他们在原则上同意，当不能用其他和平方式解决争端时，应该由第三方强行介入。

（7）为确保逐步完成承诺，其中包括，第一步，解决某些类型争端之时，第三方强行介入，他们决定1991年1月15日到2月8日在瓦莱塔召开专家会议，以建立一个这样的类别清单以及相关的程序和机制，此清单也要在此后逐步展开。这次会议也将考虑建立有约束性的、可能由第三方来做决定的机制，下一次“欧安会续会”将会评估专家会议所取得的进展。议程、时间表以及其他组织形态将在附件I进行陈述。

（8）参会国毫无保留地谴责恐怖主义的所有行为、方式及实践，无论在何处实施、无论由谁做出，包括那些危及国家友好关系及其安全的行为；参会国一致同意，恐怖主义在任何情况下都不能被认为是合理的。

（9）他们表示，他们决心通过双边和多边合作，尤其是在这样的国际论坛上保持合作，例如联合国、“国际民用航空组织”、“国际海洋组织”，消灭恐怖主义，并且与《马德里总结文件》和《赫尔辛基最后议定书》的相关规定保持一致。

（10）确信有必要将国家层面的措施与加强国际合作相结合，参会国提出了他们的目标：

（10.1）——继续用坚定的政策回击恐怖要求；

（10.2）——加强并发展他们之间的双边和多边合作，以预防并且反对恐怖主义，同时增强现有的双边层面合作的效力，或者在一群群国家的结构中增强效力，包括在适当情况下通过交换信息的方式进行；

（10.3）——防止在其境内个人的、团体的或有组织的非法行动，煽动、组织或参加恐怖主义或颠覆行为，以及其他旨在用暴力推翻另一个参会国家政权的活动；

（10.4）——采取有效的措施，防止和抑制针对外交或领事代表的恐怖活动，反对涉及违背有关外交及领事关系的“维也纳惯例”的恐怖主义，尤其是其中的条款关系到外交及领事特权及豁免权规定的相关章节；

（10.5）——确定引渡或起诉与恐怖分子相牵连的人员，在涉及很多国家司法争端情况下要紧密合作，根据相关的国际协议在两个方面采取行动；

（10.6）——如果他们还没有那样做，要考虑他们正在变成群体行为，根据有关镇压恐怖主义行动的国际惯例，采取措施；

（10.7）——继续在适当的国际机构内展开工作，改善并扩大反恐措施，并且确保相关的协议被尽可能多的国家所接受和执行。

（11）他们肯定，他们将尊重人权及基本的自由，包括思想自由、道德自由、宗教或信仰自由，对所有人来说，不存在种族、性别、语言或信仰差别。他们也肯定人权和基本自由具有普遍意义，为了实现和平、公正和安全，要尊重这些基本的要素；确保他们自身之间友好关系与合作的发展，确保所有国家之间友好关系与合作的发展，确保和平、公正和安全将是必要的。

（12）他们表示了其决心，即保证人权及基本自由得到有效实施，所有这些来源于人类个体的内在尊严，并且使其自由和全面发展的基础。他们也认为，公民权、政治、经济、社会、文化以及其他权利和自由是最重要的，必须以所有合适的手段来全面兑现。

（13）在这个文本里，他们将

（13.1）发展他们在公民权、政治、经济、社会、文化以及其他人权和基本自由方面的法律、法规以及政策，将其付诸实践，以保证这些权利和自由得到有效实施；

（13.2）考虑同意《人权和政治权利国际公约》、《经济、社会、文化权利国际公约》、《人权和政治权利的公约议定书》以及其他相关国际文件，如果他们还没有这么做的话；

（13.3）出版并宣传《赫尔辛基最后议定书》、《马德里总结文件》以及现有文件和其他与人权领域相关国际文件的文本，以确保文本的全部内容都能行之有效，使他们尽可能广泛为人们所知晓，确保这些文本能够为他们国家所有的人民所看到，特别是通过公共图书馆系统看到；

（13.4）有效确保个人的知情权，并且在此领域依据其权利和责任行事，为了达到这一目的，要公布并且使所有与人权和基本自由有关的法律、法规、程序都能为人民所看到；

（13.5）尊重公民为改善并保护人权和基本自由而积极做贡献的权利，不论是个人的还是与其他人一起；

（13.6）鼓励在学校和其他教育机构关心改善和保护人权及基本自由；

（13.7）在其领土内部，确保每个人的人权与基本自由，使其服从司法权，没有任何种族、肤色、性别、语言、信仰、政治或其他意见、国家或社会根源、财富、出生或其他地位等区别；

（13.8）确保没有任何人或者其家庭中的任何人，不会因此受到任何形式的歧视，即行使、表达其有意行使的事情，或者寻求行使这些权利或自由；

（13.9）确保有效的救助方式以及其全部信息，能够对那些声称其人权以及基本自由已遭到侵犯的人们有效用，尤其可以有效地展开以下救助：

——个人求助于行政、立法、司法与管理机构的权利；

——在举行独立和公平的裁决之前，在合理时间内，有权举行公平和公开的听证会，包括提出合理的法律论证，依据个人选择，提供法律顾问代表；

——有权迅速并正式地告知任何起诉所做的决定，包括此决定所依靠的法律依据。这个信息将提供一个书写规范，在任何情况下，都可以使个人有效利用那些可以进一步使用的补救办法。

（14）参会国承认，提升经济、社会、文化权利以及公民权和政治权利，对人类尊严以及实现每个人的合法渴求十分重要。因此，他们将继续努力，通过所有可能的手段，逐步全面实现经济、社会和文化的权利，尤其包括采用立法措施。就此而言，他们将特别关注在雇佣、住房、社会安全、健康、教育以及文化领域的问题。他们将在国内所有的权利和自由方面取得持续进步，同时发展他们之间的关系，并且在与其他国家之间的关系上也取得进展；因此，每个人事实上享有了其全部的经济，社会，文化权利以及公民权和政治权利。

（15）参会国肯定，他们决心确保男女平等的权利。因此，他们将采取所有有效措施，包括立法手段，推动男女同样有效地参与政治、经济、社会和文化生活。他们将考虑加入《销毁对妇女歧视公约》的可能性，如果他们还没有这样做的话。

（16）为了确保个人信奉和实行宗教或信仰的自由，参会国家尤其需要：

（16.1）——采取有效措施，防止并消除针对个人或社区在宗教或信仰上的认识偏见，行使和享有人权以及所有公民权，并且享有在政治、经济、社会和文化生活中的基本自由，确保在信仰者和非信仰者之间实现有效平等；

（16.2）——在不同的信仰团体之间以及信仰者和非信仰者之间，培养相互包容和尊重的氛围；

（16.3）——同意不同信仰团体的要求，在他们国家宪法的框架之下，践行或者准备践行他们的信仰，在各个不同国家中要承认给予他们的地位；

（16.4）——尊重这些宗教团体的权利：

——建立并保持自由进入礼拜或集会地点；

——根据他们自身的等级体系和制度结构进行组织；

——根据其不同需求和标准选择，同时根据他们与其国家之间通过自由方式接受的安排，选择、任命、取代他们的工作人员；

——索求并接受志愿性质的财政与其他贡献。

（16.5）——加入关于宗教信仰、制度和组织的研讨会，更好地理解宗教信仰自由的要求；

（16.6）——尊重每个人的权利，即他们有权以其所选择的语言给予和接受宗教教育，无论是单个人还是与其他人一起；

（16.7）——就此而言，尤其尊重家长的权利，即他们可以自由确定其子女的宗教和道德教育，与他们自身的信仰相符合；

（16.8）——在合适的制度下，允许培训宗教人员；

（16.9）——尊重个体信仰者及团体信仰者的权利，即他们有权获得、拥有、使用经书，以及由他们所选定语言出版的宗教出版物、与宗教及信仰实践相关的其他文章和材料；

（16.10）——允许宗教信仰、制度和组织机构撰写、进口和发布宗教出版物及材料；

（16.11）——积极考虑宗教团体参加公众对话的兴趣，包括通过大众传播媒体。

（17）参会国承认，践行上述提到的、与宗教或者信仰自由有关的权利，可能只会服从于由法律提出的、符合国际法的义务及其国际承诺的限定。他们将确保这些权利处于其法律与法规的范围内，确保这些权利处于全面有效实施思想、道德、宗教或信仰自由的应用程序中。

（18）参会国将付诸持久努力，实施《赫尔辛基最后议定书》和《马德里总结文件》关于国家少数民族的规定。他们将运用所有必要的立法、行政、司法以及其他措施，运用可能被绑定的相关国际机构，对在其领土内的少数民族成员人权及基本自由予以保护。他们将避免歧视这些人，并且将致力于实现他们在人权和基本自由领域的合法权益和渴望。

（19）他们将保护并创造条件，以提升他们国内少数民族的种族、文化、语言以及宗教身份。他们将尊重少数民族自由行使其权利，并确保他们与其他人完全平等。

（20）参会国家确保尊重每一个人的全部权利：

——在每一国的国境内自由移动和居住；

——离开任何国家，包括他自己的国家以及返回国家。

（21）参会国家将确保，行使以上提到的权利不会受到任何限制，除了法律所提到的以及与其对国际法的义务保持一致，尤其是《国际公民权和政治权契约》；并且与他们的国际承诺保持一致，尤其是《世界人权宣言》，这些限制有一些例外性。参会国将确保这些限制不会被滥用，也不会以一种武断的方式加以运用，而只会以其确保这些权利可以有效行使的方式进行。

（22）就此而言，他们将允许所有想要安全返回的难民回到其家园。

（23）参会国家将

（23.1）——保证没有人会遭到任意逮捕、拘留或者驱逐；

（23.2）——保证所有被逮捕或者遭到监禁的人，都将得到人道主义待遇，并且人类所固有的尊严可以得到尊重；

（23.3）——遵守“联合国对囚犯的最低限度标准规则”以及“联合国执法人员行为准则”；

（23.4）——禁止残忍和其他残酷、不人道或可耻的待遇或者惩罚，采取有效的立法、行政、司法和其他措施，防止并且惩罚这些行为；

（23.5）——考虑加入《禁止酷刑和其他残忍、不人道或可耻的待遇或处罚公约》，如果他们还没有这样做的话；

（23.6）——保护个人免受任何违背人权和基本自由的精神病或其他药物治疗，采取有效措施，防止并且惩罚这样的治疗。

（24）——考虑到死刑的问题，参会国提到他们当中一部分国家已经废除了死刑。没有废除死刑的参会国，只有在出现最严重的犯罪行为时，根据在犯罪行为发生时已经生效的法律，判处死刑，而且还不违背他们所做的国际承诺。这个问题将会被持续关注，就此而言，参会国将会在相关国际组织内部展开合作。

（25）为发展相互理解和信任，促进友好和良好的邻国关系，加强国际和平、安全和正义，改善履行“欧安会”的承诺，参会国将会在完全平等的基础上，在所有领域以及所有层面，深化发展合作，促进他们之间的对话。他们同意完全尊重并践行“欧安会”的原则，履行其他“欧安会”的规定，此举将改善他们的关系，并且会推进他们合作的发展。他们将避免出现任何与《赫尔辛基最后议定书》和其他“欧安会”文件规定相违背的行为，他们承认，任何这样的行动将会损害他们之间的关系，并且会阻碍他们之间合作的发展。

（26）他们确定，在实现他们的合作目标以及完全实行《赫尔辛基最后议定书》的过程中，政府、机构、组织以及个人将扮演相关而且积极的角色。为了这个目的，他们将尊重个人权力，遵守并推动“欧安会”的规定，并且为了这一目标而与其他机构建立联系。他们将帮助这些人、组织以及机构之间、参会国之间建立直接接触和沟通，消除那些现存在法律、行政上的障碍，这些障碍与“欧安会”规定相违背。他们也将采取有效的措施，帮助获取实施“欧安会”规定的信息，并且帮助自由表达对这些事情的看法。

（27）参会国听取了专家会议就他们国内在所有方面尊重人权以及基本自由等问题的讲述，就像《赫尔辛基最后议定书》将这些问题具体化一样，这次会议在渥太华举行，时间从1985年5月7日到6月17日。他们欢迎这样的事实，即就有关核心问题展开坦诚的讨论。由于注意到这些讨论并没有得出一致结论，他们一致认为，这样彻底交换意见，本身已经构成对“欧安会”进程非常有价值的贡献。在这个方面，特别要提到，此次会议所提出的建议，在“维也纳续会”上得到进一步思考。他们也欢迎这样的决定，即允许公众参加一部分会议，并且指出这个实践在以后的会议中会得到进一步发展。

“构建信任与安全措施”以及欧洲安全与裁军的某些方面

“斯德哥尔摩会议”：评估已经取得的进步

参与国

按照《马德里总结文件》的相关规定，对“欧洲建立信心与安全措施及裁军会议”会期内取得的进步展开评估，这次会议从1984年1月17日到1986年9月19日在斯德哥尔摩召开。

他们欢迎在斯德哥尔摩采取一系列相互补充“构建信任与安全措施”。

他们指出，这些措施与“马德里会议授权”的标准相一致，构成

《赫尔辛基最后议定书》所采取的构建信任措施的实质性进展和延伸。

他们指出，采用《斯德哥尔摩文件》，在政治上是一个极为重要的成就，在目标是减少欧洲军事对抗危险的努力中，所采取的措施堪称是重要一步。他们一致同意，在实践中所采取的措施有助于实现更大程度信任与安全，其程度取决于付诸实践的记录。他们对最初的实践感到很鼓舞，并且提到需要进一步经验以及详细的审核。他们重申，他们决心严格遵守并且诚实践行《斯德哥尔摩文件》的所有规定。

他们重申，他们承诺履行《马德里总结文件》有关在欧洲“构建信任与安全措施”以及裁军会议的规定，同意继续开展会议的工作，着眼于在迈向其目标的道路上取得进一步成绩。

为欧洲的安全与裁军付诸新的努力

参与国

回忆《赫尔辛基最后议定书》和《马德里总结文件》的相关规定，以此使他们意识到，他们付诸努力的共同利益在于，减少军事对抗并且推动裁军。

重申他们在《赫尔辛基最后议定书》中所表达的决心，加强他们之间的信任，并且为加强欧洲的稳定与安全做出贡献。

强调在“欧安会”进程框架内这些努力所具有的互补特性，该进程旨在构建信任与安全，建立稳定，在裁军中取得进展，为的是减少军事冲突，增强所有国家的安全；

强调采取这样的努力，即他们将尊重所有参加“欧安会”的国家在固有的主权平等基础上的安全利益。

他们也考虑了采取方法和适当的手段，继续为了欧洲安全与裁军付出努力，他们达成了协议，即这些努力通过下列所列方式构成：

“构建信任与安全措施”的谈判

参与国一致同意，将要举行关于“构建信任与安全措施”谈判，以此寄希望并且发展“斯德哥尔摩会议”已取得的成果，其目标是精心设计并且采取新的互补性“构建信任与安全措施”，以减少欧洲发生军事对抗的风险。这些谈判将按照“马德里会议”的授权举行。

他们决定从1983年10月25日到11月11日、在赫尔辛基召开“欧安会”预备会议，这些决定将在必要变通的情况下予以采纳。

这些谈判将在维也纳举行，将在1989年3月6日这一周开始。

“欧安会”参与国下次续会，将会在赫尔辛基、在1992年3月24日开始，这次会议将会对这些谈判所取得的进展展开评估。

有关欧洲传统武装部队的谈判

在该文件附录Ⅲ会议主席声明所包含的授权中，所提到名字的那些国家，一致同意就欧洲传统武装部队展开谈判，这些国家自身决定了议程、过程规则、这些谈判的组织方式，并且也将决定他们的时间表及结果。这些谈判将在“欧安会”进程的框架下进行。

这些谈判将在维也纳举行，在1989年3月6日开始的那周开始。

“欧安会”参会国家下次续会将在赫尔辛基、在1992年3月24日开始，这次会议将会就这些谈判中取得的进展交流看法。

就“欧洲常规武装部队谈判进程”相关看法与信息交流的会议

已经商定，参会国需要举行会议，就有关“欧洲常规武装部队谈判”进程的相关观点和信息展开交流。

在“欧洲常规武装部队谈判”每次分会期间，这些会议至少要召开两次。

这些会议相关实践方式的规则，包含在该文件附录第Ⅳ部分。

在会议中，参加“欧洲常规性武装部队谈判”的国家，针对这些谈判中的发起、发展以及过程，提供了实质性信息，目的是使每个参与国都能对他们的进程展开评估。

参与这些谈判的国家，在他们的谈判进程中，已经针对其他一些参与国在这样的会议上、就其自身安全所提出的观点展开思考。

必须在双边互惠的基础上提供信息。

有关“欧安会”参与国的下次续会，将在赫尔辛基、1992年3月24日开始，将考虑这些安排的运营情况。

考虑《赫尔辛基最后议定书》与《马德里总结文件》的相关规定，同时考虑到这两次谈判所取得的结果，另外考虑到影响欧洲安全与裁军的其他相关谈判，将来的“欧安会续会”将考虑参与国继续付诸努力，以实现欧洲安全与裁军的方法及适当手段，包括对下一阶段“欧洲构建信任与安全措施及裁军会议”的“马德里会议授权”进行补充的问题。

在经济、科学、技术和环境领域的合作

参与国重申，他们愿意在经济、科学、技术、环境领域深化合作，为了所有国家的利益，推动建立稳定与公平的国际经济关系。他们表示，准备在其所掌握的论坛上加强对话，以促使对相关的关键性经济问题述诸有效的解决办法，例如货币、财政、债务、贸易。在这方面，他们强调政策的重要性，政策目标是推动政策结构性调整、刺激国家经济增长、营造有益于发展的国际经济环境。

参与国承认，在促进区域经济合作方面的过程中，在实施《赫尔辛基最后议定书》以及随后的“欧安会”文件规定的过程中，“联合国欧洲经济委员会”（ECE）发挥了重要作用。他们表示，他们准备进一步运用现存的“联合国欧洲经济委员会”框架、资源和经验，运用于在那些对执行“欧安会”建议极为重要的领域。

贸易及工业合作

（1）为了更好地发挥他们的经济潜能，推动他们商业交流的扩展，参与国在考虑《赫尔辛基最后议定书》及《马德里总结文件》所有相关规定的同时，将述诸进一步努力，为贸易及工业合作创造有利的环境。

（2）参与国承认，有利的商业环境对他们之间的贸易发展非常重要。他们将帮助在商人之间、潜在客户之间与最终用户之间建立直接联系，包括对相关的预期业务以及正在进行的商业交易建立现场联系。他们将采取措施，改善商人的工作环境，另外还有人员的认证、住宿、交流、招聘和管理。他们也将采取措施，避免在签证程序和海关放行方面出现不公平延误。进言之，他们认识到，对于开发商业联系以及获得具体的商业成果而言，贸易公平和展览可以带来很多机遇。

（3）参与国将继续努力，进一步减少或逐步消除各种形式的贸易壁垒，以此为他们的商业关系扩展并多样化做出贡献。在适当的国际论坛中，他们表示了他们对这一领域所做工作的支持。

（4）参与国将鼓励与有效实施国际商业关系相匹配的各种贸易形式，也鼓励商业伙伴独立决定他们的贸易模式。至于以其所有形式实施的补偿交易，他们建议，此类提议在谈判开始之际就应展开讨论，一旦同意，就要以灵活的方式付诸实践，尤其是关于产品选择。在这一点上，应该考虑对中小型企业予以特别关注。参与国认识到，在处理与补偿交易相关的问题时，“联合国欧洲经济委员会”能够发挥非常有价值的作用。

（5）参与国意识到，在他们各自的经济体内，增加企业的自主权，可以有助于对市场需求取得更好的回应，并且可以促进他们之间的交易和合作发展。

（6）为方便识别市场机遇，参与国将要更近一步推动出版，并且获得全面、可以对比、适时的经济与商业信息。他们将出版最新的宏观经济信息和统计数据，并且设想使支付数字平衡成为可能。他们也将向联合国提供交易数据库和商品贸易统计数据库（COMTRADE），并且还提供一种关于有效执行对外贸易的格式记录的详细数据。他们将鼓励在统计核算以及在合乎程序的“联合国欧洲经济委员会”框架中展开合作，尤其为了方便识别在对外贸易中的差异，提高国际社会在此类统计中的可比性。此外，他们认为，在人口统计、公共卫生、农业、环境以及能源问题上，增加统计数据的出版以及交换是非常有用的。

（7）参与国注意到，在其相互经济关系中，服务的重要性不断增长，他们将会在适当的团体内，对这一领域取得的进展进行检查，对改善服务市场的未来前景进行检查。

（8）在肯定他们长期经济关系中工业合作具有重要意义的同时，参与国将会改善为了发展此类合作而创造有利环境的措施。因此，他们将会在其所掌握的论坛上，检查为了实施工业合作而在立法、行政、经济结构上所取得的进展。此外，他们将鼓励潜在合作者之间建立联系，发展适当的信息交流，推动小企业与中小企业参与工业合作。

（9）参与国意识到，富有成效的、竞争性的以及营利的联合企业，在互利的工业合作中能够发挥作用。他们将为联合企业的投资与经营，改善立法、行政以及财政条件。他们也将推动所有与建立联合企业有关的信息交流，包括所有必要的技术信息，也包括管理信息、劳动条件、会计、税务、利润汇回、投资保护、生产条件以及有权使用国内的供应和市场。

（10）为了方便国际贸易，尤其是关于那些接受强制性认证管制的产品，参与国强调对政策、实践以及相关行为实施标准化是非常重要的。因此，他们将考虑相互认可各国的测验、验证以及习惯做法；以及在相关国家之间、在包括“联合国欧洲经济委员会”在内的国际组织之间，促进相关国家团体合作。

（11）参与国意识到，在发展贸易、工业合作的过程中，在生产、推出新产品的过程中，在满足消费者需求当中，建立有效市场具有越来越大重要性。假定市场机遇不断增长，他们将为参与研究国内、国外市场以及其他市场行为的公司与组织，寻求改善条件。

（12）参与国肯定，对于所有企业，尤其是中小型企业来说，灵活而且相互认可的仲裁规定，对于确保在国际贸易和工业合作中公平解决，具有很大的有效性。考虑到《赫尔辛基最后议定书》和《马德里总结文件》的相关规定，他们特别重视自由地选择仲裁人，包括管理仲裁者和仲裁国家。他们考虑接受《联合国国际贸易法委员会》（UNCITRAL）有关国际商业仲裁的模式。除此之外，他们还承认，在商会与其他仲裁团体之间的商业仲裁领域中，履行合作协议将非常有价值。

（13）参与国同意召集一个有关欧洲经济合作的会议。这个会议将在波恩召开，时间从1990年3月19日到4月11日。这次会议的目的是为参与国的经济关系提供新的动力，尤其是通过为商业交换和工业合作改善商业条件，通过考虑实施经济合作的可能性以及方式实现这些目标。参与国的代表以及商业团体代表将参加这次会议。议程、时间表和其他组织形式，在附录V部分做了陈述。下次续会将在1992年3月24日、在赫尔辛基举行，这次会议将评估此次会议所取得的成果。

科学与技术

（14）参与国强调，科学与技术在整体的经济与社会发展中具有非常重要的作用，尤其是考虑到那些与改善生活质量直接相关的科学与技术。

（15）意识到科学与技术合作的重要性，参与国将在《赫尔辛基最后议定书》已陈述的领域进一步发展互利合作，针对重要性与共同利益不断增加的一些新领域，他们对其展开合作的可能性进行检查。另外，他们表示愿意为这样的合作改善条件，即通过加强在科学和技术成就方面交流信息与经验，尤其是从经济的角度，特别关注正处于发展中地区那些国家的利益。

（16）参与国也再次肯定，在发展互利交流中，一般的政府间协议，涉及大学、科学、技术机构以及企业的双边协议，具有重要意义。在强调自由沟通、科学与技术交流均非常重要的同时，他们将促进并支持在科学家之间、专家之间、感兴趣的商业人员之间，建立直接的个体性接触。回顾“汉堡科学论坛”所达成的结论，他们将尊重人权及基本自由，这代表了在所有层面上国际科学合作显著改善的基础。他们将竭尽全力创造条件，使感兴趣的合作伙伴能够在相互作用、互利互惠的基础上，在合适时候以及在商业基础上，启动适当的联合研究计划和项目。

（17）考虑到自然资源的损耗，包括不可再生能源，参与国将在合理使用这些资源、替代能源，包括热核反应方面促进合作。

（18）他们注意到生物技术的发展、科学研究取得的进展及其提供的新机会，参与国认为，需要就与基因工程安全方面有关的法律和法规加强信息交流。因此，他们将推进协商以及交流有关安全方针的信息。就此而言，他们强调，在应对基因工程及其应用之际，道德原则是非常重要的。

（19）参与国将通过加强研究、就药物滥用、新型或者越来越向全世界扩散的流行病进行信息交流，发展他们在医学以及相关科学方面的合作。他们将加强合作，尤其是与艾滋病（AIDs）传播进行斗争，重视“世界卫生组织”（WHO）的“全球艾滋病策略”。他们也将在有关辐射长期影响的研究方面展开合作。

（20）参与国意识到，对于检查、预防以及减少污染而言，科学研究、完善的环保技术非常重要，尤其是在这些领域提高国际合作非常重要。因此，尤其是在相关的国际论坛内，他们将推进这些技术的信息与经验交流。在这方面，在商业基础上，他们也将在许多领域内推进交流，包括污染治理技术、少发射或不发射破坏臭氧层物质的技术和产品、处理及燃烧技术、垃圾处理的新方法，包括循环利用和清理，还有低废和无废技术领域的交流。

（21）参与国将在机械工业和自动化等特殊领域交流合适的信息。他们将在互利的基础上、为其潜在的伙伴做这些工作，这些潜在的伙伴将在合作的领域独立地做出决定，并且尊重双边和多边协议。为了这个目的，他们尤其将会在具有商业重要性的机械工业领域进行开发统计。

（22）在他们展开科学与技术合作的背景下，参与国将会考虑鼓励发展以及使用动物实验替代品的可能性，包括产品测试。

（23）在核能这一重要领域，参与国意识到，虽然每个国家应该对其所拥有的核设施的安全性承担全部责任，但是核安全需要密切的国际合作，尤其是在“国际原子能机构”（IAEA）内部。他们指出，有必要在核设施管理和操作上保持可能最高的安全标准。因此，他们支持在“国际原子能机构”（IAIE）内所做的工作，即制定基本的安全原则，并且督促所有国家使用已修改的“核安全标准”——《核安全标准法典》（NUSS），将其作为规范核安全实践的基础。他们也呼吁有必要进一步改善核责任的现存系统的有效性。

环　境

（24）参与国认识到采取预防措施的必要性，考虑到有必要保持并且恢复空气、水和土壤的生态平衡，参与国将加强他们的合作，并且加大努力以保护和改善环境。考虑到各个层次的发展以及经济与技术限制，他们将这样做，尤其是通过发展其内部立法、承担国际义务，并且通过采取最可行的手段。他们强调，“联合国欧洲经济委员会”成员国2000年及其后的环境保护与合理使用的区域战略，可谓极其重要。他们欢迎并将充分考虑“世界环境发展委员会”的报告，同时也对2000年后的环境预测表示欢迎并予以考虑，而且还会考虑在其所掌握的国际论坛内已承担的工作，尤其是在1979年《长程越界空气污染公约》的框架下进行（此后被称为“公约”）。

（25）参与国确信，需要及时并且有效地减少硫黄排放或者跨界流动。他们号召《长程越界空气污染公约》的当事国和签署国，成为同意减少硫黄排放或跨界流动至少30%的协议当事国。他们建议采取进一步措施，减少硫黄排放，与该协议的目标保持一致；协议将会由那些不是此协议当事方的国家履行，由那些已经完成这一目标、还将继续控制其排放量的国家履行。回顾该协议规定最晚至1993年减少硫黄排放，他们将在《长程越界空气污染公约》的框架内工作，精心设计一种安排，早日进一步减少硫黄排放，使之超过该协议所确立的标准。

（26）参与国考虑到控制和减少氧化氮的排放或者其跨界流动，在他们的减污计划中享有很大的优先权。他们欢迎详细阐述并且运用《控制氮氧化物排放协议》。

（27）此外，他们意识到，有必要在《长程越界空气污染公约》框架下，安排减少其他相关的空气污染排放，例如碳氢化合物，以及那些制造光化学氧化剂的物质。因此，他们将加强合作，包括收集和处理必要的信息。

（28）参与国同意，加强和发展为“监督和评估空气污染物在欧洲远距离传播”（EMEP）而设计的合作项目，尤其是通过扩大和改善监测站系统，提供给“监督和评估空气污染物在欧洲远距离传播”（EMEP）关于排放污染物的必要信息，进一步发展可比较的测量方法，扩大包括其他相关空气污染物的覆盖范围，尤其是氮氧化物、碳氢化物以及光化学氧化剂。他们也建议，那些还没有这样做的国家，应该成为“监督和评估空气污染物在欧洲远距离传播”（EMEP）长期财政管理协议中的当事方。

（29）参与国将尽所有努力，尽快成为保护臭氧层的《维也纳公约》的当事方，成为有关破坏臭氧层物质的《蒙特利尔协议》的当事方。此外，他们还将就控制和减少破坏臭氧层物质排放采取国家行动，展开国际合作。

（30）参与国同意，应该针对全球变暖现象，还应该就其中二氧化碳和污染气体排放所产生的影响，展开更深入的国家研究和国际研究，为减轻污染行动提供科学依据。

（31）为了保护和改善淡水资源，大大减少海洋、沿岸地区、跨界水资源和国际湖泊的污染，远离所有污染源，参与国将加强各国的努力并且展开双方与多方合作。他们建议，精心构建一个公约框架或者具体的公约，改善对跨界水资源和国际湖泊的保护。他们将大大减少有毒、持久、有潜在危险物质的排放。另外，他们将特别注意发展海洋清理的替代方式，以逐渐而且从根本上减少有害垃圾倾倒，减少在海上焚烧有害液体垃圾，希望尽早结束这样的方法。

（32）参与国意识到，有必要在有害废物跨界流动方面有效改善国际合作。考虑到其他国际论坛上已完成的富有价值的工作，他们将鼓励精心设计一项国际协议，包括针对控制跨界有害垃圾流动而订立一项全球公约。

（33）参与国将寻求更紧密的合作，就潜在的有害化学品相关问题的信息实现更大程度交流，包括对健康和环境的危害展开评估。他们将在处理这些化学物品的立法和法规上，探索更紧密协调的可能性。

（34）参与国将加强在自然资源、植物群、动物群等方面的国际合作。他们也将开发更为有效的方法，防止草地退化，在对“联合国欧洲经济委员会”就这个主体发布宣言的基础上，保护植物群、动物群以及他们的栖息地。在更有效使用自然资源的方式和手段方面，他们将加强观点和经验交流。

（35）参与国承认，个人和组织在致力于保护和改善环境方面所做的贡献非常重要，并且允许他们表达其关切。他们将在环境问题上促进更大程度的公众意识与理解，并且会在环境教育领域展开合作，尤其是通过交流经验与研究学习的成果，发展教育项目和生态培养。

（36）参与国将展开双边和多边合作，改善和协调他们对预防、早期警报、信息交流所做的安排，并且在工业事故有可能导致对环境造成越界破坏方面做好安排。他们也将开始检查与工业事故跨界特点相关的关键因素，例如清洁、恢复并承担责任。

（37）参与国同意召集一次有关保护环境的会议。此次会议将在索菲亚召开,时间是1989年10月16日到11月3日。会议的目标是，在新的、重要的环境保护领域采取进一步措施与合作，精心制定关于其原则和方针的建议书。议程、时间表以及其他的组织形式，都在附件VI中做了陈述。下次续会将在赫尔辛基、在1992年3月24日举行，这次会议将对上述会议所取得的成果展开评估。

其他领域的合作

（38）参与国承认，在经济和社会发展中、在运输部门不断增加活动所产生的整体影响方面，运输发挥了重要作用，包括与环境相关的问题。考虑到不同形式运输所具有的相对优点，以及它们对人类健康、安全以及环境的潜在影响，他们因此将鼓励制定措施，建立在经济上更为有效的运输系统。在这一点上，通过双边和多边手段，对于复合运输网络、联合运输、目前交通、简化交通手续，尤其是简化交通文件，他们将特别关注其相关的问题，他们也欢迎“联合国欧洲经济委员会”在这方面所做的工作。

（39）参与国强调，旅游在经济上非常重要，它还可以有助于各民族之间相互理解。因此，他们支持这一领域的合作发展，并且会为旅游者和地方人民之间的正常接触提供便利。为了这个目的，他们将致力于为旅游者改善基础设施，尤其是通过使其住宿多样化，为低预算和年轻的旅游者开发设施，包括小型私人住宿。对于外国旅游者来说，他们也将以积极的精神考虑，逐步淘汰其所要求的最低交流需求，允许合法地兑换当地货币；另外，鼓励对所有外国游客不采取歧视价格，无论他们的国籍在何方；他们也会将到达和离开的程序简化到必要的最小程度。

参与国将会制造有利条件，在旅游领域设立联合项目，包括联合企业和人员培训项目。

（40）参与国强调，有效执行《赫尔辛基最后议定书》和《马德里总结文件》有关欧洲移民工人及其家庭的规定，是非常必要的。他们邀请东道国以及源头国家共同努力，为合法居住在东道国的移民工人及其家庭改善经济、社会、文化以及其他生活条件。他们建议东道国和源头国家应该促进在相关领域的双边合作，着眼于为移民工人及家庭回到他们源头国的重新适应工作提供便利。

（41）参与国将根据他们在《赫尔辛基最后议定书》以及《马德里总结文件》所承担的相关承诺，考虑家庭重组和家庭联络的申请，考虑所涉及的来自其他参与国、合法居住在东道国的移民工人的访问申请。

（42）参与国将确保，来自其他参与国的移民工人及其家庭，可以自由享受和保留其民族文化，并且有权利接触东道国的文化。

（43）确保移民工人子女和他们自己国家公民的子女之间，在接受所有形式和层次的教育机会具有有效的平等机会；参与国确定，他们已经准备好采取措施，以便更好地使用和改善教育机会。另外，只要提出的要求合理，他们将鼓励或者提供便利，针对移民工人的子女使用他们本国语言进行补充教育。

（44）参与国承认，移民工人问题有其自身的人为因素。

（45）参与国知道，经济和技术变化所产生的影响，在工作场所可以很敏锐地感觉到。他们强调，他们准备在职业训练政策领域鼓励合作，通过增加信息和经验交流，以增强教育标准、专业知识、技能，以及在工业和商业中所涉及人员的适应性。

（46）参与国承认，帮助整合青年人进入专业生活非常重要。因此，他们将继续其努力，以确保对年轻人的教育和职业培训成为必要条件，在经济领域促进不同方面年轻人的就业机会。他们将继续努力，为发展其公民的科学水平和文化知识创造条件，特别是为年轻人，帮助他们能够在自然和社会科学以及文化领域取得成果。

地中海区域与安全和合作相关的问题

参与国

重申他们对《赫尔辛基最后议定书》和《马德里总结文件》有关地中海区域安全与合作规定的承诺，并强调上述规定的持续相关性；就此而言，他们强调《斯德哥尔摩文件》中关于地中海区域段落的相关性。

他们强调，为地中海地区加强安全和改善合作，“欧安会”所做工作非常重要。

他们重申，他们确定应将欧洲安全置于世界安全这一更广阔的背景下考虑，欧洲安全与地中海地区安全在整体上紧密相连，因此，改善安全的步骤不能仅仅局限在欧洲，而应该扩展到世界其他地区，尤其是地中海地区。

他们表达了其对这一地区出现持续紧张局势的关心，并且重申他们希望加强努力，通过和平方式，针对那些特别重要的问题，找到公平、实际可行、持续的解决方案。

他们认为，更广泛和更多的合作行动，将会增进相互理解并且增强信任，因此可以促进地区稳定、安全与和平。

他们提到了现存的双边和多边形式合作所取得的成果，并且表示准备在经济、科学、文化、环境领域加强努力，充分考虑这一区域发展中国家的利益，同时考虑在这些领域正在展开的工作。

他们满意地指出，有关地中海地区经济、科学、文化合作的研讨会取得积极成果，该研讨会是在1979年“瓦莱塔会议”所取得成果的框架内召开的，这次研讨会在1984年10月16日到26日、在威尼斯举行，与《马德里总结文件》的相关规定和目标保持了一致。他们欢迎这种为地中海区域合作发展所做出的贡献，他们支持继续努力，以完成此次会议提出的建议，以及“瓦莱塔会议”所提出的那些建议。

他们指出，没有参与“欧安会”的地中海国家，一直有兴趣与“欧安会”的参与国在加强安全、推动地中海地区的合作方面一起努力。他们承认，为实现这个目标，有必要像“欧安会”所发起的那样，保持和扩大与那些作为非参与国的地中海国家之间接触，与他们发展良好的邻国关系，充分考虑到相互作用，并且恪守《赫尔辛基最后议定书》参与国的“指导关系原则宣言”所包含原则的精神。

参与国

与《赫尔辛基最后议定书》和《马德里总结文件》中“地中海章节”的规定保持一致，参与国同意召开一次有关地中海的会议，以考虑进一步加强在不同方面合作的方式和手段，包括保护和改善地中海生态系统，目标是扩大与那些作为非参与国的地中海国家的合作领域，并且助力于加强这一地区的信任与安全。

那些作为非参与国的地中海国家代表（阿尔及利亚、埃及、以色列、黎巴嫩、利比亚、摩洛哥、叙利亚、突尼斯），以及主管国际组织的代表［联合国教科文组织（UNESCO）、欧洲经济委员会（ECE）、联合国环境规划署（UNEP）、世界卫生组织（WHO）、国际电信联盟（ITU）、国际海事组织（IMO）］，根据以往“欧安会”中“地中海续会”的规则与惯例，将会被邀请参会。

此次会议将在1990年9月24日至10月19日、在帕尔马召开。议程、时间表以及其他组织形式在附件Ⅶ中已有表述。

下次续会将在赫尔辛基、在1992年3月24日举行，将会对这次会议所取得的成果进行评估。

人道主义与其他领域的合作

参与国

考虑到，在人道主义和其他领域的合作，是发展他们关系的一个主要因素。

他们同意，他们在这些领域的合作，应该完全尊重指导参与国之间关系的原则，这些原则在《赫尔辛基最后议定书》中提出，支持《马德里总结文件》的规定，以及关于这些原则的当前文件的规定。

他们可以确定，在他们法律和法规的框架下执行有关人道主义和其他领域合作的规定，他们将确保这些法律和法规与其对国际法的责任相互协调，并且与他们在“欧安会”的承诺和谐一致。

他们承认，实行与《赫尔辛基最后议定书》和《马德里总结文件》的相关规定，需要持续而且强化的努力。

他们已经接受并且将实施以下内容：

人类沟通

（1）为完成《赫尔辛基最后议定书》、《马德里总结文件》以及目前文件最后有关人类沟通的规定，他们将完全遵守其对国际法的责任，就像致力于目前文件各分章所体现的原则那样。这些原则特别包括，每个人都可以自由离开任何国家，包括其自己的国家，并且返回他的祖国，还包括他们在这一领域所做的国际承诺。

（2）他们将确保，他们关于进入其领土的政策，与《赫尔辛基最后议定书》、《马德里总结文件》以及目前文件的相关规定所陈述的目标完全一致。

（3）他们将采取必要的步骤，尽快就所有申请找到解决方法，无论如何要在6个月内予以解决；这些申请的基础是《赫尔辛基最后议定书》和《马德里总结文件》中有关人类沟通的规定，以及“维也纳续会”所得出的突出结论。

（4）因此，他们将实行定期复查，确保所有的申请都会以《赫尔辛基最后议定书》和其他前面提及的“欧安会”文件关于人类沟通规定为基础，而且所有申请都要按照那些规定相符合的方式来处理。

（5）他们将根据《赫尔辛基最后议定书》和其他前面提及的“欧安会”文件，在尽可能短的时间内，就与家庭会议相关的申请做出决定，按照常规是3个月。

（6）用同样的方式，他们将就家庭重组或者不同国家公民之间婚姻的有关申请做出决定，按照常规，时间是3个月。

（7）为了顺利处理与家庭聚会相关的申请，他们将充分考虑申请者的愿望，尤其要考虑这种聚会的时间以及足够长的期限，同时考虑为参加家庭聚会与其他家庭成员同行。

（8）为了顺利处理与家庭聚会相关的申请，他们也将允许更多的远房亲属往返访问。

（9）为了顺利地处理关于重组家庭或者不同国家公民之间结婚的申请，如果目的地国家准备接受，他们将尊重申请者的愿望。

（10）他们将特别注意解决涉及重组家庭的未成年子女与父母的问题。就此而言，在《赫尔辛基最后议定书》以及其他上述“欧安会”文件相关规定的基础上，他们将确保：

——以此目的而提交申请，而且孩子还是未成年人，此类申请将得到顺利和快速处理，以便毫不迟延地达到重组家庭的目的。

——做出适当安排，保护有关孩子的利益和福利。

（11）他们将考虑逐步减少范围，最终去除这样的要求，即旅游者所获得的当地货币可能会超过其实际花费；向那些出于家庭聚会目的而旅行的人提供优先权。他们事实上将向此类人提供机会，使其能够带来或者带走。

（12）他们将迅速处理那些出于紧急人道主义目的而旅行的人所提出的申请，并且按如下方式，予以迅速处理：

——他们将在3个工作日内，决定有关访问重病或即将逝去的家庭成员的申请，为了参加一位家庭成员的葬礼而旅行，或者那些有需要紧急医治证明的人出行，或者那些显示出有危急疾病或处于晚期疾病症状的人出行。

——他们将尽快决定此类相关的旅行申请：即那些身患重病者或年长者出游，或者其他处于紧急人道主义性质的出行。

——他们将加紧努力，由他们当地的、地区的以及中央政府部门实现以上提及的政策，确保优先处理这类申请的收费不会超过实际发生的花费。

（13）针对重组家庭或者不同国家公民之间的婚姻，在处理其家庭聚会的旅行申请时，他们将确保申请者家庭成员的行动或任职状况，不会影响申请者的权力，就像相关国际文件所陈述的那样。

（14）他们将确保，所有申请者的必要文件均以《赫尔辛基最后议定书》以及其他上述“欧安会”文件中关于人类沟通的规定为基础，并且很容易为申请者所看到。这些文件将在申请程序期间持续有效，如果申请者提交了新的申请文件，先前的有关申请将会被考虑。

（15）对于那些基于《赫尔辛基最后议定书》和其他上述“欧安会”文件有关人类沟通规定的申请，他们将简化实践，并且逐步减少行政要求。

（16）他们将确保，当基于《赫尔辛基最后议定书》和其他上述“欧安会”文件中关于人类沟通规则的申请，如果因为相关国际文件中所描述的原因而遭到拒绝，申请者应该迅速得到一份官方的书面通知，其理由就是这一决定赖以为基础的东西。通常，在申请者提出要求的任何情况下，申请者应该得到必要的信息，这些信息是有关使用任何有效的行政或者法律救助手段、针对申请者所做的决定，就像上述提及的国际文件所设想的。如果涉及申请者永久居留在国外的情况，信息将作为上文所预见的官方通知的一部分而提出。

（17）如果在这种背景下，单个人的国外旅行申请，出于国家安全的原因而被拒绝，他们要确保，在严格批准的时间限制内，任何对个人旅行的限制，都要越短越好，而且不能用武断的方式进行。他们将确保申请者能在6个月内看到拒绝的复审，如果这种需求在此后定期出现，任何关于申请被拒绝的情况发生变化，例如申请者最后一次承担与国家安全有关的工作或责任已经过去多长时间，都需要纳入考虑范围。在个人开始从事这样的工作或责任时，他们就被正式告知，如果他们提交这样的旅行申请，将会受到什么样的影响。

（18）在“维也纳续会”结束1年内，他们将出版制定并易于为各国接受、关于个人在其领土内、在各国之间采取行动的法律和法规，但是这项工作还没有完成。

（19）为顺利地处理基于《赫尔辛基最后议定书》和其他上述“欧安会”文件中人类沟通规定的申请，他们将确保这些申请在适当时间按顺序处理，尤其要充分考虑到重要家庭与个人，或者对申请者来说十分重要的专业。

（20）他们将顺利地处理出国旅行申请，而不带有任何形式的差别，例如种族、肤色、性别、语言、信仰、政治或其他观点、国家或社会根源、财产、出生、年纪或其他地位。他们将确保，任何申请遭拒，都不会影响其他申请者递交申请。

（21）出于个人的或者专门的原因，或者出于旅游的原因，他们将为以个人或团队为基础的旅行提供便利，例如以代表团、团队或者个体的方式进行旅行。为了这个目的，他们要将针对此目的旅行的考虑时间减至最少。

（22）他们将认真考虑缔结协议的提议，协议是有关签发多次进入签证，以及针对签证手续实施互惠，并考虑在他们之间协议的基础上互相废除准入签证的可能性。

（23）他们将考虑坚持相关的多边文件，以及互补总结文件或其他的双边协议，如果必要的话，改善安排，确保为其他参与国公民在其领土上提供有效的领事、法律、医疗帮助。

（24）他们将采取必要的措施，确保其他参与国公民在其领土内，出于个人原因或特殊原因，尤其是出于参加文化、科学、教育活动的目标，承担适当的个人安全责任，除非情况已不是这样。

（25）他们将帮助并且鼓励在他们公民、机构和组织代表之间，通过在国家间旅行以及其他交流方式，建立并且保持直接的人员联系。

（26）他们将为人与人之间的此类接触与合作提供便利，通过当地的、地区的直接体育运动交流措施，不受阻碍地建立并且实施姊妹城市联谊安排，推动学生与老师的交流。

（27）他们将鼓励进一步发展在年轻人之间的直接接触。鼓励政府和非政府、青年与学生、组织和机构之间直接接触；鼓励在双边与多边安排与计划基础上使这种组织与结构能取得成果；鼓励在双边或多边基础上，由年轻人举办或者为年轻人举办教育、文化和其他领域的活动。

（28）他们将进一步努力，以方便年轻人旅行和出游提供便利，尤其是建议那些属于“国际铁路联盟”（UIC）的铁路部门，扩展他们的内部铁路系统，覆盖整个欧洲的铁路网点，并且建议那些不属于“国际铁路联盟”的铁路部门也考虑建立同样的设施。

（29）为与《万国邮政公约》和《国际电信公约》保持一致，他们将

——保证邮递通信的自由流动；

——确保快速而且无障碍地传递通信，包括私人邮件和包裹；

——尊重隐私以及邮递与电话通讯的完整；

——确保快速而且不受打扰的电话通讯所必需的条件，包括使用国际直接拨号系统，确保其存在以及开发。

（30）他们将鼓励国民之间建立个人直接联系，尤其是通过帮助个人在国家内旅行，并且允许外国人会见其国家公民，而且在受邀这样做时，可以待在私人家中。

（31）他们将确保其领土内属于少数民族或者地方文化的人民，其地位与其他公民相等，考虑到《赫尔辛基最后议定书》和其他上述“欧

安会”文件中人类沟通的规定，这些人可以通过旅行和其他形式的交流，建立并维持这样的接触，其中包括与其他国家公民的接触，这些公民与他们享有一种共同的民族渊源或者文化传统。

（32）他们将允许信徒、宗教信仰者和他们的代表，以团体方式或者以个人方式，在他们的国家或其他国家内，建立和保持与其他人直接的个人接触和交流，尤其是通过旅行、朝圣、参加聚会以及其他宗教活动。就此而言，与此类交流与实践相对应，那些相关人员将被允许获取、接受、携带宗教出版物以及与其宗教或者信仰相关的东西。

（33）关于人类沟通的“波恩专家会议”，在1986年4月15日至5月26日召开，他们听到了此次会议的描述。他们注意到此次会议没有达成任何结论，他们对坦率的讨论以及更高程度的开放交流表示敬意，这都是颇受欢迎的发展成果。在这方面，他们注意到这一事实特别重要，即此次会议的提案比“维也纳续会”的考虑更为深入。

信　息

（34）他们将继续致力于在其国内不断扩大知识以及对生活的理解，以此来推进人与人之间的信任。

他们将更进一步努力，为所有种类的信息更自由、更广泛地传播提供便利，鼓励在信息领域的合作，改善记者的生活条件。

在这一点上，与《公民权利及政治权利的国际公约》和《世界人权宣言》，以及与他们对有关寻找、取得、传递所有类型信息的国际承诺保持一致，他们将确保个人可以自由地选择信息来源。就此而言，他们将：

——确保无线电业务运行能够与“国际电信联盟”（ITU）的无线电规则保持一致，这些规则在他们的国家被直接而且很自然地接受；

——在尊重知识产权的同时，包括版权、获得、拥有，允许个人、机构、组织等，复制并且分发所有种类的信息资料。

为了实现这些目标，他们将销毁任何与上述提到的责任和承诺相悖的限制。

（35）他们将利用现代交流方式提供的每一个机会，包括电缆和通讯卫星，增加所有种类信息更自由、更广泛的传播。他们也会鼓励相关的机构、组织、技术专家展开合作与交流，为使科技标准和规范相互兼容展开工作。他们也会考虑现代交流方式对大众媒体的影响。

（36）他们将在实践中确保，官方信息发布可以通过其他参与国的外交与其他官方使团以及领事馆在其领土内自由散布。

（37）他们将鼓励广播电视组织，在他们之间所达成协议的基础上，尤其是在有组织的国家，现场广播与不同国家参与者的项目及讨论，播出其他参与国的政治要人或其他名人的声明和采访。

（38）他们将鼓励广播电视组织报道其他参与国不同方面的生活，在各个国家之间增加电视通信桥的数量。

（39）回顾对新闻工作者职业活动的合法追求，既不能使他们很容易被驱逐，又不能在其他方面惩罚他们，他们将避免采取限制性措施，例如因为新闻工作者或者其信息媒体所报道的内容，而撤销新闻工作者的从业资格或将其开除。

（40）他们将确保，为从事这一活动，新闻工作者，包括来自那些参与国的媒体代表，能够自由地寻找入口，并且保持与公众及私人信息源头的接触；他们对职业机密的需要应该受到尊重。

（41）他们将尊重新闻工作者的版权。

（42）在他们之间做出安排的基础上，只要有必要，并且出于汇报的目的，他们将在需要的时候获得认证资格，并且为其他参与国的记者提供多次进入签证，而无须考虑其永久居住地。在此基础上，他们将把对记者发行资格和多次进入签证的签发时期最多减少到2个月。

（43）他们将通过提供相应的信息，根据其提出的要求，就其实际关心的事宜，为外国记者的工作提供便利，例如进口规则、关税和住宿。

（44）他们将确保官方新闻发布会，还有视情况而定的其他同类官方新闻活动，也都向外国记者开放，只要其拥有所需要的资格。

（45）他们将在实践中确保，在其领土内属于少数民族或地方文化的人，可以用他们的母语发布信息、有权得到信息，交流信息。

（46）他们同意召开一次信息论坛，讨论改善在信息的传播，信息获取与交流，以及在信息领域的合作，改善记者的工作条件。此次论坛将在伦敦、在1989年4月18日至5月12日召开，参与国在信息领域的名人将会参加论坛，议程、时间表和其他组织形式在附件Ⅷ中已有陈述。

在文化领域的合作与交流

（47）他们将改善并全力影响其文化合作，尤其是通过履行他们之间、在多种文化领域所达成的相关双边和多边协议。

（48）他们将鼓励对文化领域有兴趣的非政府组织，与国家机构一起，制定并履行这些协议和特殊计划，精心制定有关文化交流与合作的实践措施。

（49）他们将通过双边协议，帮助在其领土内建立其他参与国的文化机构或文化中心。公众可以不受妨碍地接近这些文化机构或文化中心，这些机构的常规性功能也将得到保证。

（50）他们将确保，公众可以不受阻碍地接近由其他参与国个人或机构在其领土内组织的各种文化活动，并且确保组织者可以运用所有可行的方式，在东道国宣传此类活动。

（51）他们将在文化领域便利并且鼓励人与人直接接触，以个人或者集体为单位，使各文化机构、创作和表演艺术家联合会、其他组织之间建立联系，以便为其公民增加机会，使他们熟悉其他参与国的创作工作。

（52）他们将确保艺术作品和其他文物实现畅通无阻地交流，而只会受到那些旨在保护其文化遗产的限制规定管制；这些艺术作品与文物的基础在于，尊重文化和艺术产权，或者源自他们在文化保护交流方面所做的国际承诺。

（53）他们将鼓励来自不同参与国、置身于艺术的人们，在共同的艺术创作中实现合作；视情况而定，推动这样的人、机构以及组织提出特殊的倡议，并且鼓励参与国年轻人参加到这些倡议中去。就此而言，他们将鼓励召开会议、座谈会、展览、庆祝、艺术组合或公司巡回演出，以及其他参与国国民可以自由加入各种研究和培训计划，并且做出贡献。

（54）对被邀请参加文化活动的个人或团体实行更换，个别情况例外，将征得受邀方的事先同意。

（55）他们将鼓励举办电影周，视情况而定，其中包括艺术家和专家举行的会议、电影艺术演讲；他们还将帮助并鼓励电影导演和制片人之间直接接触，以便合作制作电影；他们还鼓励在保护电影材料方面实施合作，交流关于电影的技术信息和发行。

（56）他们将会以一种标准方式，探索计算机化文献目录以及文化作品与制作的目录范围，并且将其传播。

（57）他们将鼓励博物馆和美术馆直接接触，尤其是以组织展览为目的，包括出借艺术品以及交换目录单。

（58）他们将重新努力，以便对《赫尔辛基最后议定书》和《马德里总结文件》中关于使用范围较窄语言的规定施加影响。他们也将鼓励旨在增加从这些语言翻译过来或者翻译成这些语言的文学作品的倡议，并且提高翻译作品的质量，尤其是通过举行包括翻译者、作者以及出版者在内的研讨会，通过发行字典，在合适的情况下，通过以奖学金方式实现译者的交流。

（59）他们将确保在其领土上属于少数民族或地方文化的人们，能够在所有方面保持并发展他们自己的文化，包括语言、文学和信仰；他们也能保存他们的文化和历史遗迹与文物。

（60）他们获知，在1985年11月25日至10月15日、在布达佩斯举行的文化论坛关于所完成的工作以及所提意见的描述。他们注意到，此次论坛没有达成结论，他们对这样一个事实表示欢迎，即此次论坛接受了许多非常有用的意见和提议，更新了“维也纳续会”的考虑；参与国的机构和组织在这些意见的基础上，开展了许多活动。他们表示，他们很珍惜在文化领域的领军人物对这一活动所做的重要贡献；他们也提到，根据其已取得的经验，将来这种性质的内部与外部会议非常重要，而且安排允许更加自由、更为自发的讨论也非常重要。

（61）充分考虑他们各自文化的独创性与差异性，他们将鼓励付出努力，探索共同特点，培养对他们文化遗产有更深程度了解。因此，他们将鼓励那些可以有助于在所有方式上更好认识其他参与国文化遗产的倡议，包括各个地方的文化与民间艺术。

（62）他们同意召集一个有关“欧安会”参与国文化遗产的座谈会，座谈会将于1991年5月28日至6月7日、在波兰克拉科夫举行，来自其他参与国而且致力于文化活动的学者以及名人们会参加座谈会。会议议程、时间表以及其他组织形式在附件Ⅸ中已有陈述。

在教育领域的合作与交换

（63）他们将确保所有人有权接受不同形式以及水准的教育，不带有任何歧视，例如种族、肤色、性别、语言、宗教、政治或其他观点、国别或社会出身、财产、出生或其他地位。

（64）为鼓励在科技和教育方面实施更广泛的合作，他们将为大学以及其他高等教育和研究机构之间实现畅通无阻的交流提供便利。他们也将为直接人员接触提供便利，包括在学者、科学家以及这些领域工作的其他人员之间，通过旅行，建立接触。

（65）他们也将确保其他参与国的学者、教师、学生，可以畅通无阻地在公开的档案、图书馆、研究机构以及相似机构中得到公开信息资源。

（66）他们将为其国家之间、在双方安排下的中小学生交流提供便利，在必要时，包括与东道国的家庭会面与留宿，其目的是使中小学生认识其他参与国的生活、传统以及教育。

（67）他们将鼓励其相关的政府机构或教育机构，在适当时候，在学校和大学的课程中全面纳入《赫尔辛基最后议定书》。

（68）他们将确保，在其领土内属于少数民族或地方文化的人们，能够给予并且接受他们自身文化的教导，包括通过父母对其子女传输语言、宗教、文化认同，进行教导。

（69）他们将鼓励广播电视组织，彼此通告其制造的教育栏目，并且考虑就这样的栏目展开交流。

（70）他们将鼓励相关的政府机构或组织，在教育和科学领域直接接触与合作。

（71）他们将鼓励在教育和残障儿童复原领域工作的特殊机构和专家，实现进一步合作与接触。

“欧安会”关于人的内容

参与国

他们回顾了《赫尔辛基最后议定书》和其他“欧安会”文件中有关尊重所有人权和基本自由、人类沟通以及相关人道主义性质的问题，

他们认识到，有必要改善其对“欧安会”承诺的实施，改善在这些领域的合作，这些领域以下简称为“欧安会”关于人的内容，

在《赫尔辛基最后议定书》以及其他相关“欧安会”文件的原则和规定的基础上，他们决定：

1．交流信息，对信息要求做出回应，针对其他参与国就“欧安会”关于人的一些问题、对他们所做陈述做出回应。这样的交流可以通过外交渠道向前推进，或者可以指向任何为这些目标而设计的机构。

2．与提出要求的其他参与国举行双边会议，为的是检查与“欧安

会”关于人的相关问题，包括处境与特殊案例，着眼于解决这些问题。此类会议的日期和地点将通过外交渠道，由双方协商来安排。

3．任何视此举为必需之举的参与国，都会就信息交流提供信息，带来“欧安会”关于人的处境和案例，包括那些第2段所描述的筹备中的双边会议，通过外交渠道引起其他参会国家的注意。

4．任何视此举为必要之举的参与国，都会就信息交流提供信息，并且会对信息要求与陈述（第1段）做出回应；而且会就双边会议（第2段）的结果提供信息，包括关于处境和特殊案例的信息；这些结果是在“关于人的大会”中的分会、在主要“欧安会”续会中取得的。

参与国进一步决定，召开一次“欧安会”关于人的会议，为的是在尊重所有人权和基本自由、人类沟通、其他关于人道主义性质的问题上取得进一步进展。此次会议在下次“欧安会”续会之前将举行3次会议。

会议将：

——回顾“欧安会”在人的方面所取得进展，包括执行相关的“欧安会”承诺；

——对第1段到第4段所描述的程序功能展开评估，并且讨论根据第4段所提供的信息；

——考虑就新措施提出的切实可行的建议，这些措施旨在改善关于“欧安会”中对于人的承诺的执行情况，并且加强从第1段到第4段所描述程序的有效性。

在这些提议的基础上，这次大会将考虑采用新的措施。这次大会的第一次会议将在1989年5月30日至6月23日、在巴黎举行。

大会的第二次会议，将在1990年6月5日至29日、在哥本哈根举行。

大会的第三次会议，将在1991年9月10日至10月4日、在莫斯科举行。

议程、时间表以及其他的组织形式将在附录X中已有陈述。

下次主要的“欧安会”续会，将在赫尔辛基、在1992年3月24日召开，这次会议将会评估上文第1段到第4段所描述的程序功能，以及“欧安会”关于人所召开会议取得的进展。它将考虑进一步加强并改善这些程序的方法，并且做出适当的决定。

后续会议

与《赫尔辛基最后议定书》的相关规定相符合，并且与“欧安会”发起的继续推进多边进程的决心与承诺相符合，参与国将在其代表之间定期举行更深入会议。

第四次主要续会将在赫尔辛基、在1992年3月24日举行。

议程、工作计划以及“维也纳会议”主会的形式，将会在“赫尔辛基会议”主会上做出必要的变更，除非针对其他这些问题的决定，会在以下提到的筹备会议中被采取。

为了修改议程、工作计划以及主要“维也纳会议”所采用的形式，将会在赫尔辛基召开一次筹备会议，会议在1992年3月10日举行。不用说，在此背景下，由于时间和地点的变化、抽签方式的变化，以及提到召开会议，以便与1986年“维也纳会议”所做的决定相一致，调整关系到那些需要变化的项目。预备会议的持续时间不会超过两周。

在这一文件中提到的议程、工作计划以及“欧安会”续会的形式，都已经为“维也纳会议”主会准备好了。视情况而定，这些会议的结果将会在“赫尔辛基会议”主会得到考虑。

召开这一章所提及的所有会议，都与《赫尔辛基最后议定书》的“后续会议”中第4段相一致。

参与国对未来“欧安会”续会形式实施合理化的范围进行了审查，加强它们的有效性，确保尽可能最好地利用这些资源。根据他们的审查，并且与“维也纳会议”主会所采取的步骤相关连，包括拟定授权，置于该文件的附录部分。他们决定：

——免除预备会议，除非另有协议；

——考虑到此次会议的目的，限制辅助工作机构召开会议的次数，同时将其降到可能最低的水平；

——限制会议的持续时间，除非另有协议，时间一般不超过4周；

——如果非政府人员受邀参加会议，最大可能利用非正式会议，促成更多的自发性讨论；

——在东道国国庆时，要观察的范围相同。

“赫尔辛基会议”主会将根据经验回顾这些安排和其他形式，目的是在可能必要时做出某些改善。

他们要求奥地利政府将现有文件传输给联合国秘书长，传输给“联合国教科文组织”（UNESCO）总干事，传输给“联合国欧洲经济委员会”执行秘书，以及这一文件所提到的其他国际组织。他们还要求奥地利政府传输现有的文件给那些没有参加会议的地中海各国政府。

这一文件的文本将在每个参与国出版，该文本将会广泛发行，并且会为大家所熟知。

对奥地利政府和人民出色地组织“维也纳会议”，并且对参加会议的代表团表现出的热情好客，参与国代表表示了深切谢意。

1989年1月15日　维也纳

附件 I
有关和平解决争端的专家会议的议程、时间表和其他组织形式

I. 议程

1. 会议正式开始，由东道国代表发表演讲。
2. 一般性交换意见。
3. 评估提交的议案。
4. 预备和采用会议的报告。
5. 正式闭会。

II. 时间表以及其他组织形式

1．这次会议将在1991年1月15日星期二上午10点30分在维也纳召开，会议将会在1991年2月8日星期五前闭会。

2．参与国将在会议开始前，通过外交渠道或者执行秘书，分发书面建议以及其他稿件给所有其他的参与国，为会议做好充分准备。

3．会议时间表如下：

——从1991年1月15日星期二至1月17日星期四，会议将安排议程第二条款。

——从1991年1月18日星期五至2月8日星期五，会议将安排议程第三、四、五条款。

4．会议开幕和闭幕的主席职位将由东道国代表担任。在会议开幕式之后，主席职位每天轮流担任，按法语字母顺序，从意大利代表开始。

5． 与“赫尔辛基磋商会议最终建议”第74段相一致，马耳他政府将选派一位执行秘书，选派工作需要得到参与国的批准。

6． 其他的程序规定、工作方法以及“欧安会”支出的规模分布，如果需要可做必要变更，这些将会施用于这次会议。

工作计划

（1991年1月15日至2月8日）

工作时间： 上午10点30分—下午1点

下午3点—下午6点

第一周	星期一 1月14日	星期二 1月15日	星期三 1月16日	星期四 1月17日	星期五 1月18日
上午		全体会议	全体会议	全体会议	全体会议
下午		全体会议	全体会议	全体会议	全体会议

第二周	星期一 1月21日	星期二 1月22日	星期三 1月23日	星期四 1月24日	星期五 1月25日
上午	全体会议	全体会议	全体会议	全体会议	全体会议
下午	全体会议	全体会议	全体会议	全体会议	全体会议

第三周	星期一 1月28日	星期二 1月29日	星期三 1月30日	星期四 1月31日	星期五 2月1日
上午	全体会议	全体会议	全体会议	全体会议	全体会议
下午	全体会议	全体会议	全体会议	全体会议	全体会议

第四周	星期一 2月4日	星期二 2月5日	星期三 2月6日	星期四 2月7日	星期五 2月8日
上午	全体会议	全体会议	全体会议	全体会议	全体会议
下午	全体会议	全体会议	全体会议	全体会议	全体会议

附件Ⅱ
关于构建信任与安全方法谈判的主席声明

根据规定，在1983年10月25日至11月11日召开的赫尔辛基预备会议，如果需要，可做必要变更，其决定将会被运用于“构建信任与安全措施”的谈判中，谈判将根据分章的“构建信任与安全措施”以及欧洲安全与裁军的某些方面的相关规定展开。据悉

——按照附着在主席陈述上的工作计划，在最早两周召开全体会议。第一次全体会议将在1989年3月9日上午10点30举行。第一次会议将在1989年3月23日结束。

——下面的工作计划将会被全体会议所采用。

——与程序规定保持一致，奥地利政府将指定执行秘书，这一任命需要得到参与国的批准。

——第一次全体会议的主席，将由东道国代表担任，以后每天轮

流，按照法语字母的顺序，从希腊代表开始。

这一声明将成为《维也纳会议最终文件》的附件，并将与其一起发布。

工作计划

（1989年3月9—17日）

工作时间：上午10点30—下午1点

下午3点—下午6点

第一周	星期一 3月6日	星期二 3月7日	星期三 3月8日	星期四 3月9日	星期五 3月10日
上午				全体会议	全体会议
下午					

第二周	星期一 3月13日	星期二 3月14日	星期三 3月15日	星期四 3月16日	星期五 3月17日
上午			全体会议		
下午	全体会议			全体会议	

附件Ⅲ
主席陈述——关于欧洲常规武装力量的谈判

据悉，在未来欧洲常规武装力量谈判中，参与国已经就以下的正式指令达成一致。

欧洲常规武装力量谈判的指令

比利时、保加利亚、加拿大、捷克斯洛伐克、丹麦、法国、德意志民主共和国、德意志联邦共和国、希腊、匈牙利、冰岛、意大利、卢森堡、荷兰、挪威、波兰、葡萄牙、罗马尼亚、西班牙、土耳其、苏联、英国、美国等国代表，从1987年2月17日至1989年1月10日、在维也纳举行磋商。

这些国家意识到他们的共同责任，他们全体将寻求在欧洲实现更大程度的稳定和安全；

他们承认，正是他们的武装力量，承担着欧洲最为重要的安全关系，尤其是他们作为1948年《布鲁塞尔条约》、1949年《北大西洋公约》或1955年《华沙条约》的签署国，而且他们也相应的成为北大西洋联盟的成员国，成为华约组织成员国；

所以，他们全都是“欧安会”进程的参与国；

所以，就像《赫尔辛基最后议定书》重申的那样，他们有权隶属于或不隶属于国际组织，有权参加或者不参加双边或多边条约，包括有权加入或者不加入联盟条约。

他们决定，应该在“欧安会”进程的框架下举行有关欧洲武装力量谈判。

他们重申，他们将作为主权和独立国家，在完全平等的基础上参加谈判。

他们同意以下规定：

参与国

在这一谈判中的参与国是上面列举的23个国家，在下文将被称为“参与国”。

目标及方法

谈判的目标旨在加强欧洲的稳定和安全，通过在低水平基础上建立常规武装力量的稳定和安全平衡，包括常规武器和装备；消除实现稳定和安全所存在的距离；而且更要紧的是，消除发动突袭和大规模进攻行动的能力。每个参与国都承诺为实现这些目标做出贡献。

通过运用在军事上非常重要的措施，例如裁军、限制、调遣规定、对等上限，等等，实现这些目标。

为了实现上述目标与措施，为了将规定运用到整个区域，应该采取措施，如果合适的话，在所应用区域的内部实行区域分化来纠正差距，并且采取一种排除规避的方式。

加强稳定与安全，这一进程应该一步步进行，在某种意义上可以确保每一个参与国在任何阶段都不会受到不利影响。

应用范围与区域

谈判的主题将是常规武装力量，包括参与国的常规武器和装备，其基础是从大西洋到乌拉尔山脉的欧洲参与国领土。

多种力量的存在，将不会成为修改谈判范围的一种标准：

——常规武器或装备不会排除于谈判的主题之外，因为他们除常规力量外，还可能拥有其他力量。这样的武器或装备将不会被挑出来、放在一个单独种类中；

——核武器不会成为这次谈判的一个主题。

谈判的重点，将首先放在与上面提出的谈判目标直接相关的那些力量之上。

海军力量与化学武器问题将无法得到解决。

运用的区域应该是欧洲内部参与国的整个陆地领土，从大西洋到乌拉尔山脉，包括所有参与国在欧洲岛屿上的领土。就苏联来说，所适用区域包括所有位于乌拉尔河与里海以西的领土。就土耳其来说，所适用区域包括土耳其北部领土以及以下分界线以西地区：北纬39° 边界的交叉点，姆拉迪艾、帕特诺斯，卡拉亚齐、塔克曼、凯马利耶、费克、杰伊汉、多根肯特、戈兹那，并通向海洋。

信息交流并核实

与任何协议中的条款相一致，应该通过有效且严格的核查制度进行核查，除了其他内容以外，还将包括有权实施现场检查以及信息交流。

将会足够详尽地交换信息，这样才能对所涉及力量的能力进行有意义的比较。还将就足够的细节交换信息，这样就能为履行验证承诺提供基础。

具体的验证方式以及信息交流，包括信息的详细程度以及交换的顺序，应该在谈判中达成一致。

步骤及其他安排

谈判步骤包括：议程、工作计划、时间表、工作方法、财政问题，以及其他组织形式，就像参与国自身所认可的，这些步骤在这一指令的附录1当中已有陈述。只有在参与国达成共识时，才能修改这些内容。

参与国决定，参加《赫尔辛基最后议定书》签署国所召开的会议，在每一轮常规武器谈判中，将至少召开两次关于欧洲常规武器谈判的会议，为的是交换有关欧洲常规武器谈判进程的观点以及大量信息。这些会议的详细形式包含在这一指令的附件2中。

参与国将会关注其他“欧安会”参与国考虑其自身安全而在会议上所表达的观点。

参与国也会向双方提供信息。

参与国需要通知下次“欧安会”续会的工作以及可能产生的结果，并且在这次会议上与其他“欧安会”参与国就谈判中所取得的进展交换意见。

参与国预见到，根据当时的情况，他们将在其时间表内实施暂停，以便允许交换意见。这种暂停所采取的时间点以及期限，是其独有的责任。

对这一指令采取任何修改，都是参与国独有的责任，不管他们是自己实施修改，或是在以后的“欧安会”续会中进行修改。

谈判的结果将由参与国决定。

协议的特性

所达成的协议将具有国际约束力，其生效方式将在谈判中决定。

会场

在维也纳进行的谈判，将会在“欧安会”中“维也纳会议”闭会后第七周开始。

23个参与国代表，按照下面的字母出现，他们已经总结了上述授权，该授权的英文、法文、德文、意大利文、俄文以及西班牙文文本，具有同等效力。

代表们回顾了其国家为了在“欧安会”中“维也纳会议”上实现均衡结果所做的承诺，决定将这一建议传递到那次会议上，该建议附在《欧安会最后文件》中。

列支敦士登博物馆

维也纳，奥地利

1989年1月10日

这里列举了按字母缩写的各国代表：比利时、保加利亚、加拿大、捷克斯洛伐克、丹麦、法国、德意志民主共和国、德意志联邦共和国、希腊、匈牙利、冰岛、意大利、卢森堡、荷兰、挪威、波兰、葡萄牙、罗马尼亚、西班牙、土耳其、苏联、英国、美国。

欧洲常规武装力量谈判的程序

在任务中所列举的23个国家的代表，此后被称为“参会者”，从1987年2月17日至1989年1月10日、在维也纳举行磋商，就开展欧洲常规武装力量谈判的程序安排达成以下协议。

参会者已经就这些程序安排达成共识，只有在参会者达成共识的时候，才能改变这些程序。

Ⅰ. 议程

1．正式开幕式。

2．依照欧洲常规武装力量谈判任务的规定，谈判包括由参会者提出建议，阐述其付诸实施的措施以及程序。

Ⅱ. 工作计划

欧洲常规武装力量谈判首次全体会议，将于本周三下午3点、在维也纳开幕，这一部分对会场中的任务有所提及，还附上这一轮会议头14天全体会议的工作计划。从此之后，全体会议同意为第一轮会议的其他时间以及接下来的几轮会议做好更深入的工作计划。此轮会议结束的日期将在第一次全体会议决定。

1989年，大体上将有四轮会议。参会国将制定他们的时间表，充分考虑所有代表团的实际需要，包括那些在“欧安会”进程框架下参加其他谈判的国家在内。

Ⅲ. 工作方法

除去正式的开幕式，根据议程进行的所有事情，将会在全体大会的闭幕式中确定，除非另有安排；或者在由全体大会所建立的类似辅助工作机构中确定，这类辅助机构的工作将接受全体大会的领导。

在参会者达成共识后，再做出决定。共识应该这样理解，在就问题认同做出决定时，没有任何一位参会者提出反对意见。

谈判的会议记录将是保密的，除非在谈判中同意公开。

除非另有协议，只有参会国认可的代表可以进入会场。

在全体大会期间，所有的参会国都将按照法语字母顺序就座。

Ⅳ. 语言

谈判的官方语言应该是：英语、法语、德语、意大利语、俄语和西班牙语，在这些语言中，任何一种语言的陈述，都应该被译成其他的官方语言。

Ⅴ. 主席的任务

第一次全体大会的主席将是波兰的代表，此后的主席将根据法语字母表的顺序每周轮流担任。

每次会议，主席都有一份发言者名单，并经会议同意宣布结束。如果在发言名单结束之后可以进行演讲，主席将给予任何代表以答辩的权利。

如果任何一位代表在讨论中提出程序问题，主席将立即请这位代表发言。提出程序问题的代表，可不就所讨论问题的实质内容发言。

主席应该记日记，该日记将记录全体大会的日期、全体大会的主席名字及发言者名字。日记应该从一位会议主席手中传入下一位手中，只有参会者可以看到日记。

Ⅵ. 决定、解释说明、实质问题的建议与相关文件

实质问题的决定应该附在日记中，如果有解释说明的话，它也只能在组织者要求下附在日记上。

有关实质问题的正式提议及相关文件，还有另外的修正案，将以书面方式提交给主席，并且应组织者的要求进行登记，它们将会以书面形式分发给参会者。

Ⅶ. 财政问题

参会者同意以下的分配规模，因为谈判的共同支出有所保留，即分

配问题只关系到此次谈判，这不会被认为是在其他情况下也可依赖的一个先例。

9.95% 法国、德意志联邦共和国、意大利、苏联、英国、美国

6.25% 加拿大

5.0% 西班牙

3.85% 比利时、德意志民主共和国、荷兰、波兰

2.25% 捷克斯洛伐克、丹麦、匈牙利、挪威

0.85% 希腊、罗马尼亚、土耳其

0.65% 保加利亚、卢森堡、葡萄牙

0.15% 冰岛

参会国的会费缴纳，将会成为谈判的一项特殊考虑。账单应该由东道国在每一轮会议中或者在每3个月的间隔中支付，应该视情况而定。账单应该用东道国的货币来支付，在开票期结束之后，尽快在技术上可行的情况下偿付，账单应该在60天内用东道国货币偿付。

VIII. 主办国支持

奥地利政府将会为此次谈判提供安全以及其他必要的支持服务。

应该要求东道国任命一位行政主管，经参会国同意，为谈判制定并组织各种安排。该行政主管应该是东道国本国人，其任务应该包括联络合适的东道国官方机构：

a. 安排参会人员的资格认定；

b. 管理谈判设备；

c. 确保设备以及会议的安全，控制对设备与会议的访问；

d. 雇佣和管理翻译人员；

e. 准备可用适当的技术设备；

f. 确保翻译服务可以使用所有的官方语言，为能在谈判中使用这些商定的服务做好务实安排；

g. 处理财政事务；

h. 非常有必要给参会者分发印好的简报，并安排合适的媒体资格认定。

行政主管应该随时采取行动，以便与程序的规定保持一致。行政主管与全体大会之间的联络工作，将由主席承担。

工作计划

	星期四	星期五	星期一	星期二	星期三
上午			全体会议		
下午	全体会议				

	星期四	星期五	星期一	星期二	星期三
上午	全体会议		全体会议	信息会议	
下午					

关于欧洲常规武装力量谈判的观点与信息交流的会议形式

对他们来说，参会者同意以下会议形式，这些会议在欧洲常规武装力量谈判参与国以及其他“欧安会”参与国之间举行。

除非有别的协议，会议将在每一轮谈判过程中至少举行两次。

会议时限不能持续超过其召集的那天，除非另有协议。

首次会议的主席将由为这一目的而抽签选定的代表团担任，以后的会议主席将由35个国家代表根据法文字母顺序轮流担任。

如果有必要，进一步的现实安排将由协商一致方式来决定，充分考虑相应的先例。

丹麦代表声明

我代表丹麦政府，我希望确定将法罗群岛包含在欧洲常规武装力量谈判的适用范围内。

挪威代表声明

我代表挪威政府，我确定斯瓦尔巴特群岛包含熊岛，斯瓦尔巴特群岛包含在欧洲常规武装力量谈判的适用范围内。

葡萄牙代表声明

亚速尔群岛和马德拉群岛拥有作为欧洲岛屿的权利，所有参与国在欧洲岛屿上的领土将包含在适用范围内，这一任务已经商定。因此，我代表葡萄牙政府声明，亚速尔群岛和马德拉群岛将处于欧洲常规武器力量谈判的适用范围内。

西班牙代表声明

我代表西班牙政府，我确定加那利群岛包含在欧洲常规武装力量谈判适用范围内。

苏联代表声明

我代表苏联政府，我确定佛朗兹约瑟冰川包含在欧洲常规武装力量谈判适用范围内。

这一声明将列为《维也纳会议总结文件》的附录，并且会随之公布。

附件Ⅳ
主席声明
关于交流欧洲常规武装力量谈判进程的观点和信息的会议

有关欧洲常规武装力量谈判进程中观点和信息交流的会议，应该按以下步骤举行，除非另有协议：

——欧洲常规武器谈判的每次会议将在第2个星期二举行，

——此后在每个月第4个星期二举行，除非它在会议的倒数第2个星期举行，

——每次会议在最后一个星期的星期二举行。

所以，第一次会议在1989年3月21日举行，在上午10点30开始。

这些会议时间不能超过其召集的那天，除非另有协议。

主席应该采取每天轮流担任的方式，按照法语字母的顺序，从瑞典代表开始。

如果有必要的话，与程序和工作方法相关的进一步务实安排，应该被认为与“欧安会”进程的规定保持一致。

这一声明被列为《维也纳会议总结文件》的附件，并且会随之公布。

附件V
欧洲经济合作会议

I. 议程

1. 会议正式开幕，由东道国代表发表演讲。

2. 参会国代表团做陈述。

3. “联合国欧洲经济委员会”和“国际商会”（ICC）献词。

4. 对以下条目的思考：

A. 通过相关的务实措施，使经济关系得到发展并趋于多样化：

（a）商业接触；

（b）商人的工作环境；

（c）经济和商业信息；

（d）中小企业的角色；

（e）市场与生产推动。

B. 工业合作：

在互惠的基础上，要求联合企业或者其他形式的工业合作，例如合作生产、专业化生产以及获许可证生产。

（a）经济环境以及法律与行政方面；

（b）与投资相关的事宜。

C. 特殊领域的合作：

（a）能源和原材料节约技术；

（b）环保设备；

（c）旨在改善生活质量的技术；

（d）农产品加工业以及食品加工，包括天然食品生产；

（e）生产可持续或不可持续消费品的机械；

（f）城市发展和城镇计划。

D. 有关商业交换与工业合作的货币和财政内容，例如：

（a）货币可兑性和价格，以及它们在国际竞争中的影响力；

（b）财政机构及其他由财政服务部门提供的辅助设施。

5．总结讨论与概括。

6．正式闭幕式。

II. 组织结构与其他形式

1．会议将由多个代表团参加，他们可能包括来自相关组织与机构的代表，还有来自参会国的商人与代表。在第四周的总结性全体大会，代表团也会包括企业界的领军人物，也包括了相关组织与机构的领导者。会议将于1990年3月19日下午3点、在波恩开幕，在1990年4月11日闭幕。

2．“欧洲经济委员会”以及“国际商会”受邀参加了这次会议。

3．全体大会将开幕，除非另有协议，所有附属工作机构（SWBs）会议也将召开。

4．议程第一、第五、第六条款将会在全体大会中进行处理。议程第四条款将在全体大会和附属工作机构中、以一种均衡而且有组织的方式进行处理。议程第二和第三条款的工作内容，将在全体会议和下属工作机构中进行。

5．下属工作机构A、B、C、D四个部分，将会以下列方式建立，并且按下列方式处理议程第四条款：

附属机构A：通过相关的务实措施，使经济关系得到发展并多样化：

——商业接触

——商人的工作环境

——经济和商业信息

——中小企业的角色

附属机构B：工业合作：

在互惠的基础上，要求联合企业或者其他形式的工业合作，例如合作生产、专业化生产以及获许可证生产。

——经济环境以及法律与行政方面

——与投资有关事宜

——市场及生产推动

下属机构C：在特殊领域合作

——能源与原材料节约技术

——环保设备

——旨在改善生活质量的技术

——农产品加工业与食品加工，包括天然食品生产

——生产可持续或不可持续消费品的机械

——城市发展和城镇计划

下属机构D：有关商业交换与工业合作的货币和财政内容，例如：

——货币可兑换性及其价值，以及它们在国际竞争中的影响力

——财政机构及其他由财政服务部门提供的辅助设施。

6．全体大会将决定工作方法，这些方法将要求处理议程第四、第五条款中的特别主题。

7．全体大会以及下属工作机构的会议，将会根据所附的工作计划召开。

8．在全体大会的开幕式和闭幕式上，将由东道国代表担任会议主席。在开幕式之后，主席职位将每天轮流，以法语字母顺序，从奥地利代表开始。

9．下属工作机构的会议开幕式，将由东道国代表担任主席。下一任主席将通过抽签方式选出。此后，主席职位将以参会国的法语字母排序每天轮流。

10．与“赫尔辛基协商的最终备忘录”第74段相一致，德意志联邦共和国政府将指派一名执行秘书，这一指派任命需要得到全体参会国批准。

11．关于程序、工作方法以及“欧安会”支出分配规模，将施用于此次会议，如果需要，将做必要更改。

工作计划

工作时间：上午10点30分—下午1点

下午3点—下午6点

第一周	星期一 3月19日	星期二 3月20日	星期三 3月21日	星期四 3月22日	星期五 3月23日
上午		全体会议	下属工作机构A会议	下属工作机构A会议	下属工作机构A会议
下午	全体会议	全体会议	下属工作机构会议B	下属工作机构会议B	下属工作机构会议B

第二周	星期一 3月26日	星期二 3月27日	星期三 3月28日	星期四 3月29日	星期五 3月30日
上午	下属工作机构A会议	下属工作机构A会议	下属工作机构A会议	下属工作机构A会议	下属工作机构C会议
下午	下属工作机构B会议	下属工作机构B会议	下属工作机构B会议	下属工作机构B会议	下属工作机构C会议

第三周	星期一 4月2日	星期二 4月3日	星期三 4月4日	星期四 4月5日	星期五 4月6日
上午	下属工作机构C会议	下属工作机构C会议	下属工作机构D会议	下属工作机构D会议	下属工作机构D会议

下午	下属工作机构C会议	下属工作机构C会议	下属工作机构D会议	下属工作机构D会议	下属工作机构D会议

第四周	星期一 4月9日	星期二 4月10日	星期三 4月11日	星期四 4月12日	星期五 4月13日
上午	全体会议	全体会议	全体会议		
下午	全体会议	全体会议			

附件VI
保护环境会议

A. 议程

1．会议正式开幕，由东道国代表发表演讲。

2．参会国代表在开幕式做陈述。

3．“联合国欧洲经济委员会”、“联合国环境规划署”（UNEP）以及“国际自然保护联盟”（IUCN）献词。

4．对于在这些领域已完成的工作、或目前正在进行中的工作展开检查：

（a）预防并控制工业事故产生跨界影响；

（b）对具有潜在危险的化学物品实施控制；

（c）跨界水道以及国际湖泊的污染。

5．根据议程第四条款，检查采取进一步措施与合作的可能性，包括改善信息交流。这一讨论将集中于法律、实践、技术与工艺方面，同时也会聚焦于教育事务、公众意识。

6．起草结论和建议。

7．最后陈述。

8．闭幕式。

B. 组织框架及其他形式

1．这次会议将于1989年10月16日上午10点30分、在索菲亚举行，会议将在1989年11月3日结束。

2．“联合国欧洲经济委员会”、“联合国环境规划署”和“国际自然保护联盟”，将受邀参加会议。

3．所有的全体大会将开始。

4．议程第一、第二、第三、第四、第六、第七、第八条款，将要在全体大会中进行讨论。

5．议程第五条款将在全体大会和两个下属工作机构中进行讨论，这些机构将会以一种均衡而且有组织的方式，覆盖议程第四条款所提及的领域，正如下文：

——包括在教育事务和公众意识方面交流观点，一般性辩论将在全体大会上举行，以启动下属工作机构的工作；

——第一类下属工作机构，将处理法律、行政以及实践方面的事务，例如债务和归还、警告系统、应要求提供帮助、预防措施、信息流和咨询；

——第二类下属工作机构,将处理科学、技术以及工艺方面的问题，例如预防措施、危机评估、评估损害、清洗、测量方式以及监测。

——第一类和第二类下属工作机构,将向全体大会提交其报告。

6．会议的时间表是：

——1989年10月16日至19日，全体大会将讨论议程第一、第二、第三、第四条款，并且举行关于议程第五条款的一般性辩论。

——1989年10月19日至11月1日，两个下属工作机构将举行会议，讨论议程第五条款；

——1989年11月1日至11月3日，全体大会将审议下属工作机构所提交的报告，并且在此基础上拟定议程第四条款所列举的3个领域的结论和建议，就像在议程第六条款下所提供的结论与建议一样。

7．在会前，参会国以及参加会议的国际组织，通过外交渠道或执行秘书，受邀向所有参会国分发书面版献词，以便为会议做好全面准备。

8．全体大会及其下属工作机构会议，将会根据所附的工作计划召开。

9．全体大会的开幕式及闭幕式主席，将由东道国代表承担。在开幕式开始后，主席将按法语字母的顺序轮流担任，先从土耳其代表开始。

10．下属工作机构会议开幕式的主席，将由东道国代表担任。下一任主席将通过抽签选定。主席职位将根据法语字母的顺序、由东道国代表每天轮流担任。

11．与“赫尔辛基协商最终备忘录”的第74段保持一致，东道国政府将指派一名执行秘书，此项指派工作须得到参会国批准。

12．其他程序规则、工作方法以及“欧安会”支出的分配规模，将施用于此次会议，如果需要，将做必要更改。

工作计划

工作时间：上午10点30—下午1点

下午3点—下午6点

第一周	星期一 10月16日	星期二 10月17日	星期三 10月18日	星期四 10月19日	星期五 10月20日
上午		全体会议	全体会议	全体会议	第二类下属工作机构会议
下午	全体会议	全体会议	全体会议	第一类下属工作机构会议	第一类下属工作机构会议

第二周	星期一 10月23日	星期二 10月24日	星期三 10月25日	星期四 10月26日	星期五 10月27日
上午	第二类下属工作机构会议	第二类下属工作机构会议	第二类下属工作机构会议	第二类下属工作机构会议	第二类下属工作机构会议
下午	第一类下属工作机构会议	第一类下属工作机构会议	第一类下属工作机构会议	第一类下属工作机构会议	第一类下属工作机构会议

第三周	星期一 10月30日	星期二 10月31日	星期三 11月1日	星期四 11月2日	星期五 11月3日
上午	第二类下属工作机构会议	第二类下属工作机构会议	第二类下属工作机构会议	全体会议	全体会议
下午	第一类下属工作机构会议	第一类下属工作机构会议	全体会议	全体会议	

附件Ⅶ
地中海地区会议

Ⅰ. 议程

1．会议举行开幕式，东道国家代表演讲。

2．参会国代表做开场陈述，没有参会的地中海国家以及国际组织也受邀做开场陈述；按照惯例，每个代表团陈述不应超过15分钟。

3．就开场陈述所提出问题交流观点，思考《赫尔辛基最后议定书》以及《马德里总结文件》有关地中海章节的规定，回顾未参会的地中海国家现有接触与合作实践。

4．特殊的合作方面：

——检查所提供的机会，为了使该地区的国家实现更快的社会和经济发展做出贡献，从经济观点看，尤其是那些正处于发展中的国家；

——检查实现统计方法统一的可能性；

——在不同层面上鼓励接触（专家会议、圆桌会议、交流学习），着眼于实现具体的合作计划；

——在太阳能和风能方面实施合作；

——考虑与历史中心合作，保护与恢复、保存文化遗产相关的问题，包括海洋考古。

5．保护地中海生态系统：

——在地中海国家的城市、农业、工业等方面的用水与要求；

——地中海的地表和地下水污染；

——在国家层面采取行动，实施双边行动，并且在国际层面上采取行动，控制并防止国家或跨界水域流入地中海的污染，以及由行船造成的污染；

——回收废水以及使用其他新技术获取水资源；

——荒漠化以及与荒漠化作斗争，包括参数和技术，对该领域的国际合作发出倡议，发挥保护森林和重造森林的作用；

——推进地中海地区的国际合作，防范并且扑灭森林大火；发挥气象学和网络交流的角色，以传统技术与其他技术对付森林大火，包括使用空中手段、陆地技术以及标准的消防方法，还有对上述手段实施国际协调，宣传和提高认识；

——大气层问题，尤其是城市中心的空气质量，以及空气污染对历史古迹和生化环境的影响，地中海国家空气污染的典型来源以及地中海地区所长期耐受的空气污染；

——生物圈以及生态与人类行为的相关问题；自然保护；沿海和岛屿区域的研究，包括城市发展；

——发展旅游环境；

——回顾与改善有关保护环境的信息交流。

6．精心设计并采纳了会议的报告，包括以下属工作机构报告为基础的结论和建议。

7．闭幕式陈述，由东道国代表发表讲话，会议正式结束。

II. 组织结构和其他形式

1．会议将在1990年9月24日星期一下午3点、在帕尔马开始，会议将在1990年10月19日星期五之前结束。

2．议程第一、第二、第三、第七条款将在公开全体大会上进行讨论。

3．议程第六条款将在由参会国举行的不公开全体大会上进行讨论。

4．议程第四条款将在第一类下属工作机构会议上进行讨论。

5．议程第五条款将在第二类下属工作机构会议上进行讨论。

6．会议时间表如下：

——从9月24日星期一至9月26日星期三，全体大会将讨论议程第一条款和第二条款；

——9月27日星期四以及9月28日星期五，全体大会将讨论议程第三条款；

——从10月1日星期一至10月16日星期二，两个下属工作机构将轮流召开会议，讨论议程第四、第五条款；

——10月16日星期二，将审议下属工作机构提交给全体大会的报告；

——10月17日星期三以及10月18日星期四，全体大会将对议程第六条款进行讨论；

——10月19日星期五，全体大会将对议程第七条款进行讨论。

7． 全体大会以及下属工作机构会议，将按照此附件第5页所陈述的工作计划召开。

8． 参会国将在会议开始前，通过外交渠道或执行秘书，向所有其他参与国分发书面稿，以便对会议做好充分准备。

9． 全体大会在开幕式和闭幕式上的主席，将由东道国代表担任。在会议开幕式之后，主席将根据法语字母的顺序，由参会国代表每天轮流担任，先由意大利代表开始。

10．下属工作机构会议开幕式主席将由东道国代表担任，下任主席将通过抽签选定，主席将根据法语字母的顺序，由参会国代表每天轮流担任。

11．在议程第二条款下，开场陈述将按照以下顺序进行：列支敦士登、塞浦路斯、美国、意大利、挪威、保加利亚、荷兰、土耳其、罗马教廷、苏联、加拿大、奥地利、芬兰、卢森堡、马耳他、比利时、罗马尼亚、德意志民主共和国、冰岛、法国、德意志联邦共和国、瑞典、南斯拉夫、西班牙、匈牙利、丹麦、捷克斯洛伐克、圣马力诺、摩纳哥、爱尔兰、希腊、葡萄牙、瑞士。

12．与“赫尔辛基协商最终备忘录”第74段相符合，西班牙政府将指派一名执行秘书，这项指派工作须得到参会国同意。

13．其他程序规定、工作方法以及“欧安会”的支出分配规模，将施用于此次会议，如果需要，将做必要变更。

工作计划

工作时间：上午10点30—下午1点

下午3点—下午6点

第一周	星期一 9月24日	星期二 9月25日	星期三 9月26日	星期四 9月27日	星期五 9月28日
上午		全体会议	全体会议	全体会议	全体会议
下午	全体会议	全体会议	全体会议	全体会议	全体会议

第二周	星期一 10月1日	星期二 10月2日	星期三 10月3日	星期四 10月4日	星期五 10月5日
上午	第一类下属工作机构会议	第一类下属工作机构会议	第一类下属工作机构会议	第一类下属工作机构会议	第一类下属工作机构会议
下午	第二类下属工作机构会议	第二类下属工作机构会议	第二类下属工作机构会议	第二类下属工作机构会议	第二类下属工作机构会议

第三周	星期一 10月8日	星期二 10月9日	星期三 10月10日	星期四 10月11日	星期五 10月12日
上午	第二类下属工作机构会议	第二类下属工作机构会议	第二类下属工作机构会议	第二类下属工作机构会议	第二类下属工作机构会议
下午	第一类下属工作机构会议	第一类下属工作机构会议	第一类下属工作机构会议	第一类下属工作机构会议	第一类下属工作机构会议

第四周	星期一 10月15日	星期二 10月16日	星期三 10月17日	星期四 10月18日	星期五 10月19日
上午	第一类下属工作机构会议	第二类下属工作机构会议	全体会议	全体会议	全体会议
下午	第二类下属工作机构会议	第一类下属工作机构会议	全体会议	全体会议	全体会议

附件Ⅷ
信息论坛的议程、时间表以及其他组织形式

I. 议程

1. 信息论坛正式开幕，东道国代表发表演讲。

2. 参会国代表在开幕式上做陈述，“联合国教科文组织”和“国际电信联盟”献词。

3. 讨论现在及未来可能出现的问题以及有关事项：

——改善信息获取与信息交流的传播状况；

——在信息领域展开合作；

——改善记者的工作环境。

在处理《赫尔辛基最后议定书》3个主要领域的过程中，参加信息论坛的国家，利用其专业经验，将在相关“欧安会”规定的基础上审核当前形势，为的是指明该领域必要的改善或者可能出现的新发展。在这种情况下，他们将考虑口头信息、印刷信息、电影和广播传播的信息；就像《赫尔辛基最后议定书》所写到的，其目标是为所有类型信息更加自由和广泛地传播提供便利；因此也会有助于更广泛地指导和理解其他参会国的生活。对于信息采集和传递方面所取得的最新成就，他们表示特别关心，包括由新信息与交流技术所带来的前景。

4. 由参会国代表做闭幕式陈述。

5. 正式结束信息论坛。

Ⅱ. 时间表与其他组织形式

1．信息论坛将在1989年4月18日星期二上午10点30分、在伦敦召开，论坛将在1989年5月12日星期五结束。

2．所有全体大会都将是公开的。

3．议程第一、第二、第四和第五条款将在全体大会上进行讨论。

4．议程第三条款将在下属工作机构会议上进行讨论，一个针对印刷信息（SWB A），一个针对电影广播和口头信息（SWB B），一个针对交流会议（SWB C），均以一种有组织的、均衡的方式进行。下属工作机构可能要讨论的主题，将在下面陈述。议程第三条款也将在全体大会上进行讨论，并不与议程第一、第二、第四和第五条款一起进行。

5．论坛时间表如下：

——按照要求，前3天将由非常热心的参会国代表做公开陈述，而且也将由“联合国教科文组织”和“国际电信联盟”做献词。按规定，每个代表团的公开陈述不超过20分钟，并按以下顺序进行。德意志民主共和国、冰岛、卢森堡、芬兰、希腊、比利时、葡萄牙、西班牙、意大利、罗马教廷、保加利亚、荷兰、法国、马耳他、捷克斯洛伐克、爱尔兰、英国、土耳其、丹麦、圣马力诺、挪威、苏联、罗马尼亚、瑞典、奥地利、加拿大、美国、南斯拉夫、列支敦士登、德意志联邦共和国、波兰、匈牙利、塞浦路斯、瑞典、摩纳哥。

——论坛在4月21日星期五开始，在5月8日星期一结束，3个下属机构会议也同时进行。

——议程第四、第五条款将在论坛最后3天进行讨论。

6．在论坛开始前，参与者将通过执行秘书，向所有参会国分发其所考虑主题的书面版献词，该献词用一种或者多种“欧安会”工作语言写就，目的是对相关讨论做好全面准备。

7．如果论坛没有达成任何一致结论，提交给论坛的提议和计划，将由东道国政府带入下次续会。

8．全体大会以及下属工作机构将根据所附的工作计划展开工作。

9．在全体大会开始和结束时，主席将由东道国代表担任；在大会开幕式之后，主席职位将按法语字母顺序每天轮流，先从瑞典代表开始。

10．下属工作机构开幕会议主席，将由东道国代表担任，下一任下属工作机构主席将通过抽签方式选定，此后，主席职位则按照法语字母顺序每天轮流。

11．与“赫尔辛基协商最终备忘录”第74段相符合，英国政府将指派一位执行秘书，这项指派工作须得到参会国批准。

12．其他程序规定、工作方法，以及“欧安会”支出分配规模，将施用于此次会议，如果需要，将做必要变更。

III. 下属工作机构讨论主题指示列表

下属工作机构A: 印刷信息特别是指：

——分配期刊与其他出版物，既有商业发行，也有官方发表，还有关于出版物进口的问题。

——获得期刊和其他出版物，例如阅读室和文化信息中心。

——有关印刷和出版的问题，包括获得技术手段。

——接触和交换报纸和杂志，交流报纸订阅。

下属工作机构B: 电影、广播和口头信息，尤其是：

——获得新的交流方法，包括卫星和其他交叉前沿广播。

——在广播公司之间联系并交流信息，例如建设电视桥梁，展开联合辩论或者其他计划。

——传播和使用记录试听材料。

——参与国际讨论论坛。

——公众演讲，在官方和非政府组织之间交换研究访问。

——记者招待会。

下属工作机构A和B：这两个下属工作机构都将处理有关记者专业训练的总体考虑，尤其是改善记者与媒体工作者的工作环境，包括：

——记者在所有方面所发挥的作用。

——简化旅行手续。

——很便捷地获得资源。

——尊重资源和材料的机密性。

——记者和媒体工作者的签证与资格认证。

——特派记者有可能根据他们的选择来雇佣当地人士。

下属工作机构C:与通信特别有关的：

——影响国家和国际层面的新产品技术和广播技术，例如卫星和有线电视、电信技术、电脑应用、新电话机交流。

——在当前和未来通信发展中运用法律教学、文化、社会影响。

——在这种背景下的记者作用。

——记者版权问题以及商业方面的问题。

工作计划

1989年4月18日至5月12日

工作时间：上午10点30分—下午1点

下午3点—下午6点

PL：全体会议

下属工作机构A：印刷信息

下属工作机构B：电影广播口头信息

下属工作机构C：通信

第一周	星期一 4月17日	星期二 4月18日	星期三 4月19日	星期四 4月20日	星期五 4月21日
上午		全体会议	全体会议	全体会议	全体会议
下午		全体会议	全体会议	全体会议	印刷信息会议

第二周	星期一 4月24日	星期二 4月25日	星期三 4月26日	星期四 4月27日	星期五 4月28日
上午	电影广播口头信息会议	电影广播口头信息会议	印刷信息会议	通信会议	全体会议
下午	通信会议	印刷信息会议	电影广播口头信息会议	印刷信息会议	电影广播口头信息会议

第三周	星期一 5月1日	星期二 5月2日	星期三 5月3日	星期四 5月4日	星期五 5月5日
上午	印刷信息会议	电影广播口头信息会议	印刷信息会议	电影广播口头信息会议	全体会议
下午	通信会议	印刷信息会议	电影广播口头信息会议	通信会议	印刷信息会议

第四周	星期一 5月8日	星期二 5月9日	星期三 5月10日	星期四 5月11日	星期五 5月12日
上午	电影广播口头信息会议	全体会议	全体会议	全体会议	全体会议
下午	通信会议	全体会议	全体会议	全体会议	

附件IX
关于文化遗产讨论会的议程、时间表以及其他组织形式

I. 议程

1. 讨论会正式开幕，由东道国代表发表演讲。

2. 参会国代表做陈述，“联合国教科文组织”做献词。

3. 讨论参会国民族文化遗产的共同特征，充分考虑他们各自文化的源头和多样性，考虑

(a) 增强对文化遗产的意识，扩大对文化遗产相互了解所需要的范围和措施；

（b）尤其是通过合作以及共同努力，保护和保存遗产所适用的改善范围，包括历史、文化、宗教遗迹及物件。

为处理这些项目，参加讨论会的国家，将审核实施相关的“欧安会”规定，因此为确定在这些领域实施更深入行动的范围提供便利。

4．在闭幕式做陈述，并且总结讨论会的结果。

5．讨论会正式闭幕。

Ⅱ. 时间表与其他组织形式

1．讨论会将在1991年5月28日星期二上午10点30分、在克拉科夫举行，在1991年6月7日星期五结束。

2．所有全体大会将是公开的。

3．在全体大会的指导下，研究小组A致力于有关增强文化遗产意识的问题，该小组将对议程第三条款（a）进行讨论。研究小组B致力于讨论保护和保存文化遗产，它将对议程第三条款（b）进行讨论。

在议程第三条款（a）下，研究小组A要特别讨论

——参会国民族文化遗产的来源和表现，包括它们在当代时期的表现，以及认识它们的渠道；

——文化遗产的区域与其他特征之间的相互关系。

——科技和人文的作用。

在议程第三条款（b）下，研究小组B特别展开讨论

——实现合作计划；

——保存文化遗产，包括社会经济方面，以及与保护环境之间的关系；

——在保存文化遗产和传播知识方面，使用现代技术手段和方法。

研究小组A和研究小组B都将进一步展开讨论：

——在机构、专家和其他对文化感兴趣的人们之间，拓展接触、通信以及信息交流的范围；

——创造、宣传、合作的范围。

4．讨论会在第一天半当中，将集中讨论全体会议议程第一、第二、第三条款。按照规定，每个代表团的介绍说明都不应超过20分钟，陈述将按照以下顺序进行：波兰、西班牙、挪威、匈牙利、德意志联邦共和国、圣马力诺、葡萄牙、土耳其、爱尔兰、保加利亚、奥地利、摩纳哥、南斯拉夫、马耳他、丹麦、英国、比利时、加拿大、瑞士、塞浦路斯、法国、罗马教廷、罗马尼亚、列支敦士登、意大利、荷兰、德意志民主共和国、芬兰、希腊、卢森堡、瑞典、爱尔兰、捷克斯洛伐克、苏联、美国。最后一天半将集中讨论全体会议议程第三、第四、第五条款。讨论会将根据所附的工作计划继续进行。

5．会议开幕式和闭幕式的主席，将由东道国代表担任。在全体大会的开幕式之后，全体大会的主席将采取每天轮流的方式，按法语字母顺序，先从保加利亚代表开始。

两个研究小组的开幕式会议主席，将由东道国代表担任。每一个研究小组下一任主席，将通过抽签方式选定。主席职位将由各国代表每天轮流担任，按照法语字母顺序进行。

6．为“与赫尔辛协商最终备忘录”第74段相一致，波兰政府将指派一名执行秘书，这项指派工作要得到参会国同意。技术秘书处的服务将由东道国提供。

7．对于所考虑主题的献词，将使用“欧安会”一种或多种工作语言，在讨论会开始前至少3个月，需要通过执行秘书，分发给其他参会国以及“联合国教科文组织”。

8．如果讨论会没有达成任何一致结论，提交讨论会的提议和计划，将由东道国政府带入下次续会。

9．其他程序规定、工作方法以及“欧安会”的支出分配范围，将施用于此次会议，如果需要，将做必要变更。

工作计划

从1989年5月28日至6月7日

工作时间：上午10点30分—下午1点

下午3点—下午6点

PL：全体会议

SGA：研究小组A

SGB：研究小组B

第一周	星期一 5月27日	星期二 5月28日	星期三 5月29日	星期四 5月30日	星期五 5月31日
上午		全体会议	全体会议	研究小组B	研究小组B
下午		全体会议	研究小组A	研究小组A	研究小组A

第二周	星期一 4月24日	星期二 4月25日	星期三 4月26日	星期四 4月27日	星期五 4月28日
上午	全体会议	研究小组A	研究小组A	全体会议	全体会议
下午	研究小组B	研究小组B	研究小组B	全体会议	

附件X

“欧安会”关于人的会议议程、时间表以及其他组织形式

I. 议程

1．会议正式开幕，东道国代表发表演讲。

2．参会国代表做开幕式陈述。

3．参会国交流关于尊重所有人权和基本自由、人类沟通以及相关人道主义性质的其他问题，包括实施相关的“欧安会”承诺。

4．对第1到4段描述的程序功能展开评估，就第4段内容提供的信息展开讨论，这部分内容是当前总结文件中处理“欧安会”关于“人”这方面内容的。

5．描述并且审议新措施的务实建议，旨在提高在“欧安会”关于“人”这方面的承诺与合作实践，增强上述所提及程序的有效性。

6．由参会国代表做闭幕声明。

7．正式闭会。

II. 时间表以及其他的组织形式

1．这次大会的首次会议将于1989年5月30日上午10点30分在巴黎召开，大会将在1989年6月23日闭幕。 此次大会的第二次会议将于1990年6月5日上午10点30分在哥本哈根举行，大会将在1990年6月29日闭幕。此次大会的第三次会议将在1991年9月10日上午10点30分、在莫斯科举行，大会将在1991年10月4日闭幕。

2．议程第一、第二、第三、第六和第七条款将在全体大会上进行讨论。

3．议程第四、第五条款将在全体大会及其下属工作机构中进行讨论：

议程第四条款将在下属工作机构A进行处理；议程第五条款将在下属工作机构B进行讨论。

4．全体大会将公开举行，除非另有协议，下属工作机构会议将不对外公开。

5．如果在全体大会上做出决定，在所提出提议的基础上，每次会议都要考虑在会议闭幕式上精心设计并采用新的措施。

6．在大会中，每次会议的开幕式和闭幕式全体会议主席，都将由东道国代表担任，在其他全体会议上，主席职位将按照法语字母表顺序，每天轮流担任；第一次会议的主席先从荷兰代表开始，并且一直延续到大会接下来的另两次会议。

7．在开幕式的陈述将根据议程第二条款，按照以下顺序进行：

——第一次会议：列支敦士登、法国、德意志民主共和国、挪威、意大利、马耳他、荷兰、比利时、瑞士、保加利亚、塞浦路斯、苏联、波兰、葡萄牙、土耳其、丹麦、冰岛、匈牙利、德意志联邦共和国、捷克斯洛伐克、西班牙、瑞典、爱尔兰、罗马教廷、南斯拉夫、芬兰、奥地利、摩纳哥、加拿大、英国、罗马尼亚、希腊、美国、卢森堡、圣马力诺

——第二次会议：圣马力诺、希腊、摩纳哥、苏联、南斯拉夫、捷克斯洛伐克、比利时、土耳其、保加利亚、塞浦路斯、瑞士、冰岛、荷兰、芬兰、卢森堡、波兰、匈牙利、美国、加拿大、挪威、葡萄牙、马耳他、爱尔兰、罗马教廷、西班牙、法国、瑞典、德意志民主共和国、意大利、英国、丹麦、奥地利、德意志联邦共和国、列支敦士登

——第三次会议：卢森堡、希腊、加拿大、比利时、圣马力诺、苏联、匈牙利、冰岛、德意志民主共和国、爱尔兰、保加利亚、南斯拉夫、英国、荷兰、丹麦、马耳他、瑞典、摩纳哥、捷克斯洛伐克、葡萄牙、波兰、奥地利、塞浦路斯、瑞士、罗马教廷、美国、西班牙、意大利、列支敦士登、法国、德意志联邦共和国、土耳其、芬兰、罗马尼亚、挪威

按照惯例，每位演讲者的陈述不超过20分钟。

8．为了与“赫尔辛基协商最终备忘录”第74段相符合，法国、丹麦、苏联政府将为3次会议分别指派执行秘书，此次指派工作须得到参会国同意。

9．其他程序规定、工作方法以及“欧安会”支出分配规模，将施用于此次大会的每次会议中，如果需要，将做必要修改。

“欧安会”关于“人”的大会第一次会议的工作计划

从1989年5月30日至31日，全体大会将讨论议程第一、第二条款。

从1989年6月1日起，全体大会将讨论议程第三、第四条款。

从1989年6月12日起，全体大会将讨论议程第五条款。

从1989年6月22日至23日，全体大会将讨论议程第六、第七条款。

从1989年6月6日至14日，下属工作机构A将讨论议程第四条款。

从1989年6月13日至21日，下属工作机构B将讨论议程第五条款。

工作计划

1989年5月30日至6月23日

工作时间：上午10点30分—下午1点
　　　　　下午3点—6点

第一周	星期一 5月29日	星期二 5月30日	星期三 5月31日	星期四 6月1日	星期五 6月2日
上午		全体会议	全体会议	全体会议	全体会议
下午		全体会议	全体会议	全体会议	

第二周	星期一 6月5日	星期二 6月6日	星期三 6月7日	星期四 6月8日	星期五 6月9日
上午		下属工作机构A	下属工作机构A	下属工作机构A	全体会议
下午	全体会议	下属工作机构A	下属工作机构A	下属工作机构A	

第三周	星期一 6月12日	星期二 6月13日	星期三 6月14日	星期四 6月15日	星期五 6月16日
上午		下属工作机构A	下属工作机构A	下属工作机构B	全体会议
下午	全体会议	下属工作机构B	下属工作机构B	下属工作机构B	

第四周	星期一 6月19日	星期二 6月20日	星期三 6月21日	星期四 6月22日	星期五 6月23日
上午		下属工作机构B	下属工作机构B	全体会议	全体会议
下午	全体会议	下属工作机构B	下属工作机构B	全体会议	

“欧安会”关于“人”的大会第二次会议工作计划

从1990年6月5日至6日，全体大会将讨论议程第一、第二条款。

从1990年6月7日起，全体大会将讨论议程第三、第四条款。

从1990年6月18日起，全体大会将讨论议程第五条款。

从1990年6月28日至29日，全体大会将讨论议程第六、第七条款。

从1990年6月12日至20日，下属工作机构A将讨论议程第四条款。

从1990年6月19日至27日，下属工作机构B将讨论议程第五条款。

工作计划

1990年6月5日至29日

工作时间：上午10点30分—下午1点

下午3点—6点

第一周	星期一 6月4日	星期二 6月5日	星期三 6月6日	星期四 6月7日	星期五 6月8日
上午		全体会议	全体会议	全体会议	全体会议
下午		全体会议	全体会议	全体会议	

第二周	星期一 6月11日	星期二 6月12日	星期三 6月13日	星期四 6月14日	星期五 6月15日
上午		下属工作机构A	下属工作机构A	下属工作机构A	全体会议
下午	全体会议	下属工作机构A	下属工作机构A	下属工作机构A	

第三周	星期一 6月18日	星期二 6月19日	星期三 6月20日	星期四 6月21日	星期五 6月22日
上午		下属工作机构A	下属工作机构A	下属工作机构B	全体会议
下午	全体会议	下属工作机构B	下属工作机构B	下属工作机构B	

第四周	星期一 6月25日	星期二 6月26日	星期三 6月27日	星期四 6月28日	星期五 6月29日
上午		下属工作机构B	下属工作机构B	全体会议	全体会议
下午	全体会议	下属工作机构B	下属工作机构B	全体会议	

“欧安会”关于“人”的大会第三次会议工作计划

从1991年9月10日至11日，全体大会将讨论议程第一、第二条款。

从1991年9月12日起，全体大会将讨论议程第三、第四条款。

从1991年9月23日起，全体大会将讨论议程第五条款。

从1991年10月3日至10月4日，全体大会将讨论议程第六、第七条款。

从1991年9月17日至9月25日，下属工作机构A将讨论议程第四条款。

从1991年9月24日至10月2日，下属工作机构B将讨论议程第五条款。

工作计划

1991年9月10日至10月4日

工作时间：上午10点30分—下午1点
　　　　　下午3点—下午6点

第一周	星期一 9月9日	星期二 9月10日	星期三 9月11日	星期四 9月12日	星期五 9月13日
上午		全体会议	全体会议	全体会议	全体会议
下午		全体会议	全体会议	全体会议	

第二周	星期一 9月16日	星期二 9月17日	星期三 9月18日	星期四 9月19日	星期五 9月20日
上午		下属工作机构A	下属工作机构A	下属工作机构A	全体会议
下午	全体会议	下属工作机构A	下属工作机构A	下属工作机构A	

第三周	星期一 9月23日	星期二 9月24日	星期三 9月25日	星期四 9月26日	星期五 9月27日
上午		下属工作机构A	下属工作机构A	下属工作机构B	全体会议
下午	全体会议	下属工作机构B	下属工作机构B	下属工作机构B	

第四周	星期一 9月30日	星期二 10月1日	星期三 10月2日	星期四 10月3日	星期五 10月4日
上午		下属工作机构B	下属工作机构B	全体会议	全体会议
下午	全体会议	下属工作机构B	下属工作机构B	全体会议	

附件XI
就《维也纳最终文件》提及的有关公开和有权进入“欧安会”续会的主席声明

公开以及有权进入“欧安会”会议的实践，建立在《赫尔辛基最后议定书》相关规定的基础之上，由东道国加以运用，并且通过一种积极方式发生变化。这些实践直接关系到以下内容，尤其是媒体代表、非政府组织或宗教团体代表、私人、本国人和外国人，进入主办国，进入会场，进入“欧安会”公开会议；这些实践也关系到会议代表或游客，可以与东道国公民实现畅通无阻的接触，尊重“欧安会”的相关行动，包括举行和平集会；而且还要尊重记者拥有不受阻碍的报道自由，以及根据“欧安会”承诺追求其专业活动的自由。根据这些经验，所有参会国应理解，对于《维也纳最终文件》所提及的“欧安会”续会来说，各个东道国政府将遵循并且发扬他们最近在“维也纳会议”所开展的这些实践。

<<

二十七、“欧洲的稳定：北约前方之路”
——北约秘书长曼弗雷德·维尔纳在“世界经济论坛”年度会议上的讲话

（1989年2月1日）

从现在起，到几个星期后，即4月14日，大西洋联盟将满40岁。我们在这一天将会庆祝过去所取得的成就，谁能剥夺我们这一权利呢？我们非常自豪地回首40年来为西欧人民营造的和平自由，我们将提醒自己，在《北大西洋公约》签署那一天，经济繁荣似乎只是一个梦想，我们将向跨大西洋伙伴关系致敬，因为它催生了一个更强大、更加自立的西欧，推动了北美现在积极地参与世界事务。我们遥望未来，充满信心，少有恐惧。

40年前，情况却大不相同。我们努力创建国防，以对抗外来威胁，在战争的破坏之后努力重建我们的社会。《北大西洋公约》已清楚表明，即使是在那些黑暗岁月中，我们越过眼前的危险，放眼一个双重目标：首先是在欧洲实现永久性军事稳定，此举不仅能减少战争威胁，而且实际上还能根除战争威胁；其次，在欧洲大陆建立一种新的政治秩序，这一新秩序顾及政治变化，而且尊重人权和人的尊严，能够给予东方和西方所有公民以自由，能够向东方阵营的人民提供我们在西方所享有的同样自决权利；而且在欧洲，这种自决权最终能结束其痛苦的分裂状态。

我们现在正在度过一个惊心动魄的时刻，自第二次世界大战结束后，世界就一直没有出现过这种包罗万象的激烈变化。曾经非常紧密的欧洲联合、共产主义在经济与意识形态上陷入衰落、戈尔巴乔夫的改革驱动力、人类历史上首次裁军协议、经济实力的重要性不断增强，甚至超过了军事实力不断增长的重要性、民主思想与自由市场力量的影响不断扩展、超级大国关系复活，历史的动态处处显而易见。

东方正在变成西方，就像“哈默尔报告”所表述的，我们对合作而不是冲突的政治态度，正在为越来越多的人所接受。我们的思想亦在进步，包括民主、人权以及多元化。你们需要阅读戈尔巴乔夫对联合国发表的演讲，了解我们20年来一直推动的众多概念已进入苏联的词汇表到什么程度。我们的倡议决定着政治事件的过程。

就西方首先启动的“欧安会”进程来说，“维也纳续会”的终结，一直是一个新的胜利。在裁军的所有领域，真正的动力来自西方。直接考虑“零点方案”、“战略武器削减谈判”、削除化学武器谈判，或者就从大西洋到乌拉尔山脉常规武器裁军概念谈判。

更重要的是，我们的自由社会与市场经济竞争成功，赋予戈尔巴乔夫先生推进改革的主要动力。正是西方的自由、生活标准以及工业成就，使苏联感到害怕，而并非我们的坦克使其害怕。如果苏联想要保持其世界大国地位，戈尔巴乔夫改革的起因是要阻止共产主义体制崩溃。

因此，并不是我们要使我们的思维现代化，我们的政策从未被对抗精神所主导。我们从未受到假想之敌的驱使，目前当然也不会。

对于所有这些原因，我们特别不同意某些人的观点，他们宣称戈尔巴乔夫先生具有主动精神。他们将日常政治与长期战略相混淆，苏联“星期建议”的激烈情绪显示了真正的概念领导。抛开所有质疑之声，后者是北约的权利，而且它将会与我们同在。

我们对这个世界2000年的愿景，在其基本原则上表达非常清楚：

1．全球秩序建立在尊重民族和个人权利的基础之上，它将具有和平合作精神的特色，其中，东方与西方的工业国将影响力与第三世界人民相结合，共同解决人类的最大问题。

2．东西方关系的新模式，以合作与和平竞争，取代了冲突以及在意识形态与军事上的对抗，减少军事潜能，开放边境，最终结束欧洲与德国的分裂。这一目标旨在建立一种和平的欧洲体制，该体制可以确保个人的自由以及国家自决的权利。

3．进一步发展西方社会的共享价值观，拓展由大西洋联盟所具体化的命运，争取一种成熟的伙伴关系，其中，一个统一的西欧将会按照其力量发挥作用，公平分担共同的负担以及全球责任。如果没有持续的大西洋安全体系所拥有的力量与稳定，这些长远愿景和近期目标都不会实现。在此后10年中，大西洋联盟与欧洲统一的动力，将会成为世界政治发展的驱动力。

在本世纪最后10年，将会出现比以前更美好的和平与自由愿景。25年前，汉娜•阿伦特写到，直到那时，战争与革命赋予了20世纪以独特的形态。今天，1989年出现了许多令人鼓舞的希望迹象。

两伊战争的枪炮声归于沉寂。苏联军队已经开始撤离阿富汗，我们期望并且要求他们完全按计划实施撤离，古巴军队现在也正撤离安哥拉；在印度支那半岛，越南占领军也正在减少，美苏紧张关系与苏中紧张关系都趋于缓和；朝鲜与韩国已经开始对话。在解决西撒哈拉冲突的尝试中，外交努力已经取得进展，“巴解组织”（PLO）也毫无保留地接受了联合国“第242号决议案”和“第338号决议案”。

当然，仍然还有许多问题，而且挫折也无法避免。但总体上讲，历史的教训是，急剧变化的时代也是产生机遇的时代，这一点被证明是大实话。出于同样原因，这些变化的时代也为那些产生机遇的时代提供了一个明确的愿景，为其提供了一种意愿的力量，可以有机会规划未来。北约决心这样做，我们也决心要改变，我们为带来这种变化出力甚大。我们并不惧怕变化，但是我们决心抓住每一个机遇，而不是保持怀疑和被动。

我们敞开心扉，准备从根本上改善东西方关系，我们也准备大规模裁军，我们想要动力不想要静止，我们想要团结不想要分裂，我们想要打开门户而不要故步自封。

与戈尔巴乔夫先生及其改革政策一起，重新构建东西方关系的机遇实质上已经改善，这一点毋庸置疑。同样毫无疑问的是，至于戈尔巴乔夫打开苏联社会与政治的大门，我们对其成功颇感兴趣。

我们准备在3个领域取得进展的基础上展开合作：

（1）人权与自由交流；

（2）在外交政策中的负责行为，涉及其对消除世界危机地区的紧张局势做出贡献；

（3）减少军事潜能。

正是在这一基础上，我们支持戈尔巴乔夫先生的经济改革。我们应该予以鼓励的是，经济关系依靠其自身实力，即正常的商业交易、无政府补贴的信贷、以完善的经济标准为基础的联合经营、不涉及政治、企业与正常的商业风险、低效产业没有限产超雇工人。你们都很熟悉中国的一个古老谚语：“授人以鱼，不如授人以渔。”让我们对苏联的管理者开放我们的大学与商业学校，让我们的经济计划者与苏联同行分享他们的经验，让我们的企业家告诉苏联实业家有什么东西可以激发人的努力。我坚信，将现代西方商业文化运用于苏联体制，在长远上可以加速真正改革的进程，而不是增加软贷款的数量。

最后，我们正在寻求苏联会以更赋建设性的态度对待世界事务，苏联必须在国际舞台上很负责地行事。总之，不管它对我们这些生活在世界这个地区的人们有多重要，东西方对抗不是影响人类的唯一问题。

世界仍会不乏刻不容缓的问题，其中，我们的共同利益会岌岌可危，东西方合作可能产生有利结果。对抗恐怖主义、应对环境与能源问题、制止国际毒品贸易、减轻世界上许多地区的慢性欠发达病，等等，不一而足。我们也将促使苏联参加关于那些僵化的政治问题的讨论，这些问题会使一些世界动荡地区变得富有爆炸性；而且这些问题再次表明，我们寻求一个解决这些问题的方案，将符合东西双方的利益。

从我们的政治目标来看非常明显，北约对当前现状提出挑战，这一现状不仅否定了东欧人民的自由与正义，而且抛开40年和平不计，它也仍然无法保证西欧国家在其领土上的安全。武器是东西方冲突的一种反映而不是原因，这是毋庸置疑的。但是这也是真实的，在威胁欧洲和平的军事不稳定被消除之前，我们的政治目标不会实现。这里也一样，我们对希望发展的方向具有非常清楚的意愿。

我们正在为欧洲大陆奋斗，其中军事力量的存在，只是为了阻止战争，确保自卫，不是为了发动侵略，或者实施政治与军事威胁。我们的目标是，欧洲诉诸武力不再成为一种选择。

北约武装力量已经构建，反映了这些和平原则，对安全的主要威胁来自东方阵营占据优势的武装力量。特别是，苏联的武装力量以这样一种方式集结在一起，我们不能不怀疑他们的战略意图，以及他们在维系欧洲分裂状态中所扮演的角色。

事实上，苏联相比所有其他华约成员国以及联合起来的北约，拥有更多的坦克和大炮。正是这些武器，连同装甲运兵车一起，在观念上更适合在很少预警或者没有预警的情况下发动大规模军事进攻，它们能够被用于攫取并占有领土。在他们当前的配置中，苏联武装力量有能力发动一场突袭，并且针对北约实施进攻行动。因此，实现军事安全，就需要纠正这种危险的不平衡状态。为此，我们建议针对欧洲的常规武装力量展开谈判。苏联及其盟国最近同意了一项几乎完全以北约概念为基础的授权。

我们建议，这些谈判覆盖了从大西洋到乌拉尔山脉整个欧洲，只有在这个扩展区域实施削减和限制，才能真正地对稳定做出决定性贡献。新的谈判将在下个月、在维也纳举行，北约将争取在常规武装力量上实现平等，基本上保持一支低水平、全方位的常规武装力量。这将意味着在武装力量类别上占据数量优势的谈判方，要在就此展开的讨论中实施不对称削减。因为他们自身数量的削减不一定能产生更大程度的安全，我们也将寻求对这些武装力量的位置、国别、准备状况等实施限制；一旦协议签订，这些武装力量将会获准留在欧洲。总之，我们将寻求限制现役部队。

如果不预先集结进攻性装备，就不会出现侵略。因此，我们必须对装备的总占有量进行限制。举例来说，让我们看看坦克。我们建议，将欧洲的坦克数量大致削减一半，即使是在戈尔巴乔夫单方面宣布削减完成后，华约在欧洲的现役部队仍然拥有41000辆坦克，其中，大多数坦克属于苏联，相比之下，北约现役部队只有16000辆坦克。换句话说，这种优势是2.5∶1。坦克是用于在作战中快速启动、迅速转进的，这种不对等状况是我们给予最多关注的一个理由。因此，北约建议全面限制欧洲的坦克，将其限定在40000辆，任何国家都不允许拥有超过这个数字三分之一的坦克，大约12000辆坦克。

然而，坦克虽引起了我们较大的关注，但坦克并非我们寻求限制的唯一项目。我们正在寻求对其他进攻性军事系统实施同样的限制，例如大炮以及装甲部队的车辆。

最后，我们需要一个严谨和可靠的体制来验证未来的协议。这必须包括定期交流关于武装力量及其部署的详细数据，也包括实施定点检查的权利。到目前为止，大家应该从我的评价中看得比较清楚，即北约全心全意地欢迎这些即将到来的谈判。当前欧洲安全不平衡的持续，只会播下军事不稳定的种子。

盟国投身于这一艰苦的工作达两年之久，构织起我们关于欧洲常规力量稳定的概念，并且深化了我们的建议。我们相信，我们的态度不仅是实用性的，实际上也是可以达到目标的唯一概念。我们当前的任务是劝说苏联同意我们的概念，按照我们所建议的方针重建其武装力量。

尽管已经对失望习以为常，但我们还是从苏联看到一些迹象，这或许不是孤注一掷。在最近几个星期，华约各国领导人宣布实施单方面削减，打算从苏联迅速撤出某些部队。这些单方面削减明显很受欢迎。

我们多年来一直指出，苏联在常规武装力量上具有压倒性优势，它可以承受削减而不会危及其安全。因此，这一事实给我们带来了希望，即苏联现在谈到不对称削减直到势均力敌的原则，还有它至少会从东欧撤出一些进攻性军事装备，而且它现在建议重建其武装力量，将其只用于防御性目标。但在同时，我们还没有得到足够的关于苏联长期意图的信息，充满信心地评估这些单方面削减所具有的重要意义。

此外，有一个事实就是，甚至在这一单方面削减完成后，苏联仍将拥有非常可观的进攻力量，可以向西方发动进攻。单方面让步也可以单方面取消。由于没有共同认可的验证措施，我们没有办法知道这种单方面削减在什么时候开始，或者如何开始。

然而，我们也希望，在宣布这些削减措施后，苏联能够真诚期盼改善东西方关系，将其倡议视为宣布声明放弃进攻力量态势的首个步骤。

苏联的杯子是半满的还是半空呢？根据现有的证据，我们无法说明哪一个观点更加合理。单方面削减使人想到一种新的苏联政策，但是他们不能对此确认，还有许多需要问询的问题。

第一，我们必须了解，其他的进攻性装备项目会怎么样，例如装甲运兵车。到目前为止，戈尔巴乔夫先生并没有提到。我们需要聚焦于所有的装备，既包括被视为入侵资产的装备，也有苏联统一到联合武器行动概念中的装备。

第二，我们将问到关于后勤支持结构的问题，苏联在欧洲已经建立了这一结构，为的是维持进攻行动。我想到了前线补给仓库、库存的装备与备件、弹药储藏所。我们无法假设，在这些后勤设施被解散之前，苏联的师团已经被解散。

第三，我们需要找到关于苏联施用于西方军事地区计划的更多信息，这些区域非常接近西方，而且被用作加强进攻力量的一个出发点。

似乎从最近苏联的削减行动开始，一些部队削减就是从这些西方军事区域开始的。但是假定这一地区非常重要，我们必须向苏联询问更详细的情况。

第四，苏联人最近宣布，将对苏联的军事生产实行适度削减，但是我们必须记住，削减起源于高层。即使削减得以执行，它本身也不会对当前苏联坦克与大炮的巨大产量产生太多影响。所以，我们如何确定所有将要撤出的进攻性装备，不会在不久将来被现代化版本的装备所代替？而且，我们如何确定这些装备会在晚些时候被引入东欧？

第五，我们将针对所宣布的削减展开评估，此举将取决于将要销毁装备的质量。我们想看到，这些削减是否包括现代化的作战物资，而不是过时的储备。

第六，也是最后一点，我们需要关于苏联“防御性国防”概念的更多信息。苏联领导人到底确切地想到了什么，我们如何验证这些新的“防御性”部队，即它们不想在我们的领土上实现其战略目标？

在西方表达这些思考的同时，对欧洲常规武装力量的谈判也将在维也纳展开，我们的注意力现在完全集中在这些谈判上，而且事实确实如此。正是在维也纳，将会讨论实现欧洲军事稳定的真正条件，我们必须坚持一种达成一致的约束和限制的综合体系，我们对所有国家的利益有充分信心，该体系将适合于所有国家。单方面措施无法成为明天艰难谈判的替代物。

因此，尽管我对了解更多关于苏联实施削减的信息很感兴趣，但我现在最关注的是，了解苏联对我们建议的反应。苏联准备好接受对其坦克、大炮以及装甲运兵车的限制了吗？我们将提出这一点。苏联准备好接受对其驻扎于境外武装力量进行限制了吗？苏联会同意我们实施严格验证的观点吗？简言之，苏联会同意这些实现欧洲持久的常规性稳定状态的最初基本步骤吗？

我们正在经历一个历史变迁时期，它给我们带来了风险与机遇。

在核武器控制上所取得的进展，与化学武器及导弹技术的扩散形成了对比，所面对的背景是发展中国家的人口爆炸、结构性贫困与饥饿。国际不平衡极度危险，第三世界一些国家存在着过度债务，这些正预示着一种全球经济秩序发生变化。民主国家仍然受到恐怖主义、国际毒品交易、持续的军事不对称状况等威胁。

许多动荡地区爆发了政治、种族以及宗教冲突，这表明世界仍不太平。即使苏联的改革进程也不是不可逆的。尽管戈尔巴乔夫先生实际上牢牢处于掌权位置，但是他的问题并没有消除，政治与社会开放性不断增加，经济处于停滞与失败中，两者间的差距不断扩大。

改革进程释放了存在于不同种族之间、不同卫星国家之间的原始力量，苏联很难处置这些力量。我们还无法告知，是否戈尔巴乔夫先生会获得成功，我们只能希望如此，现在还不能确定。没有人能说明在他失败后会采取什么样的政策。

我们不应忽视以下事实：

1．苏联正在继续将其武器现代化；

2．华约仍然在欧洲占有军事优势；

3．即使在缩减了现已宣布的防务开支后，苏联仍将13%以上的国民生产总值用于军备；

4．我们对未来的武器生产比例还不确定，例如坦克。即使就像所宣布的那样，坦克产量减少19.5%，苏联的坦克产量每年仍然有2600辆。

这一情形要求我们不仅要有勇气面对变革，还要坚定并忠诚地坚持在我们政策中已得到证实的原则。“哈默尔概念”并没有过时，我们的“灵活反应战略”不会遭到质疑，只不过因为几十年来它很圆满地满足了北约阻止战争的目标。首先，在这个历史巨变时刻，我们的防御恰好被忽视，并且因此拆除保护我们、免受用武力解决问题的那堵围墙，这将是一个严重的错误。我们不能将我们的安全寄托于单个某人，或者寄托于某些意向，因为这两者可以在一夜之间改变。我们所指望的是对方的潜能，这就是我们必须指导我们加强防御努力的东西。任何一位苏联政治家都必须知道，不管是戈尔巴乔夫的继承者或者对手，不管苏联发生了什么事，在军事上解决莫斯科问题的方案是行不通的，所以，和平的内部改革政策可谓当仁不让。

因此，我们在未来取得成功需要三个条件：

第一，我们必须保持有效的防御。特别是考虑到即将到来的裁军谈判，我们保持了战斗力，使盟军军事力量做好准备，这是至关重要的。任何针对明显软弱一方所实施的单方面削减，都必然会进一步限制我们的谈判空间，使多边裁军变得不可能。

第二，我们必须保持统一。通过大量谈判，在谈判桌上坚定地坚持下去，就可以实现北约的团结，北约的团结在重新开启的东西方关系中已经得到锻造。16个成员国政治态度的合作协调，就是北约的生命线。

第三，如果我们保持了盟国的团结，我们就必须对公平分摊负担持认真态度。我们必须积极予以处置，最终找到正确的解决方案。保持大西洋团结精神，帮助我们解决美国人与欧洲人之间存在的许多经济冲突点，这非常重要，而美欧之间的经济冲突部分源于对1992年的预期。我们不会允许经济竞争对北约在安全政策上的团结协作造成不利影响，因此，我们必须尽己所能，阻止驱使大西洋两岸走向保护主义的任何行动。我们既不要一个“欧洲堡垒”，也不要一个“处于孤立中的美国”。

最后但也同样重要的是，我们需要公众的持续支持，我们从民意调查中知道，北约被我们绝大部分民众视为非常重要的组织。但是支持我们的目标，并不等于支持我们日常防务的负担。这种情形需要强有力的领导，条件是我们将在充满希望而又现实的范围内保持公众的期望。

我所描述的第三类挑战是极其严重的挑战，它们是我们取得成功的难题。如果我们继续保持我们信念，我们就能够战胜这些挑战。在另一方面，戈尔巴乔夫先生面对许多完全不同维度的挑战，因为苏联的问题是国家衰落的问题，也是政策误导的问题。这些问题无法仅仅通过经济改革来解决，只能通过政治体制的转变来解决。我们希望戈尔巴乔夫先生很好地完成这一困难任务。但是，我们的政策不能建立在假设的基础上，因为我们寄予最好的希望，就自然会有最好的结果。目前还不是降低我们防卫的时刻。

随着东方阵营最终发生变化，北约面临的问题要比我们过去所知道的更复杂，与此同时，成功的可能性也比我们所期盼的程度更大。北约是一个基本的工具，通过它可以在欧洲建立一种更加人道、公正、安全的和平秩序。

我们今天所面对的机遇，是西方政治家具有智慧和眼光的证据，他们40年前聚首华盛顿，他们并不知道我们要用多长的时间才能完成自己的任务。我在目前也无法做出预测，但是他们至少为我们安排好一条道路，历史已经证明，这是一条正确的道路，让我们满怀信心和活力走上这条道路。

当我展望未来时，我感到非常乐观。我们的社会将变得更加灵活和富有创造性，我们的经济结构会更加成功，我们的社会体系就会更加公正，我们的思维也会更适应人类的关注。

<<

二十八、北约秘书长曼弗雷德·维尔纳在北约40周年纪念的讲话

（1989年4月4日）

到今天，我们的大西洋联盟已经40岁，我们不仅要称颂某个机构，更要赞美某种想象力，即对和平自由的想象。这就是北约已给予我们的东西：从罗马帝国统治时期开始，欧洲享有了最为长久的全面和平。我们的公民所经历的这些岁月，不仅是安全的岁月，也是繁荣和社会进步的岁月。由于得到北约这一史上最成功联盟的保护，他们无需以恐惧面对未来，而是对未来充满信心。

今天，我们对和平非常自信，对我们来说，似乎很难想象它曾经在其他方面也一直如此。但是，如果我们回顾1949年签订《北大西洋公约》那一刻，我们就能估量出所取得的成就有多大、有多快。那时，欧洲大陆成为一片废墟，经济恢复极其缓慢，人们的情绪普遍疲惫与沮丧。民主政治努力从战争以及被占领的创伤中恢复过来，这一领域对所有形式的政治极端主义都敞开大门，未来看起来黯淡无光。苏联军事力量给整个欧洲大陆投下了阴影，即使是最乐观的观察家都无法保证，西欧在这种条件下不会变成苏联扩张与威胁的受害者，就像东欧的受害者一样。

相比战后西方合作的其他事例更重要，北约对西欧的道德与经济复兴承担起责任。在10年中，这种明显绝望的形势被改变了。美国在第二

次世界大战中崛起，成为一个超级大国，而在这一时段以前，美国却以孤立主义闻名于世，美国担负起其使命，保卫我们的共同自由。泛大西洋主义由此诞生，在其庇护下，前欧洲的敌对方在政治与经济合作中开始了大胆的实验，民主政治得到了复兴，联邦德国建立了一个框架，以此将自身留在西方阵营中。外来意识形态的威胁已经在边境内外地区消退，“马歇尔援助”获得一个在政治上非常稳定的环境，其中，这一援助得到了充分利用。当我们的公民们再一次开始为其未来投资时，悲观主义遂变成乐观主义。

如果没有北约，所有这些事情没有一件会发生，更不用说全部了。北约从创建开始就不只是一个安全条约，它表达了一种共同目标以及政治想象，它是价值观与使命的共同体。在其跨大西洋的秩序架构中，西方能够实施其两项历史使命，第一，确保我们自由民主国家的凝聚力与团结一致；第二，假定在国与国之间的相互作用中出现安全与和平变化，北约将在一个更宽广的世界中，作为一支稳定力量在境外发挥作用。

北约不会为军事力量所主导，也不会为救世主式的意识形态所主导，而是由其思想的吸引力与榜样的力量所主导。我们知道，我们的安全最终依赖于自由、繁荣与社会公正，反过来，这又取决于维持北约的团结。我们组成了世界仅见的最大、最繁荣的共同体。在科学与环境领域展开合作的第三维度，有助于我们为未来的繁荣奠定基础。第三维度不仅推动了科学前沿向外拓展，它也确保了所有盟国能够分享新的科学知识与方法。我们承认，只有自由和民主能够释放创造性能量，这是人类所固有的，也是所有社会进步的火车头。作为贸易国，我们需要彼此展开竞争与合作，由此产生的活力成为社会进步的工具，但是其创新能力必须得到恰当控制。北约的组织精神确保了这种动力不会破坏我们所有国家所依赖的体制，而只会加强这一体制。作为其结果，大西洋已经变成一个重要而且统一的空间，发达国家可以跨越大西洋明确表达其共同利益与价值观。

但是，如果我们的活力来自内部，我们就必须保护其远离外来威胁，远离来自其他体制对我们安全的挑战；这些体制会发现，我们的自由与民主生活方式以及生活标准，而不会是我们的坦克，对他们自身的生存构成威胁。40多年来，我们一直面对来自苏联的这种挑战，虽然北约纯粹是防御性的。进言之，我们的军事力量没有也将不会超过确保威慑和保证主权所需的最低要求。

然而，北约所做的事情，远远超过遏制苏联军事威胁的程度，我们已经成功地将可能激变的形势转变为世所仅见、最万无一失的安全系统，而这一激变形势的基础就是意识形态敌对、常规军事力量明显不平衡。我们的战略证明，我们将集体下决心抵抗侵略。我们寻求尽可能公平地分担风险，分享威慑所带来的好处。北约没有一个成员国会拒绝被给予最强大的保护。首先，我们已经将最终的作战武器转变为最终维护和平的手段。核威慑不仅仅包含了核战争的风险，它也包含了所有战争的危险。出于这一原因，这也是我们安全的根基所在。

在东西方关系中，我们的安全防御一直是非常关键的稳定力量，它能使我们化解所有这些紧张关系；在较早时期，这些紧张关系有可能很轻易地引发战争。防御并不是缓和的刹车阀，它是所有富有成效的东西方关系获得发展的先决条件。

……

即使我们成功地将东西方对抗转化为和平竞赛，苏联仍将是一支庞大的力量，拥有一支强大的军事力量，在欧洲担当着重要角色，所以我们需要北约成为一种框架，能够组织并且维系我们集体安全所深深依赖的跨大西洋承诺。

我还见证了北约的另外一种功能，在未来、在今天以及在过去都一样重要，那就是充当平衡和调解欧美不同利益的论坛，无论是在政治或经济领域。特别是，我们需要大西洋联盟保护西欧认同的存在，我们也需要大西洋联盟充当一个平台，使欧洲与美国在此后十年的全球环境中，重新确定各自的职责与负担。

因此，如果没有北约，世界既不会有稳定，也不会有和平变化，北约仍然是人类针对自由与和平的未来支柱与灯塔。

今天，未来看上去比过去更具希望，机会目前比风险更具价值，我们获得了这些机会，因为我们想要它们，而且我们不惮于利用它们。但是，即使历史的东风正朝着有利于我们的方向吹，我们也并非可以自动获得进展，必然会有挫折和失望。只要我们期待着创造未来，让我们记住过去使我们受益良多的5个教训。

我们必须使我们的政策适应新任务。我们防御与缓和的政治战略以及军事战略仍然有效，但是我们实施这些战略的方法，将不时地需要重新调整。我们将为建立一个更加强大的西欧而开展工作，因为在北约防御中，在我们共同的西方所承担的全球责任中，欧洲可以充分发挥其作用。针对我们如何最好地运用我们宝贵的资源，公平分饰我们各自的角色，分摊负担，我们已经重新予以看待。但是我们不能夸大这些挑战，它们并不比我们过去所成功应对的挑战大多少，事实上，它们是北约获得成功所产生的后果。

我们保持着我们的政治团结与凝聚力，只要我们联合起来，世界上就没有比北约更强大的力量。只要团结一致，我们就能掌握自己的命运；一旦分裂，我们就会变成由他国主导的历史发展的受害者。

我们必须保持一种可信的威慑，对于可预见的未来，威慑既需要核力量，也需要常规力量。我们不仅需要出于纯粹防御所需的最少数量武器，也需要到目前为止保持这一最少数量武器。

我们必须继续获得公众的积极支持，就像所有的民主机构一样，北约最终会为他们造福。我们的公众绝对希望北约能够继续存在，这一点毫无疑问。但是在民主国家议会中的所有投票者，在勉强提供必要方法的同时，都太过频繁地支持两种极端的政策。我们的任务就是要说服他们，在现实生活中，他们被要求只付出最小代价，就能获得全人类最大的利益，即和平自由。

我们保持着原则上的、观念上的领导权，对我们来说，无法与华约的单方面削减相对等，华约几十年来一直享受着过分武装的成就。但是我们在裁军谈判中提供了观念上的领导权，目标是实现更大程度的军事安全，特别是建立更加平等的对等上限，以及保持比我们今天所拥有的更低水平的武装力量。我们是在人权进步背后的推动力量，我们拥有一种颇有根据的眼光，支持在欧洲建立公正与和平，我们有许多想法可以实现这一愿望。

我们的安全似乎非常自然，以至于我们有时无法认识到，在我们16个成员国当中，有多少男女参与了对安全的支持行动；不管是保持永久警戒的士兵、飞行员以及水手，或者是平民，他们都相信，北约可以高效地发挥作用：即过去与现在都存在着一个人民的北约大家庭，这些人民无私地将自己献身于我们的事业。他们是和平自由的缔造者，他们所有人都应得到我们的感谢与感激。就像比利时政府和人民所做的那样，他们为我们的北约机构提供了这样一个受人欢迎的家，到目前已经超过20多年。

我们所有人都与当前这一伟大的愿景联系在一起，我们在未来实现这一愿景的过程中都应尽到必要的职责。40年前，北约的创立者们表示，在勇气和信念的驱动下，可以将愿景变成现实。现在，在非常有利的历史环境中，让我们坚持同样的愿景与目标；正是我们非常荣幸地承担起这一任务，抓住这一机会，才得以在欧洲建立公正、持久的和平，永远远离教条的束缚，远离枪炮的阴影。

<<

二十九、北大西洋理事会成员国与政府首脑布鲁塞尔宣言

（1989年5月29日）

北约成功的40年

1．在北约庆祝其成立40周年纪念之际，我们很骄傲地对其成就展开评估，北约成立于艰难的时代，目的是保卫我们的安全，它经历了40多年的考验，并且使许多国家在其历史上、在具有最持久的和平与繁荣的一个时期享有自由。北约一直是一个稳定与合作的基本要素，这些都是伙伴关系发展的结果，其基础是持久的共同价值观、利益以及共同目标。

2．在遭遇前所未有的变化与机遇之际，我们召开会议，这是一个向前看的时刻，目的是为北约的进程制定章程，为未来设定我们的议程。

变化的时刻

3．在我们这个迅速变化的世界中，思想更易于跨越国界，民主与自由所具有的力量与成就变得越来越明显，压迫性体系存在固有的不稳定性，需要满足其公民的愿望，这种内在的不稳定性同样非常明显。

4．苏联正在发生重要变化，我们欢迎苏联当前的改革，这些改革导致了更大程度的公开性，对人权的尊重不断改进，个人积极参与，在

外交政策上表现出新态度。许多变化已经完成，我们仍然期待着全面推进在经济资源分配中占优势的、已公布的变革，即从军事领域转向民用领域。如果持续下去，这些改革将会深化某种前景，即从根本上改善东西方关系。

5．我们也欢迎东欧多个国家所取得的标志性进步，即建立更民主的机构，实施更自由的选举、更大程度的政治多元化以及经济选择。无论如何，我们强烈谴责一个事实，那就是某些东欧国家政府选择忽视这种改革潮流，继续频繁地侵犯人权与基本自由。

规划未来

6．我们关于建立一个公正、人道、民主世界的愿景，一直支撑着北约的政策。现在所发生的变化，使我们距这一愿景更近。

7．我们想要战胜欧洲令人痛苦的分裂，我们从未接受这一分裂状况，我们想要超越战后时代。在今天不断增长的合作动力以及应对明天共同挑战的基础上，我们将作为盟国展开工作，抓住所有机会实现这一目标，但是最终的胜利不能单单依赖我们。

在追求这一目标的进程中，在两种互补和互相强化的方法中，我们的指导原则将会成为“哈默尔报告”的政策：即足够的军事力量与政治稳定，在此基础上寻求建设性对话与合作，包括武器控制在内，将其作为在欧洲实现公正、持久和平秩序的一种方法。

8．北约的长期目标是：

（1）确保能够在欧洲和北美阻止任何形式的战争与威胁，确保军事入侵不会成为一种选项，即任何一个政府都不会富有理性地考虑，或者希望成功致力于此；通过如此行事，确保能为这样一个世界奠定基础，即军事力量的存在，主要是保持其国家独立与领土完整。对盟国来说，情况一直如此。

（2）就东西双方国家之间的关系建立一种新模型，其中，意识形态与军事对抗将会让位于合作、信任、和平竞赛；人权与政治自由将会得到全面保证，并且会为所有人分享。

9．我们作为国家与政府的首脑，要承担更大的责任，我们也承诺：

将为建立一个以法治为基础的国际共同体而奋斗，其中，所有国家都可以参与，减缓世界紧张局势，和平解决争端，就一些共同关注的问题寻求解决方案，包括贫困、社会不公正以及我们共同命运所系的环境。

保持我们的防御

10．和平必须要营造，它从来不会理所当然地出现。全面改善东西方关系，为我们提供了建立一种稳定与持久和平的希望，但是经验告诉我们，我们必须做好准备。我们既不能忽略华约组织成员国发动军事进攻的能力，也不能忽略严重的政治紧张局势以及危机所产生的潜在危险。

11．对于保持盟国安全，以及我们支持政治变革的政策而言，一个强大、统一的北约仍然是非常重要的。对于进一步就武器控制展开成功谈判，以及通过提高透明度和可预见性来加强互信措施展开谈判，这堪称是基础。军事安全与政策的目标，旨在减少紧张局势，解决潜藏在下面的政治分歧，这是不矛盾的，而是互补的。因此，对所有成员国来说，安全不可分割这一原则的基础是可靠防御，可靠的防御对于我们的共同努力来说仍非常重要。

12．在可预见的未来，阻止战争的北约战略并没有什么选择。这一威慑战略的基础在于，适当搭配足够而且有效的核力量与常规力量，在必要时继续保持最新的态势。我们将确保这些武装力量的可行性与可信性，在符合我们安全要求的同时，保持最低水平的武装力量。

13．驻守欧洲的北美常规力量与核力量，对于欧洲安全至关重要，就像欧洲安全对北美安全至关重要一样。要保持这种关系，就需要盟国履行其必要的承诺，支持共同防御，我们每个国家都要相应地公平分担大西洋伙伴关系的风险、角色与责任。不断增进的欧洲政治统一，能够使我们的共同安全努力以及效能，催生一个强化版的欧洲组合。最有效地使用对我们安全可用的资源，对于这些努力获得成功可谓至关重要。为了这一目的，我们将寻求最大限度扩展我们防御计划的有效性，在影响我们安全的经济与贸易政策领域寻求解决问题的方案。我们也将通过对重要战略物资实施有效出口控制，继续保护我们的技术能力。

对武器控制的倡议

14．武器控制一直是北约安全政策的一个组成部分，也是其针对东西方关系整体方法的一部分，这一方法被牢牢嵌入更宽泛的政治内容，我们可以在其中谋求提高这些关系。

15．在保卫所有国家合法安全利益的同时，发展武器控制的概念基础，确定谈判对象在达成相互满意结果中能够分享利益的领域，盟国在这一过程中始终发挥着领导作用。

16．最近几年取得了历史性进步，我们现在看到，还有望进一步取得实质性进步。我们决心付诸努力，防止军事因素在东西方关系中占据过重分量，并且越来越多地以合作代替冲突。我们现在可以全面利用武器控制的潜力，将其作为变革的动力。

17．我们鼓励华约成员国和我们一起加速努力，通过削减常规武装力量，签署和实施一项可以加强欧洲安全与稳定的协议。为了抓住这一独一无二的机会，我们打算提出一项建议，放大并扩展我们在3月9日召开“常规武装力量条约谈判”（CFE）中所处的位置。我们将

（1）就两大联盟成员国在欧洲所拥有的坦克、装甲运兵车以及火炮达成协议，其基础是“维也纳会议”已经提出的对等上限，所有撤出的装备都将被摧毁。对坦克、装甲运兵车设置对等上限，其基础是“维也纳会议”所列举的各项建议，针对火炮存在的明确问题尚有待解决。

（2）扩展我们当前提出的建议，包括每一方削弱对等上限15%的水平，低于北约当前所拥有的直升机，也低于北约拥有的位于大西洋—乌拉尔山地区的所有陆基战斗机；所有撤出的装备都会被销毁。

（3）建议将美国驻守在欧洲的部队削减20%的战斗人员，由此产生的上限是，美国和苏联在其领土以外、驻守大西洋—乌拉尔山地区的地面人员与空军人员，大约为275000人。这一上限要求苏联将其驻守东欧的武装力量减少到325000人，美国与苏联所撤出的部队将会被遣散。

（4）谋求用6个月到1年时间达成这样一项协议，并且在1992年或者1993年完成削减行动。因此，就常规武器控制，我们指示北约“高级别工作组”，对这一建议实施进一步细化，包括其验证措施，这样，在《欧洲常规武装力量条约》第三轮谈判开启后，该建议有可能被列入会议议程。这一谈判将于1989年9月7日举行。

18．我们把布什总统关于建立“开放天空”体制的呼吁视为一项重要倡议，该体制旨在通过侦察飞行，提高参与国之间的互信；同时，为提高军事行动的透明性做出贡献，为武器控制以及提高公众意识做出贡献，它将成为认真研究与广泛协商的一个主题。

19．与我们在这次会议中所采纳的“武器控制与裁军综合概念”的原则和目标相一致，我们将继续把武器控制作为在最低水平武装力量上加强安全与稳定的一种手段，作为通过进一步适当措施加强互信的一种手段。我们已经显示了对这些目标的承诺，采取的方式是，既通过谈判，又通过单方面行动，其结果是从1979年起，削减了分配给北约欧洲盟军最高司令所掌握的三分之一以上核力量。

迈向强化的伙伴关系

20．在北约年逾50年之际，我们遇到的挑战是，寻找一种符合20世纪90年代新政治与经济现实的方式，塑造我们的关系。当我们这样做的时候，我们承认，我们安全与繁荣的基础，我们希望建立更好的东西方关系的基础，目前是而且未来仍将继续是欧洲国家与北美国家紧密地团结在一起，为了共同价值观、民主机构以及共同的安全利益而捆绑在一起。

21．我们的关系是一种生动的、发展的伙伴关系，源于我们跨大西洋连接的力量与稳定，为我们提出长久祈愿奠定了坚实基础，亦为我们不远将来的目标奠定了坚实基础。我们承认，我们的共同任务既超出了单个欧洲的资源，也超出单个北美的资源。

22．就此而言，我们对不断增强和紧紧结合在一起的欧洲认同表示欢迎，包括在安全领域。我们今天所目睹的这一进程，提供了一个渐进统一的例证，将几个世纪之久的冲突远远甩在后面，它为建立一个更成熟、更均衡的大西洋伙伴关系铺平了道路，它构成了欧洲未来结构的一种基础。

23．确保我们所一直付出的努力能够持续取得成功：

（1）加强我们政治协商的进程，在适当情况下，加强协作的进程，指导在会议期间的北大西洋理事会考虑其进一步提升的方法；

（2）扩展我们努力的范围和强度，确保针对影响我们共同安全的那些问题有各自解决方法，它们是互补而且互相支持的；

（3）继续支持那些在经济上处于不利地位的伙伴国家，重申我们提高当前合作与援助水准的目标；

（4）继续在适当的论坛上展开工作，寻求更多的商业、货币和技术合作，并且确保不会有任何东西会阻碍这种合作。

战胜欧洲分裂

24．当前，非比任何时候，我们战胜欧洲分裂的努力，必须要满足其根本性的政治原因。因此，我们所有国家将继续追求一种能够包含东西方议程多个方面的综合方法。与我们的价值观相符合，我们主要强调东欧人民的基本自由，对于加强所有国家稳定与安全、保证欧洲大陆持久和平而言，这些也是关键要素。

25．“欧安会”进程包含了我们的愿景，即在所有参与国中建立一个和平、更富有建设性的伙伴关系，我们打算在所有层面进一步发展这一愿景，并且对其加以充分利用。我们承认，一些东欧国家在履行“欧安会”承诺的过程中取得进步，但是我们呼吁，所有东欧国家都能承认“欧安会”所有参与国所接受的承诺，并且全面实施这些承诺。我们将行使“欧安会”机制，就像在最近《维也纳最终文件》中所采纳的；我们还将行使其他国际协定的各项条款，以此带动所有的东欧国家：

（1）将国际盟约以及“欧安会”文件中所认可的人权和自由，铭记在法律和惯例中，以此促进法治的发展；

（2）拆掉那堵有形的、在政治上将我们相分离的“柏林墙”，使越境变得简单化，增加越境点数量，使人口、信息与思想可以自由交流；

（3）确保人民在越过疆界与边境时不会遇到武装军队的阻拦，这些边界为我们与东欧国家所共有；让人民行使其离开所在国的权利，包括离开他们自己的国家；

（4）在法律和惯例上尊重每一个国家所有人民的权利，自由而且定期决定他们所希望拥有的政府；

（5）乐见东欧各国人民通过选举产生其政府，由民选政府决定他们希望与其他国家发展何种形式的关系；

（6）赋予其真正的经济自由，这些自由和个人权利天然地联系在一起；

（7）特别是在军事事务上，发展透明度，谋求更大程度的相互理解，再度恢复信心。

26．柏林及其周边地区的形势是东西方关系的基本要素，北约就建设一个自由、繁荣的柏林发出承诺，还特别通过“盟国柏林倡议”，为这座城市取得进步而做出承诺。将柏林分隔开的“柏林墙”，是一个让人无法接受的欧洲分裂象征。我们要在欧洲谋求一种和平状态，其中，德国人民可以通过自由的民族自决而重新获得统一。

我们为和平做出设计

27．就我们而言，我们今天重申，北约必须而且将要重新强化其自身的努力，战胜欧洲分裂，探寻所有可用于合作与对话的途径。我们支持开放东欧各国社会，鼓励其将目标设定为，谋求积极政治、经济与人权进步的改革。迈向真正政治与经济改革的具体步骤，在于提高实施广泛合作的可能性，持续否定基本的自由，不能实现这一目标，只会产生消极影响。我们所采取的方法表明，每个国家都是独一无二的，必须根据自己的情况予以对待。我们也承认，对于通过从内部实施改革来解决问题的东方阵营国家来说，这是其义不容辞的责任。但是在北约框架内，我们能扮演一个建设性角色，而且在适当情况下，在我们各自的双边关系内以及在国际组织当中，我们也能扮演一个富有建设性的角色。

28．为了这个目标，我们同意下列关于未来的联合议题：

（1）只要有合适的机会，我们将扩展我们接触与合作的范围，以涵盖众多对于东西双方都非常重要的问题，我们的目标是持续付诸努力，以适合多个特殊任务，这些任务可以深化东欧国家内部的开放性、推进其民主，并且为欧洲建立一种更加稳定的和平做出贡献；

（2）除了在政府领域外，我们将特别在东西方内部个人之间扩展接触，这些接触应该包括我们社会的所有阶层，尤其是年轻人，他们肩负着继续我们共同努力的责任；

（3）我们将在良好的商业关系、相互利益与互惠的基础上，寻求扩展与东欧国家的经贸关系。这种关系应该成为真正经济改革的奖励措施，而且将为不断走向统一的东欧国家进入国际贸易体系铺平道路；

（4）我们打算通过不断增强的合作来展示一个事实，即民主的机构与经济选择，将会为经济与社会进步提供可能最好的条件。“开放天空机制”的发展，将会促进合作，并且因此使其更容易获得好处；

（5）我们开展合作的一个重要任务就是，以一种能够响应和促进积极变化的方式，将西方经验和专门技能扩展到东欧国家。在技术与管理领域进行交流，设立合作训练项目，扩展教育、科技与文化的交流，所有这些提供了许多目前还不够充分的可能性；

（6）同样重要的是，要将东欧国家的努力更完整地整合在一起，应对来自现代世界的社会、环境与技术挑战，其中，应以共同利益为准。与我们对全球变化的关注相一致，我们将寻求使东欧国家在一些领域参加合作战略，例如环境、恐怖主义和毒品。东欧国家愿意积极参与应对这种挑战，这也会有助于在其他领域展开进一步合作；

（7）只有当我们各自社会彼此了解不断增多，并且可以展开有效交流，东西方之间的相互理解才会获得扩展。为了鼓励不断增加我们国家的大学展开苏联与东欧研究，也为了鼓励东欧国家的相关研究，我们准备设立一种学者交流项目，推动我们民主机构的研究，项目候选人将得到东欧国家的邀请，也会得到西欧和北美的邀请。

全球变化

29．对于协商，以及适当情况下我们的协商而言，影响我们安全利益的世界各地发展堪称是合法事项，我们的安全将会在一个只比免除战争、实施保护更宽泛的范围来看待。

30．区域性冲突仍然是主要的关注对象，北约成员国共同协调的方法，近来帮助解决了世界上一些最危险、最持久的争端，我们希望，苏联会采取一些积极和务实的步骤，越来越多地与我们一起工作，寻求在外交上解决那些连续困扰国际共同体的冲突。

31．我们仍然寻求抑制最近出现的安全威胁和破坏性结果，这些威胁与破坏性结果都源自现代军事技术毫无节制地扩散与运用。

32．本着《北大西洋公约》第二条款的精神，我们需要不断处置那些对我们安全有影响的世界性问题，特别是环境恶化、资源冲突以及悬殊的经济差距。我们将在一个适当的多边平台上，在与其他国家可能最宽泛的合作中，来处置这些问题。

33．我们各自将与那些工业民主国家进一步展开密切合作，这些国家的目标与政策与我们的目标很相似。

34．在已经恢复生气的联合国内部，我们将加倍努力，加强联合国在处置危机与维护和平中的作用，加强联合国的作用，为世界和平做出更大努力。

我们的“真实感”

35．我们相信在科学与技术上极其需要国际合作，我们也相信国际合作对全球安全具有有益的影响，因此几十年来我们一直保留着北约的科学合作项目。由于认识到保护环境的重要性，在“迎接现代社会挑战委员会”的领导下，我们也在环境问题上展开合作，这些活动展示了我们广泛的共同追求，我们打算在这些领域提出新的倡议，给我们的项目施加更多影响。

北约的未来

36．作为16个自由、民主国家的领导人，我们决定投身于北约的目标，并且致力于为继续履行责任而互相合作。

37．在这个针对国际事务史无前例的承诺中，我们做出的回应是，希望北约提出这一承诺，北约将继续充当我们安全、和平与自由的奠基石。为了在此基础上获得安全，我们将向那些愿意加入我们队伍的国家伸出援手，共同打造一个更加稳定、和平的国际环境，以服务于我们的社会。

<<

三十、北约关于武器控制与裁军的综合概念

（1989年5月29日）

在1987年6月的雷克雅未克会议上，部长们宣称，北约面临的武器控制问题，提出了许多复杂而又相互关联的议题，这些议题需要一起评估，同时要考虑到武器控制谈判所取得的全面进展，还有北约安全的要求以及北约威慑战略。因此，他们指示正在会议期间的北大西洋理事会，与合适的军事机构一起努力，“考虑进一步发展武器控制和裁军的综合概念”。北大西洋理事会为了回应这一指令而准备了附加报告，在1989年5月29—30日北大西洋理事会在布鲁塞尔会议上，该报告被各国及政府首脑所采纳。

Ⅰ. 介绍

1. 北约的首要目标是维持和平自由，阻止战争，在欧洲建立一个公正、持久的和平秩序。为达到这一目标，盟国在1967年“哈默尔报告”中确立了该政策，它现在仍然有效。根据这一报告，如果出现侵略，北大西洋联盟“第一项职能就是保持足够的军事力量，在政治上保持团结，反抗侵略和其他形式的压力；在侵略发生时，保卫成员国的疆域”。在此基础上，北约得以执行“第二项职能，即追求取得进展，以

建立一种更加稳定的关系，其中，许多基本政治问题可以得到解决。”正如报告所指出的，军事安全以及旨在减少紧张关系的政策，是“不矛盾的，而是互补性的”。与这些原则相一致，各盟国国家与政府首脑一致同意，将武器控制当作北约安全政策的一个组成部分。

2．在最近几年，东西方对话取得丰富成果的可能性已经大大提高，现在出现了更加有利的条件，在实现北约目标的方向上取得进展。盟国决心抓住这个机遇。他们将继续解决政治紧张局面所出现的症状与原因，在某种意义上就是尊重所有相关国家的合法安全利益。

3．实现盟国所追求的持久和平秩序，需要弥合欧洲非正常分裂，特别是弥合德国的分裂，而且，正如《赫尔辛基最后议定书》所阐明的，所有国家的主权与领土完整，以及人民自觉的权利，都应得到尊重；所有个人的权利，包括政治选择的权利，都应得到保护。因此，北约成员国高度重视“欧安会”进程进一步取得成就，将其作为推进欧洲和平演进的一个框架。

4．通过增加人民间的沟通，通过寻求确保基本权利和自由，在法律和实践上得到保护，通过广泛述诸努力进一步推进政治交流与互惠合作，通过在军事领域加强安全与开放性，“欧安会”进程提供了一种方法，鼓励建立一种稳定的、富有建设性的东西方关系。盟国将继续要求全面实施《赫尔辛基最后议定书》、《马德里总结文件》、《斯德哥尔摩文件》以及《维也纳会议最终文件》的所有原则与条款。最后的文件标志着“欧安会”进程取得重大进展，而且它会进一步刺激欧洲有益的交流。

5．北约武器控制政策的基本目标是，与威慑战略的要求相一致，在最低水平保持武装力量与军备平衡的基础上，加强安全与稳定。盟国致力于持续取得进展，实现其所有的武器控制目标。“综合概念”的进一步发展，旨在为此提供帮助，采取的方式是确保涵盖防御政策与武器控制政策在内的综合方法，这些政策不仅互补而且相互作用。这项工作也要求全面考虑武器控制目标与防御要求之间的相互关系，同时考虑那些不同的武器控制措施，如何以个别方式或者彼此协同方式来加强北约的安全。北约的指导性原则与基本目标仍然有效，它们迄今仍然驾驭着北约的武器控制政策。当然，在实现这些目标中所取得的进展，受到了许多因素的影响：这些因素包括东西方关系的整体状态、盟国的军事要求、现存与未来武器控制谈判进展、“欧安会”进程的进展。武器控制与裁军的综合概念进一步发展与运用，就是在这种背景下发生的。

II．东西方关系与武器控制

6．北约继续寻求在欧洲建立一种公正和稳定的和平秩序，其中，所有国家都能在最低而且必要的武装力量与军备水平上享有不受损失的安全状态，所有单个国家都会行使其基本的权利与自由。单纯的武器控制不能解决东西方之间长期存在的政治分歧，也不能保证稳定的和平。然而，实现北约的目标，将会在武器控制方面取得实质性进展，并且在政治关系上带来更为根本性的变化。除去加强军事安全，在武器控制上所取得的成功，将会激励东西方政治对话取得进展，因此也会有益于实现更广泛的北约目标。

7．为了增强欧洲的安全与稳定，北约始终如一地追求每一个机会，以实现有效的武器控制，盟国致力于这一政策，不受东西方关系大环境中可能发生变化的影响。然而，成功实现武器控制，不仅持续依赖我们自身的努力，而且还依赖于东方阵营，特别是苏联，为针对互惠结果而展开富有建设性工作所做的准备。

8．刚刚逝去的历史见证了武器控制领域所取得的前所未有的成就。1986年，斯德哥尔摩“欧洲裁军会议”达成协议，就“构建信任与安全措施”创立了一个创新体系，旨在推进军事透明度与可预见性。迄今为止，这些措施已经得到令人满意地实施。1987年订立的《美苏两国消除中程和中短程导弹条约》（INFT），则标志着出现另外一个重大步骤，因为它销毁了整整一个类别的武器，因为它建立了不对称削减原则，同时也提出非常严格的核查制度，其他的成就还包括，在美国和苏联建立“降低核风险中心”、美国和苏联都同意就弹道导弹发射提前发出通告，以及开展与美苏就核试验持续谈判有关的“联合验证试验”。

9．除去已经取得的协议外，“战略武器削减谈判”已经达成了重大进展，这些谈判旨在大大削减战略核武库，消除破坏稳定的进攻性力量。就禁止化学武器而召开的“巴黎会议”，重申了1925年《日内瓦公约》的权威性，为日内瓦谈判注入了强有力的政治动力，谋求针对化学武器达成一项全球性的、全面的、可有效验证的禁令。在“欧安会”进程框架下展开新的而且独特的谈判，目前已在维也纳启动：一项谈判是北约23个成员国与华约组织（WTO）就欧洲常规武装力量而展开；另一项谈判则是《赫尔辛基最后议定书》的35个签约国针对“构建信心与安全措施”而展开。

10．其他那些对西方非常重要的问题也取得了重大进展。苏联军队撤离了阿富汗，尽管不是全部，但在解决苏联所牵涉的某些现存区域冲突中取得了进展。尽管仍然存在着严重不足，但对苏联以及其他一些华约成员国人权状况的观察还是大大提高。最近在维也纳召开“欧安会”续会，成功地为参与国制订了新的、更高的行动标准，并且促进了“欧安会”进程取得进一步进展。东西方对话的新强度，特别是在高层的对话，开启了新的机遇，并且对盟国解决剩余重大问题的承诺予以检验。

11．北约并未宣称为东西方关系出现有利进展独自承担责任，在最近几年，东方阵营变得更加负责，更具灵活性。然而，北约所做的贡献显然一直很重要。上文已经提及的，迄今为止大多数成就的灵感都来自北约或者其成员国。盟国的政治团结、对防御的承诺、在谈判中的耐心和创造力，都有助于北约战胜最初的障碍，并使其努力得以实现。正是北约为东西方关系的进步绘制了基本蓝图，并且将其向前推进，使之得以实现。尤其是，坚持稳定概念、保持合理范围内足够的力量、实施不对等削减、关注最具进攻性的武器、实施严格核查、追求透明性、确定从大西洋到乌拉尔山脉的单个区域、“欧安会”进程的均衡与综合本性，这些都受到西方灵感启发。

12．就东西方关系实现持久的、质的提升而言，当前的境况要比以前更为明朗。在苏联及其一些盟国的对内与对外政策中，持续出现了明显的变化迹象。苏联领导人声称，意识形态竞争不应该参入国家间关系。苏联认识到，它在国际与国内问题中采用的旧方法存在着严重缺陷，这一认识为一些重大问题取得进展创造了机遇。

13．与此同时，人们仍然感到担忧。苏联雄心勃勃的改革计划将用几年时间完成，盟国欢迎这一改革。考虑到苏联遇到的问题及其产生的阻力，苏联改革要取得成功并非理所当然。在东欧，在富有建设性的改革中取得成就仍然道路崎岖，这些改革的范围仍然有待确定。基本的人权仍需要紧紧固定在法律和惯例上，尽管华约一些成员国正在取得某些改进。尽管华约最近已经宣布，并且开始对其某些武装力量实施单方面削减，但苏联仍在继续部署军事力量，并且保持了军工生产的增长态势，远远超出合理的防御要求。进言之，相比在地理上分开的北大西洋联盟的民主国家，地缘战略现实对于在地理上接近苏联所控制的华约组织非常有利。削弱北约的欧洲成员国与北美成员国之间的联系，这一直是苏联的一个长久目标。

14．在不远的将来，我们所面对的形势充满了希望但仍不确定。盟国与东方阵营都面临着挑战与机遇，利用当前的形势，以增强相互安全。最近在东西方关系中取得的进展，为武器控制进程提供了新的动力，强化了实现北约武器控制目标的可能性，此举补充了北约安全政策的其他要素。

Ⅲ．北约的安全原则

15．北约安全政策的目标是以政治手段保持自由和平，保持足够的军事力量，阻止战争并提供有效的防御。北约在欧洲维护和平长达40年，这一事实见证了该政策的成功。

16．在东方阵营国家与西方国家之间，不断提高政治关系，一步步发展合作架构，这是北约政策的重要组成部分。他们能够加强相互信任，减少误解的风险，确保针对危机处置的可靠安排非常到位，这样就可以化解紧张局面，使欧洲形势更加开放，更具有可预见性，并且鼓励在所有领域展开更广泛的合作。

17．在强调这些事实对形成北约政策具有重要意义的过程中，就像“哈默尔报告”所宣称的那样，盟国重申，谋求与东方阵营国家展开建设性对话与合作，包括武器控制与裁军，其基础就是保持政治团结以及足够的军事力量。

18．保持北约成员国团结，是其安全政策的一项基本原则，这反映了其安全的不可分割特性，表达了每一个国家的意愿，即对共同努力所具有的风险、负担、责任以及利益予以公平分享。尤其是，美国常规武装力量与核力量以及加拿大常规武装力量在欧洲驻守，这表明北美和欧洲的安全利益不可分割地联系在一起。

19．从西方民主国家建立北约开始，就一直以防御为目的，这一情况现在仍然如此。我们的武器永远不会被使用，除非用于自卫。北约并没有寻求军事优势地位，而且也永远不会这样做。北约的目标始终是阻止战争以及任何形式的胁迫和恐吓。

20．与北约的防御特性相一致，其战略就是一种威慑，北约的目标是使潜在的侵略者相信，在其实施侵略行动之前，它会遇到抵抗的风险，这种风险远远超过其收益，不管这种收益有多大，它都会希望保护自己免于侵略。这一战略的目标就是确定实施北约战略所需要的手段。

21．为了满足其战略，北约必须能够对任何侵略行动做出适当反应，而且必须能够满足保卫其成员国领土的承诺。对于可预见的未来，威慑需要适当混搭足够而且有效的核力量与常规武装力量，这一混搭力量将在必要时继续保持下去；因为恰恰只有通过它们具有明显而且可让人感觉得到的能力，可以有效使用这种力量和武器实施威慑。

22．常规武装力量对威慑做出了重大贡献，消除东西双方在欧洲常规武装力量上的不对称，将成为一个突破性进展，为稳定和安全带来了非常显著的好处。然而，只有常规性防御还不能确保威慑，只有核力量可以用一种让人无法接受的风险来对抗侵略者，并且在当前我们阻止战争的战略中发挥不可或缺的作用。

23．核力量的基本目标是政治性的，它既是战略的，也是次战略的：既能维护和平，又能阻止任何形式的战争。这种核力量可以通过展示其态度来实施威慑，即盟国拥有军事力量以及使用核力量的政治意愿，如果有必要，会对侵略行动做出反应。如果发生侵略，北约的目标就是恢复威慑，引导侵略者重新考虑其决定，停止其军事进攻，撤出其军队，并且恢复北约的领土完整。

24．因此，常规武装力量与核力量扮演了不同角色，互相补充而且互相强化。对这两种力量中的任何一个认识不足，或者获得某种印象：即常规武装力量可以与核力量相互分离，或者战略力量可以和次战略力量相互分离，这些都可能会使潜在对手得出结论，即发动侵略的风险可能是可靠和可以接受的。因此，没有任何一种单个的力量，可以对另外一种力量的缺陷实行替代性补偿。

25．对于可预见的未来，制止战争的战略可谓无可替代。实施这一战略将会继续确保，北约所有成员国的安全利益都能得到全面保护。强调威慑战略的原则是，保持持久的有效性。依据武装力量的规模、结构以及部署，它们的实际表现肯定会改变。就像在过去一样，这些力量将继续调整，以回应不断变化的国际环境与技术进步，而且华约组织武装力量的态度与能力也在变化，特别是其威胁程度尤为加剧。

26．在整体框架中，战略核力量为盟国提供了威慑的最终保证，即使在侵略国实施第一轮打击之后，他们必须有能力给侵略国造成令人无法承受的损失。核武器的数量、射程、生存和渗透能力都需要确保，潜在的侵略国无法指望限制冲突，或者将其自身的领土视为保护区。总的来说，美国的战略核力量为盟国提供了威慑的基石。英国和法国的独立核力量则通过使潜在侵略国的战争计划与风险评估变得复杂化，既发挥了英法自身的威慑作用，又对北约的全面威慑战略做出了贡献。

27．在战略层面下的核力量，连同加拿大与美国驻守欧洲的武装力量，在常规武装力量与核力量之间、在北约的欧洲成员国与北美成员国之间，提供了一种必要的政治与军事联系。盟国的次战略核力量也并非用于抵消常规武装力量的不平衡。然而，在一个统一的军事结构中，这种军事力量的层级必须考虑到北约所面临的威胁，既有来自常规武装力量的威胁，又有来自核力量的威胁。他们的作用是要确保，在任何情况下，任何一个潜在的侵略国都不会忽视军事行动可能会引发核报复行动。因此，在战略层级下的核力量对威慑做出了必要贡献。

28．在参与北约统一军事结构的国家中广泛部署这种力量，并且对有关盟国就核领域展开磋商做出安排，这些都展示了盟国分担核角色，以及在核责任上的团结一致及意愿。因此，这会有助于加强威慑。

29．通过展示盟国愿意保卫其自身，通过将风险最小化，常规武装力量也对威慑做出了贡献。其中的风险就是，潜在的侵略国期望通过常规战争方式，能够快速而且很容易地赢得胜利，或者获得有限的领土利益。

30．因此，他们必须做出适当的反应，而且能够迅速地抵抗侵略者，尽可能在前方采取必要的抵抗，迫使侵略者结束冲突并撤军，或者面对盟国可能提出使用核武器的要求。必须部署并装备盟国的武装力量，使其能够在任何时候都会发挥作用。进言之，因为北约依赖于北美大陆的增援，因此它必须能够确保北美和欧洲之间公海与空中交通线安全。

31．北约所有成员国都强烈支持，对化学武器的开发、生产、储存和使用，通过一项全球性禁令。化学武器代表了一个特殊的例证，就像上文已经提到的，因为北约阻止战争的全面战略，依赖于将常规武器与核武器适当混搭在一起。直到在全球范围内制定关于化学武器的禁令为止，北约承认有必要实施积极的防御措施。鉴于苏联拥有占据优势的化学武器力量，北约应该保持一种能够实施有限规模报复行动的能力。

32．考虑到威胁，盟国致力于只保持最低水平、威慑战略所必需的武装力量。然而，现有的武装力量层级很低，包括常规力量与核力量在内，致使威慑的可信度无法维持。尤其是，盟国一直承认，去除欧洲的所有核武器，将会严重破坏威慑战略，并且会削弱北约的安全。

33．北约的防御政策及其武器控制与裁军政策是互补的，而且有相同的目标：即在保持可能最低水平武装力量的基础上维持安全。在北约的防御政策与武器控制政策之间不存在矛盾。在这种原则和目标保持基本一致的基础上，应该进一步发展武器控制与裁军的综合概念，对武器控制的每一个领域做出适当的总结。

Ⅳ．武器控制与分歧：原则与目标

34．我们对欧洲的愿景是，在这一完整的大陆上，军事力量的存在只是为了制止战争，保证自卫；对盟国来说，情况也一直如此，其目标不是为了发动侵略，或者进行政治或军事恐吓。作为北约安全政策的一个组成部分，作为我们创建东西方关系全部方法的一部分，武器控制有助于实现这一愿景。

35．北约武器控制政策的目标是加强安全与稳定。为了这一目的，盟国的武器控制倡议，将通过谈判达成协议，或者在适当情况下采取单方面行动，在保持较低水平武装力量与军备的基础上寻求达成一种平衡；盟国承认，达成武器控制协议是唯一的可能，即谈判伙伴对达成一项互相满意的结果有共同兴趣。盟国的武器控制政策，旨在寻求消除在武装力量或装备上导致不稳定的不对称状况。它也在寻求一些旨在建立互信的措施，并且通过在军事事务上推进更大的透明度与可预见性，来减少冲突风险。

36. 在加强安全与稳定的过程中，武器控制也为北约带来了额外的重要利益。考虑到武器控制进程中的某些动态方面，在某项协议中将原则与结果予以具体化，可能会促进武器控制的其他步骤。因此，武器控制有可能在北约现有武装力量与军备水平上进行进一步削减，这与北约制止战争的战略是一致的。此外，就像第2章所提到的，对于发展更具建设性的东西方关系，武器控制可以做出重大贡献；武器控制还可以在更为稳定和富有预见性的国际环境中，有助于为实施进一步合作而创建一种框架。在武器控制中取得的进展，能够加强公信力，促进对我们全面安全政策的支持。

支持武器控制的指导原则

37. 下列原则将指导北约成员国：

（1）安全 武器控制应该加强所有盟国的安全。在政策执行期间以及后续实施期间，盟国的威慑战略与保卫自身的能力，必须是可信的和有效的。武器控制措施应该保持北约的战略统一和政治团结，应该保护北约安全不可分割的原则，避免出现不平等的安全领域。武器控制措施应该尊重所有国家合法的安全利益，不应该使威胁轻易转向第三方国家或地区，或者轻易强化对第三方国家或地区威胁。

（2）稳定性 武器控制措施产生了许多在军事上非常重要的结果，这些措施加强了稳定。为了推进稳定，武器控制措施应该减少或消除那些对北约最具威胁性的力量。在军事事务上推进更大程度的透明度和可预见性，这些措施也可以加强稳定。军事稳定要求消除发动突袭和大规模军事进攻等选项。危机的稳定性则要求，任何一个国家都无法与其他国家相比，能够根据武装力量的大小与配置做出预测，如果首先使用武力，就可以获得决定性优势。稳定也需要采取一些措施，通过向其他形式的军备转移一些资源，挫败那些试图重建军事优势而导致不稳定的企图。协议必将产生最后的结果，这些结果就是协议双方达成均衡，并且可以确保尊重安全的权利是平等的。

（3）可验证性 有效而且靠得住的验证，是武器控制协议的基本要求。如果武器控制是有效的，而且可以建立互信，就可以对所建议的武器控制措施实施验证，就必须是北约关注的中心内容。在武器控制上取得进展，必须与遵守现存协议的记录进行对照评价，已达成一致的武器控制措施，必须去除实施规避的机会。

北约的武器控制目标

38．依照上述原则，盟国正在寻求制定雄心勃勃的武器控制日程，目标是来年在核领域、常规武器领域与化学武器领域实施控制。

核力量

39．在保持较低水平军备基础上建立更加安全的和平，《美苏两国消除中程和中短程导弹条约》（INFT）代表了盟国所付出努力的一个里程碑。到1991年，该协议导致美苏中程陆基导弹全面削减，因此也消除了苏联这种导弹系统对北约的威胁。然而，履行协议只影响到苏联核武库中的一小部分，北约还要继续面对包括各种射程在内的苏联现代化有效导弹系统的威胁。因此，全面实施北约的议事日程，需要采取进一步措施。

战略核力量

40．苏联的战略系统继续对整个北约构成了重大威胁，对这种系统实施大幅度削减，非常符合整个西方联盟的利益，因此，削减行动所取得的成就构成北约在核领域的优势。

41．在“战略武器削减谈判”背景下，盟国全面支持削减美苏50%战略核武器这一目标。美国建议谋求加强稳定，对威胁当中最不稳定的因素进行特别限制：例如快速飞行的弹道导弹、其发射重量，特别是苏联的重型弹道洲际导弹（ICBMs）。这些建议存在的基础是，有必要保持现存美国战略力量的威慑可信度；美国的战略力量会将北约作为一个整体，继续提供最终的安全保证，因此有必要保持这种武装力量的有效性。此外，美国正在就防御与空间事务与苏联举行谈判，目的是确保战略稳定得到加强。

次战略核武器

42．盟国致力于只保留最少量、为支撑其威慑战略所必需的核武器。与这一承诺相符，参与统一军事架构的国家已经单方面对其次战略级核武库做了重大削减。自从1979年起，部署在西欧的陆基导弹弹头已经削减了三分之一以上，达到20多年来的最低水平。对次战略导弹系统所必需的内容予以更新，将导致进一步削减行动。

43．由于数量巨大的短程核导弹部署在华约领土上，盟国继续面对其针对欧洲所构成的直接威胁，这种已断层的导弹在最近几年已经在大体上完成了升级。对华约导弹系统实施重大削减，对于北约的安全在整体上非常有价值。达成这一目标的方法之一就是，对美苏陆基短程核导弹系统实施实实在在的、可核查的削减，使之达到一个在较低水平上的对等上限。

44．然而，对于华约成员国所启动的相同导弹系统来说，许多北约成员国所部署的次战略级核力量，不是讨价还价的主要筹码。就像在第3章所解释的，次战略核力量在美国的全面威慑战略中扮演了一个重要角色，采取的方式是确保在任何情况下，潜在的侵略者都不会忽视以核报复来回应其军事行动。

45．北约重申其立场，即在可预见的未来，北约制止战争的战略并没有什么选择。这一战略是一种威慑战略，其基础是适当混搭足够而且有效的核力量与常规力量，这支力量将在必要时继续保持最新状态。涉及核力量之处，即陆基、海基以及空基系统，包括陆基导弹在内，在目前的环境以及可预见的未来，都将是欧洲所需要的。

46．鉴于华约在短程核导弹方面所拥有的巨大优势，北约呼吁苏联单方面削减其短程导弹系统，使之在统一的军事结构中达到目前的水准。

47．北约重申，在关于常规力量稳定的谈判中，它所追求的目标是：

（1）在较低水平上建立一种安全与稳定的常规武装力量平衡；

（2）消除有损于稳定和安全的不相称之处；

（3）消除发动突袭与大规模进攻的力量优势。

48．与1987年“雷克雅未克会议”所形成的武器控制目标相一致，也与1988年“布鲁塞尔会议”所重申的目标相一致，北约声称，与东方阵营谈判的一个最大优先权，就是针对常规力量削减达成一项协议，此举可以实现上述目标。本着这种精神，就像1989年5月峰会结果所证明的，北约将尽一切努力使这些常规武装力量谈判能够达成一个及早和令人满意的结果。美国已经表示，希望用6个月到12个月实现这一目标。一旦这一协议付诸实施，美国在与有关盟国进行协商后，准备置身于谈判中，部分削减美苏陆基短程核导弹，使之达到相同而且可检验的水平。特别提到就西方国家对列入“维也纳会议”《欧洲常规武装力量条约》议程的建议，在1989年5月峰会上由美国提议而进一步强化，相关盟国按照其理解向前推进，即经过谈判而达成削减，所达成的水平低于其短程核力量导弹（SNF）现有的水平；上述这些削减协议不会得到执行，直到这些谈判结果已付诸实施。削减华约的短程核力量系统，应该在这一日期前付诸实施。

49．考虑到北约所面对的威胁，包括来自常规武装力量的威胁以及来自核力量的威胁在内，关于统一军事结构中成员国的次战略核力量，它们的水平与特色应该是这样的：即它们能够以一种可靠的方式发挥其威慑作用，包括全部所需射程的导弹在内。按照整体安全形势的发展，关于“长矛导弹”后续系统的介绍与部署等问题，将在1992年得到处理。在各国政府做出决策的同时，有关盟国承认，美国持续资助现存的“长矛短程导弹”后续研究和开发具有很大价值，目的是保持他们在这方面的选择权。

常规武装力量

50．就像1988年3月北约峰会所声明的，以及1988年11月北约“数据倡议”所提出的，苏联在欧洲的军事存在，远远超出其自卫需要，对我们的安全以及我们在欧洲建立一个和平秩序的期盼，构成了直接挑战。这种过度的武装力量水平产生了政治恐吓，或者产生可能受到侵略威胁的风险。只要其存在，就会对欧洲所有国家建立更好的政治关系构成障碍。进言之，对安全的挑战不仅仅是华约武装力量占有数量优势。华约的坦克、大炮与装甲车集结成大型编队，并且以这种方式部署，这使华约有能力发动突袭和大规模军事进攻。尽管最近华约公布了其对欧洲军事平衡的评估，非常令人欢迎，但其真实力量与意图仍然有极大的隐秘之处和不确定性。

51．在解决这些问题的过程中，盟国的主要目标是，在较低水平上、在欧洲建立一种安全与稳定的常规武装力量平衡，与此同时，针对欧洲旧军事组织与行动，实现更大程度的公开性。

52．在北约与华约23个成员国参与的、就《欧洲常规武装力量条约》的谈判中，西方盟国建议：

（1）削减直到全面限制欧洲所有军备，集中于最具威胁性的武器系统，例如那些能够攫取并占有领土的武器；

（2）对欧洲任何一个国家所拥有武器总量的比例进行限制（因为欧洲的安全与稳定要求，任何国家都不能超越其自卫的合法需要）；

（3）对驻军予以限制（因此要限制苏联武装力量在东欧的前沿部署与集中）；

（4）对从大西洋到乌拉尔山脉整个地区同时部署的武装力量，适当限制其数量。

将所采取的这些措施加在一起，需要对最能威胁北约的华约常规武装力量实施大幅削减，由此产生的削减行动将会以阻止规避这种方式出现。举例来说，就是确保所削减的军备将会销毁或者丢弃。验证措施需要确保所有国家都会相信，补贴不会超支。

53．然而，只是这些措施还不能保证稳定。削减体制也会得到其他措施的支持，这些措施应包括透明措施、用于武器部署的通告与限制、常规武器的储备、行动、多级准备以及有效性。

54．在“常规战略弹道导弹方案”（CSBM）谈判中，盟国的目标是保持《斯德哥尔摩文件》成功实施所开创的良好势头，提出一揽子综合措施的建议，旨在提高：

（1）军事组织的透明性；

（2）军事行动的透明度与可预见性；

（3）联系与交流，并且在所设立的研讨会上建议就有关的军事方针交流观点。

55．实施盟国在《欧洲常规武装力量条约》谈判中提出的建议，实施其关于进一步推进“构建信任与安全措施”的建议，这将在欧洲安全中取得突破性进展。这将在防御和武器控制领域对北约的政策产生重要而且积极的影响。《欧洲常规武装力量条约》谈判的结果，将为决定未来北约力量结构提供一个框架，这一力量结构将为维持和平自由承担根本任务。另外，盟国愿意考虑采取进一步措施，加强稳定与安全，条件是《欧洲常规武装力量条约》的近期目标得以实现。举例而言，进一步削减或者限制常规武器和装备，或者重建武装力量，以加强防御力量，进一步削弱进攻力量。

56．对于苏联及其他华约成员国宣布，已准备好削减其武装力量，并且将其调整为防御性态势，盟国表示欢迎，而且等待这些措施付诸实践。这是朝向调整欧洲现存武装力量不平衡状况的一个步骤，也是朝向削减华约发动突袭力量的一个步骤。他们所宣布的削减军力之举表明，苏联和其他华约成员国承认常规武装力量存在不平衡，盟国高度重视这个问题，将其视为欧洲安全的一个关键问题。

化学武器

57．苏联的化学武器储备构成了一个巨大威胁，盟国致力于尽早订立一项世界性的、综合性的、可以有效检验的禁止所有化学武器的禁令。

58．所有北约成员国都同意《日内瓦公约》所包含的条款，即禁止在战争中使用让人窒息的、有毒的以及其他性质的气体，禁止在战争中使用细菌作战方法。针对禁止化学武器的“巴黎会议”，强调了《日内瓦公约》所做承诺的重要意义，也表达了国际社会的一致意愿，即尽早全面销毁化学武器，防止这些武器被付诸使用。

59．盟国希望不仅仅禁止使用这些可恶的武器，也要禁止开发、生产、储存和转移这些武器，还要摧毁现存的化学武器及其生产设施，采取的方式是确保在这一进程中的每个阶段，所有参与国的安全都不受损失。在就裁军问题而召开的“日内瓦会议”上，这些目标正在努力实现。鉴于有关全球禁令的协议悬而未决，盟国将对与化学武器生产有关的产品出口实施严格控制。他们也会试图鼓励这些国家在化学武器力量方面更具公开性，目的是在有效实施全球禁令的过程中促成更大程度的互信。

V．结论

武器控制与防御的相互关系

60．北约致力于寻求一种实现安全的综合方法，将武器控制、裁军及防御包含在内。因此，确保武器控制问题与防御要求之间、不同武器领域之间的相互关系，会得到充分考虑，这一点非常重要。在武器控制任何一个领域提出的建议，必须在整体上考虑到北约利益所具有的含义，以及其他谈判所具有的含义，这是一个持续的过程。

61．非常重要的是，防御和武器控制的目标是保持和谐，为的是确保两者能够在最低的均衡水平上，为维护安全这一目标做出互补性贡献。这一力量水平符合北约制止战争的战略要求，确认威胁中的变化、新技术以及新政治机遇，会影响到这两个领域的选项。对武器控制事务的决策，必将全面影响到盟国威慑战略的要求。同样，在武器控制上取得的进展，也与许多军事计划有关；这些计划在充分了解武器控制谈判所追求目标的过程中所制定，在必要时，也反映了其中所取得的成就。

62．在武器控制的每一个领域，北约都寻求加强稳定与安全。然而，目前关于战略核系统、常规武装力量与化学武器的谈判，都彼此独立。在这些谈判中，任何一个谈判所产生的结果，都不取决于其他谈判所取得的进展。然而，它们却可能影响到另外的谈判：在武器控制的某一领域所建立的标准以及所达成的协议，可能会与其他领域相关，因此能够促进总体进展。这些谈判可能会影响到武器控制的可能性，也会影响到需要满足北约战略的武装力量，而且总体上会为建立更具预见性的军事环境做出贡献。

63．盟国寻求应对不同武器控制要素之间的相互作用，确保在每一个单独领域制定、追寻并且实现武器控制目标，使它们彼此完全一致，使其与北约有效实施武器控制的指导方针完全一致。举例而言，“削减战略武器会谈”采取了非常详细的限制与分段限制方式，这种方式可能会影响到参与统一军事结构中成员国次战略级核力量未来的灵活性。《欧洲常规武装力量条约》自身对稳定做出了巨大贡献，此举会由于全球禁止化学武器禁令通过而得到进一步加强。“构建信任与安全措施”的发展，将会影响到稳定措施，这些措施被认为与欧洲常规武装力量谈判有关，反之亦然。消除常规武装力量的不平衡，将会留出空间，进一步削减参与统一军事结构中成员国的次战略核力量，尽管这不会排除对这种武装力量的需要。同样，这可能在常规武装力量领域进一步推进武器控制步骤。

64．这份报告建立了整体概念框架，其中，盟国正在武器控制的每一个领域寻求获得进展。在这种情况下，他们的基本目标是，在保持较低水平武装力量与军备的基础上加强安全。作为一个整体，盟国的武器控制议程，构成了一种连贯而且综合的方法，可以加强安全与稳定。这显得雄心勃勃，但是我们相信，可以从华约成员国那里获得富有建设性的回应，在未来几年中完全可以做到这一点。为了实现这一目标，北约认识到，它不能将自身的安全建立在未来所期盼的武器控制结果之上。然而，盟国准备从为其自身未来的军事态势得出适当的结果；通过武器控制，取得具体的进展，明显削减他们所面对的军事威胁的规模和质量。盟国武器控制议程的完成，不仅为其自身带来了巨大利益，而且也促使盟国与东方阵营在其他领域展开合作。进言之，武器控制进程自身处于动态中，无论以何种方式、在何时，北约都会在上述确立的每个领域达成协议，因此，武器控制的前景可能会进一步开放，而且可能会取得进一步成果。

65．就像早先提到的，盟国对欧洲的愿景是一个关于不可分割大陆的美景，其中，军事力量的存在不仅仅为了制止战争，而且还要确保自卫；这一大陆不再生活在拥有优势军事力量的阴影中，而且战争的危险已经去除。在这一大陆中，所有国家的主权与领土完整都会受到尊重，所有个人的权利都应受到保护，包括政治选择的权利。这一目标只能分阶段实现，它需要耐心和创造性努力，盟国决心继续为达到目标而努力，盟国武器控制目标所取得的成就，将会为实现其愿景做出重大贡献。

三十一、“北约的未来”
——北约秘书长曼弗雷德·维尔纳在伊斯坦布尔大学的讲演

（1989年9月18日）

但我还是个学生的时候，东西方关系由意识形态所主导。在我政治生涯的大部分时间里，东西方关系一直由武器和军事平衡所主导。但现在我是北约秘书长，我的印象是，东西方关系越来越为经济所主导；这意味着你们作为西方商界中年青但却富有成就的代表，现在正处于东西方关系的前沿。

你们正在被来自东方与西方的东西所吸引，利用你们的资源与企业文化援助东方各国的改革计划：成立合资企业，在东方国家投资，重新安排债务，建立私人企业信托，等等。当你们思考东方正在出现的变化时，我猜想你们的思想并不都与西方政治领导人的思想不同。总之，这一形势是一个不同国家中、不同环境下东拼西凑的大拼盘。一些东欧国家处于相对静止的状态，其代价只是到未来会遇到更大的问题；其他一些国家则正经历着巨大的动荡，但至少，他们最终似乎正在克服其政治与经济缺陷。

那么，你们身处商界，我们身处政界，又该如何对这些变化做出反应呢？对于我们的政治目标、商业利益而言，这些变化对于我们西方人意味着什么？很明显，我们可以看到许多机会，这些机会均立足于长远，我们也能见到很多风险，这些都非常明显。我们需要一种方法，能够给我们安全带来长久的机遇，越过短期风险的雷区。对商人来说，就像对政治领导人来说，投资或者政策只能在稳定而且可预见的背景下产生结果。在建立必要的稳定、使我们的行动有时间运转的同时，我们如何实施必要的改变，以使西方在东方的投资产生结果呢？这是一个根本问题。

这也不是一个学术问题。你只需要看到当前在东欧所发生的事情，就会看到共产主义已经失败。其领导人不再能解决他们的问题，他们的体制也进一步陷入崩溃，并且远远落在西方的后面，就像恐龙因为气候的变化而灭绝一样。它的民众不再准备容忍其弱点，即在东欧，行业波动与种族动荡不断增加，充分证明了这一点。许多人不相信它能够改变，就像我们从不断增加的逃亡者数字中所看到的，这些人将利用任何机会逃往西方。马克思主义并没有针对现代工业社会与高技术社会出现的问题提供指导，所以东方国家转向西方寻求帮助、灵感与专门技术。我们不能被动地袖手旁观，坐视这出人间悲剧发生。我们负有人道主义责任，帮助所有渴望我们价值观的人们。因为他们知道，就像我们已经知道的，只有民主制度以及市场力量才能够提供繁荣、活力、创造性以及人类幸福。然而，我们也有兴趣提供帮助。更多的失败、更多的绝望将会产生冲击波，会将我们吞噬掉。因此，我们目前着手处理这些问题可谓非常紧迫，我们仍然有时间对我们的方案展开评估，为我们的方针大胆地下定义。

今天，我们的挑战也是我们的机遇。如果我们是明智的，我们就可以利用共产主义的失败，建立一个新的欧洲，它会更加公正、更加开放、更有人性、更加和平。在欧洲，没有一个国家会被强迫接受第二流国家的地位，因为所有民族都可以享有自由、自决和繁荣。在这样一个欧洲，西方价值观必须适用于一切，不会随意停留在我的祖国——德国。对戈尔巴乔夫先生来说，只提到“共同的欧洲家园”还不够，好像它还只是一种实体架构的问题。重要的是适用于这一结构的规则、精神以及价值观。不管其外部形式如何，只有这些才能使欧洲成为适于居住之地，这就是为什么我喜欢“欧洲和平与公正的秩序”这个词的原因所在，这将完全符合我们的利益。广泛的民主制度、人权和市场力量，大大推动了我们的目标，无论这些目标将设定在商业、文化、教育领域，还是设定在通讯领域。建立这个新欧洲，变革与运动是必需的，但是只有它们还无法完成。所以我又回到我的根本问题上来，我们如何看待必需的美德，看待挑战的机遇，看待冲突中的合作。

回答这个问题并不容易，但是关注去年5月北约峰会的所有人都会知道，北约现在正在全力以赴应对这个问题，而且我们正在向西方提供一个它所需要的概念性领导。我们的答案是：

1．经济合作的提议；

2．从根本上重建东西方政治关系的政策；

3．在保持一个很低水平力量平衡的基础上，稳固东西方军事稳定的安全框架。

让我们轮流采用每一种方法。首先是我们提出经济合作的要求，我们向东方阵营中的改革力量提供了我们富有成效社会的成果，例如，帮助他们实现债务延期，提供食物援助，解决其迫切问题。对处置他们的长期结构问题提出建议，获得更多的西方技术，这些技术不会被用于军事目的。训练管理人员与科学工作者，为从事研究的民主机构提供奖学金，实施技术交流，帮助治理环境污染。我们明确提出，我们将尽一切努力推动未曾启动的互惠合作。

我们针对东欧的西方战略框架非常清晰而且可靠，在我们会后几个月中，其思想已经由北约各成员国政府与其他西方机构付诸实践，举例而言：

1．1989年6月发表的《德国—苏联宣言》，在德国的大学和商业学校，为苏联管理人员与研究生提供空间，为文化与科技交流提供空间；

2．西方各国政府正在采取行动，重新审查波兰与匈牙利的债务负担；

3．美国和欧盟成员国向波兰、匈牙利提供援助，支持创立私人企业信托，帮助治理污染；

4．“巴黎经济峰会”提出倡议，将西方国家聚集在一起，在欧共体的协调下，向波兰提供紧急食物救助。

然而，北约也明确表示，要将严格的条件附加在这种援助计划中。在东欧仍然紧抓权力不放的共产党力量，至少没有阻碍民主制度的正常发展，事实上，鼓励这一进程符合他们的利益。他们必须下决心在枪炮与黄油之间做出抉择，他们必须创造条件吸引西方的投资。因为没有私人投资会投入经济运转（我相信今天你们在这儿的所有人都会对此非常肯定），因为这种经济在增长、创新与自由企业等方面仅仅显示出很有限的前景，没有一个西方政府会将资源投入到中央计划下的官僚体制以及低效的系统中。西方对改革施以援手的目的，不是拯救共产主义，而是使共产主义将其自身和平地转变为一种更加多元化、更赋创造性、更有活力的系统，以实现你们在商界所宣称的“软着陆”。但是在这一点上，我还必须发出警示，西方的良好愿望与财政还不足以使东方阵营兴旺繁荣，也不会在一夜之间取得重大进展。我们的成功有赖于东方阵营领导人促使其改革奏效所具有的能力。在此，即使我们做好所有准备，我们仍不得不面对事实。在4年改革后，苏联经济仍处于萧条中，我们的“北约研究”仅仅显示，苏联在生产上获得很小进展，供应瓶颈不断增长，通货膨胀越来越高，预算赤字不断加码。波兰与匈牙利的经济前景还是一个大问号。所以，我们既要乐观一点，也要现实一点。总之，我们要睁开慧眼看结果。

同样，北约将帮助那些真正愿意按照我们的指导前进、欢迎我们价值观的国家，我们不会寻求交换条件。我们适时指出，推进政治与市场改革，符合这些政府自身的利益。政府之间的援助不仅可以提供紧急救助，而且还可以使这些社会变得开放，并且将行政、立法与政府的司法分支部门分开，废除中央计划机制，接受外来的思想与影响，这些将产生激励，即东欧需要缩小与西方的差距。

但是，我们的政策并不只是预测经济变化，我们最近看到中国发生的事情，即经济改革试图在严格的一党制体制下运行所发生的事情，以及人民的愿望与领导人打算不尽相同情况下所发生的事情。尤其是，北约无法容忍人权滥用，在匈牙利、波兰和苏联发生的自由化颇受欢迎，这一形势必须坚持下去，但是这不可能遮掩东欧其他地区出现的黑暗行径：即超过30万土耳其族裔人口被迫离开了保加利亚；许多村庄在罗马尼亚被拆除；在捷克斯洛伐克的和平示威遭到残酷镇压；东德对匈牙利施加压力，劝止匈牙利政府允许数以千计的东德难民进入联邦德国。这些东德人希望离开，并不是因为他们缺乏食物，或缺乏工作，或缺乏住所，而是因为当他们缺乏自由和希望时，这些东西显得微不足道。人权不仅仅在道德上是正确的，而且也构成了所有社会进步的基础，压制人权的政府最终更害怕的，是他们自己的人民而不是西方。

因此，北约对东欧的政策可以用一个简单的公式进行预测：他们改革和自由化的程度越大，我们就越愿意或者能够有所作为。然而，北约不仅仅是为东欧寻求一种救助公式，我来到这里再次追踪20世纪90年代的北约战略轨迹，在根本上、长远地重构东西方政治关系。过去旧的意识形态对抗必须让位于和平竞赛，对抗必须让位于合作。如果有许多我们可以在经济上帮助苏联及其盟国之处，就会有许多他们必须在政治上要做的事情：

1．他们必须减少其军事力量，直至全面消除对北约成员国的威胁，他们应该与我们达成武器控制协议，使这一变革永久化；

2．他们应该推倒“柏林墙”，并且充分实现《赫尔辛基最后议定书》中所有人权规定；

3．他们不应该干涉中立国更接近西方的愿望，例如奥地利；

4．他们应该和我们一道与国际恐怖主义、毒品交易、环境污染作斗争；

5．他们应该帮助我们阻止危险武器扩散，例如核武器与化学武器流向世界动荡地区；

6．他们应该帮助我们解决地区争端，因为这种争端直接威胁到会使东西双方卷入其中。

对东欧的经济救助将花费很长时间，但是东西方全球性合作的新形势将会在今天开始、在明天产生结果。此外，这符合东西两方的利益，因为这一议程的许多内容都是常见的。事实上，我对东西方关系的新形势充满希望，戈尔巴乔夫总统已经在其演说中再三提及于此。苏联最近采取行动，解决一些地区性冲突，在联合国发挥更富有建设性的作用，接受国际法标准，就最近针对西方的恐怖主义事件予以谴责。我们将致力于使苏联人直接加强这种全球合作，在这一合作之外，还将获得能够促进我们经济关系的信任度与可靠度。

最后，我们必须第三次追踪北约战略：在欧洲建立一个只有很少武器的安全框架，这个框架将会更加稳定，将会使我们这个大陆未来发生战争事实上变得不可能。长久以来，我们生活在军事不平衡状态长达40年，苏联的武装力量已经给欧洲投上一层阴影，他们保持了欧洲的分裂状态，限制了东欧与中欧国家的主权，给我们平添了一些关于苏联对西方意图合乎逻辑的焦虑。

在北约没有改变这一形势之前，它不会停歇下来。我们在“维也纳会议”的谈判桌上提出一项建议，如果该建议被接受，就将开始削减武装力量，随后是及时消除东欧发动突袭以及大规模军事进攻的力量。我们这一建议的目标是，在军事装备的重点项目数量上实现平等，包括坦克、装甲车、大炮、飞机、直升机。他们自身削减这些武器的数量，对于获得一个更加安全的和平秩序非常必要，他们不相信其自身可以确保我们所寻求的稳定。武装力量结构与军事行为需要变化，以实现这一目标。所以，北约现在很难对这些能够带来变化的相关建议展开工作，特别是，我们正在寻求：

1．限制现役部队中的装备，限制储存更多的装备；

2．限制军事演习以及驻军活动；

3．交流信息；

4．实施侵入式的验证与全天候验证。

总之，我们建立更大限度的军事稳定目标不是一个遥远的梦想，北约建议，在一年内就这些建议达成协定。而且，如果苏联最近满足我们立场所表现出的灵活性值得效仿，我相信我们也能。

北约正在行动，我们不是一个拘泥于现状的军事联盟，我们是一个要努力改变现状的政治联盟。在40年艰难岁月中，我们被迫接受了这一点，但是我们从来不想接受这一点。如果武器不能引发战争，同样确定无疑的是，和平绝非简单地表现为，只有较少的武器或者没有武器，和平只能建立在欧洲拥有自由、机会平等以及社会公正的基础上，其中，所有民族会享有民主公民所应有的好处与责任。你们是年轻的企业家，你们相信自由市场的价值，你们有活力也有信心勇敢地规划未来。这就是从第二次世界大战的瓦砾与灰烬中复兴的欧洲所具有的精神，也同样是这种精神，它可以在给东欧带来繁荣的过程中发挥决定性作用。在控制其结果的同时，我们用于推动变化的政治战略，能够为你们今后的努力扫清障碍。它对于提议和挑战的政策，是一种大胆但却合理的前进方式。北约独自将西欧与北美的力量联合在一起，加诸于欧洲未来这一令人敬畏的问题上。无论其力量如何，欧洲大陆并没有资源和政治力量，也没有保持国际安全的能力，这些对取得成功来说很关键。如果我们保持团结，其他国家就会向我们这个方向靠拢，如果我们分裂，我们就会向他们那个方向靠拢。

北约还有另外一个同样重要的贡献，即北约成就了这一冒险事业，它可以在国际动荡时期保持稳定，因为真正的变化从来不会平静，经常会是疾风骤雨。40年前，在国内和国外政治处境得到更大程度改善之前，西欧无法开启其经济恢复。北约为其提供了一道防护板，使西欧在其后得以恢复信心，人们再一次开始为未来制订计划并投资。北约的稳定框架现在扩展至整个欧洲，将盟国和中立国同样纳入其中。当东欧各国变得不易预测、更令人惶恐不安时，就会比以前更需要这样一个框架。我们将继续与一个不守规矩、过度武装的超级大国为邻，当然，我们也无需长期不变地质疑其意图，或者将我们的计划建立在最差的情形上，但是我们也不希望回避一个基本事实。

1．即使我们能够实现武器控制的所有近期目标，苏联仍将拥有巨大的军事力量。迄今为止，我们还没有迹象表明，苏联在防务上花费较少，或者生产了比较少的新式武器；

2．我们也没有证据显示，苏联正在从东欧撤军。即使“维也纳谈判”就欧洲常规武装力量实现了单方面削减，取得了积极结果，苏联在东欧驻扎的军事力量仍然非常庞大。

3．苏联仍然由少数几个人统治，他们的行动也不受民主制度的控制，他们不希望与共产主义断绝关系，他们不是和平主义者，他们的主张会发生变化。

戈尔巴乔夫先生谈到了未来的欧洲，其中，“利益的平衡”将代替实力的平衡。这是一个诱人的前景，但这一切取决于苏联如何定义其在欧洲的利益；条件是它们与我们的安全要求相一致，条件是他们允许中欧与东欧的人民享受固有的自决权利；条件是他们能够促进而不是妨碍东西方合作取得丰硕成果。

我们必须保持一种安全防御，这将会说服苏联领导人，重返冷战外交并不容易，国内改革与外部和解并不存在现实性选择。在另一方面，因为它是最小限度的，而且不具挑战性，所以我们的安全防御无法阻碍东方阵营发生变化，也不会成为欧洲最终统一的障碍。

所以，我们仍然需要警觉，不夸大期望，也不自满，我们必须避免上述实践造成结构性单方面裁军，这是实现真正的武器控制的大敌，这是一个虚假的经济。武器控制并不是为了省钱，而是想获得更大程度的安全。保护从来都不是廉价的，当人们想到我们所面对的风险与威胁而没有保护时，这就是一种很小的投资。每一位商人都知道，他或者她都需要保险，以应对不太可能但却有潜在危险的风险；他或者她都知道，要将收益中的一个百分数实施再投资，以确保未来的增长和成功。对我们身处北约内部的国家来说，这没什么差别。如果我们听任我们的安全防御消耗殆尽，我们就会依赖于两个危险假设：其一，苏联的意图总是充满善意；其二，完美的武器控制协议将会解决我们所有的安全问题。同样严重的是，就好像在水泥尚未定型之前就取走大楼周围的脚手架，我们将破坏自身对东欧的政治战略。

但是我相信，西方人具有聪明才智，可以认识到这些陷阱，而且避开这些陷阱。我知道，我们有勇气和活力，抓住巨大的机遇。在大西洋联盟保护范围之内，我们的人民更具有创造性，我们的经济更加繁荣，我们的社会更加开放，并且富有成效。

<<

三十二、“重塑东西方关系”

——北约秘书长曼弗雷德·维尔纳对欧洲集团“北约：伙伴关系与前景”研讨班的讲话

（1989年12月12日）

一个众所周知的事实是，历史学家不喜欢日期。这并非是他们要否定的内容，值得庆祝的事件实际上发生在1066年、1492年或者1789年。但是他们总坚持认为，这些事件并不比我们在学校中接受教育所要相信的事情重要，相反，我们应该将这些事件视为只能为正在进行的历史进程提供一些方便的参考。

毫无疑问，这是一种忠告，但是我却无视这一忠告，因为我坚信，1989年将作为东西方关系一个分水岭、大西洋联盟演进的一个转折点而被载入史册。1989年，在东欧的苏联集团开始崩溃。苏联集团的内部矛盾正在出人意料地将其拆散，这并非事实。但是有许多人坚持认为，这可能会是一个非常漫长的事件。然而，随着内部危机爆发，共产主义体制开始陷入瓦解，以比任何人可能想到的要更快，更快的变化已经带给其更大的不可预测性。参议员努在这方面可谓一针见血，他提出：“共产主义已失败，但是民主国家还未胜利。”但是我们目睹了特别重大的事态发展，要回到过去的斯大林时代可谓难以想象：

1．波兰在40年间选举产生了首个非共产党政府，其总理是天主教徒，我们有理由相信，他是一个真正改革的民主党人；

2．匈牙利公然蔑视其东边邻国，向奥地利开放边境，进言之，它否定了与其华约盟国（民主德国）的双边条约，为的是履行其在《赫尔辛基最后议定书》中所做的承诺。匈牙利人现在正在计划举行其首个完全自由的选举，这一选举曾在一个共产党国家举行。

3．苏联举行了一个部分自由的选举，并且任命了一个新的最高苏维埃。最高苏维埃还不是一个以西方观点看、我们可以承认的议会，但是与其前任相比，它代表了一种小型革命。在讨论阿富汗战争、共产主义统治集团的腐败、任命政府部长等过程中，它已经展示了其力量，其主要的反对党由全国最著名的持异见人士作为其共同领导人。

4．苏联在去年12月宣布实施单方面削减，开始从东欧撤出军队与装备，虽然不像我们希望或者需要的那么多，但却再次成为一个开始。

极权主义的理论家们过去常常提出两个基本特征：它无法改变其内部，也无法放弃其军事力量。但是，苏联在1989年开始在这两个领域采取行动。我们还说不准它能走多远，它有什么样的目标。也许，让所有人感到最鼓舞的是，生活在极权社会的人们并没有变得被动和不关心政治。

我相信，“人民团结”、“匈牙利反对派”、“苏联人民阵线”都会一致同意，它们都是受益者，也都是变局的煽动者。共产主义还没有失败，苏联集团也不会出现意外内爆。40年前，大西洋联盟建立，它具有双重目标：向西方提供军事保护，以这样一种方式牵制苏联的力量，即共产主义制度将被迫变得柔和。第一个任务从北约建立的第一天开始就得到了保证，第二个任务在1989年前已经付诸实施。它是如何实施的呢？

1．通过否定苏联实施进一步扩张的可能性，从而迫使苏联退回其内部资源以及制度矛盾之上；

2．通过向苏联及其盟国提供对话与合作，鼓励他们改变，而且把事情讲清楚，即西方不会谋求利用他们的困难，相反，还会向他们提供帮助，为其提供一个稳定的国际环境；

3．通过保持北约的强大与凝聚力，保持我们内部的政治稳定，保持我们的活力与繁荣，这些都展现了西方与东方阵营之间日渐扩大的差距。苏联不会在马克思—列宁主义意识形态与实践的基础上，再与西方展开竞争，它会进一步衰落，也许会不可挽回地落在后面。

北约40周年纪念，开始更加积极地看待过去，因为在我们面前，是充满希望的未来。由于冷战时代的绝望和坚持，这一无利可图之事最终开花结果。人们谴责现状，许多内容已很清楚。我们要对变化负责，戈尔巴乔夫是我们制度的产物，也是其自身制度的产物。当然，共产主义的衰落具有极大的突然性，郁积的挫折和压力得到释放；一些人感到好奇，即分裂和对抗的旧现状，对于我们现在所面对的不确定局面，在某种程度上是否是最好的。然而，按照其自己的方式，这种现状是危险的，而且是爆炸性的；它给我们提供了一种很危险的军事平衡，更不用说还提供了更为重要的政治稳定，所以，我们不能也不想维持这一现状。

毫无疑问，变化产生了动荡和不稳定，但是这些是必要变化所不可避免产生的副产品。我们不得不减轻它们的消极面，使用我们有限的影响，确保能有一个迈向自由的和平进程。变化的痕迹非常明显：

1．更加开放的边境，更多的信息流动，即时通信，人类联络增加；

2．实现政治管理的地方分权，实现经济机制的地方分权；

3．许多地方出现了有组织的、要求改革的反对派力量；

4．不只是人民，而且共产党精英也都转向西方寻求指导、激励与帮助，运用我们的观念与价值观。

所以，在东欧，1989年的教训非常清楚，问题不是能否的问题，而是什么时候、什么程度的问题，即通过吸收多元主义、人权和市场机制，共产主义制度才能使自身得以转变。他们的难题在戈尔巴乔夫的防御主张中得到了具体展示，即他并没有放弃社会主义；在对东方阵营关于“社会主义”笑话的定义中，将其当作从资本主义再到资本主义所经历的长期、困难之路。就像谢瓦尔德纳泽以及其他领导人所警告的，他们的难题源于西方破坏东方阵营稳定的企图，或者源于复仇主义力量。

错误不是他们的专利，他们的制度并不能满足人类的愿望。我希望这些人不会真正了解他们所说的内容，因为如果情况是这样的话，这就意味着他们对其所面对的现实一无所知。

北约有政治主动权，我们必须促成变革，将这一变革稳固在一个新的、稳定和持久的欧洲政治架构中。北约峰会重申，北约的政治使命不仅是保持其领土的完整，而且还要建立一个新欧洲，其中，通过信奉共同的自由价值观，实施非军事性约束，保证安全。现在每个人都想知道我们2000年的蓝图是什么，即一个统一的欧洲，其基础是自决、民主以及市场力量。在另一方面，就戈尔巴乔夫先生所提出的“共同欧洲家园”而言，混乱仍是主流。但是从我对戈尔巴乔夫先生在“斯特拉斯堡演讲”的解读中，情况似乎是，其愿景在根本上就是维持现状，而我们的愿景则是一个能够战胜欧洲分裂的动态过程。

你们已经看到了北约峰会宣言，这是一个关于应对东欧发生变化的概念性架构，不仅有北约各成员国参与，而且也有西方所有国家参与。我们全身心地致力于援助波兰和匈牙利的改革实践。我不需要详细描述所有倡议：由西方国家的24个“布鲁塞尔小组”实施食物援助；在“巴黎俱乐部”就债务问题展开讨论；在“国际货币基金组织”（IMF）内实施新的信贷；双方倡议建立私人企业信托基金；训练东欧国家的管理者与公务员。当然，我并没有要求将所有这些行动都记在北约的账上。很明显，北约对这些行动任务既不会也不能担负机构责任。但是这些任务却来自于北约峰会宣言所确立的框架，它们在北约内部得到协同。我们可以从中看到一个完整的画面，包括了经济、军事与政治等领域，成功地将北美与西欧的力量联合在一起。全面救援计划并非意味着对波兰和匈牙利简单施以短期救助，这一长期计划旨在从根本上重塑东西方关系，并且使共产主义自身逐步平静地淘汰出局。如果改革失败，这个教训必将为捷克斯洛伐克与东德持强硬路线者所记取。但是如果改革成功，这一成功将对实施同样改革的整个东欧产生不可抗拒的压力。我想强调，作为一个促进和平政治变化的工具，北约首先是一个拥有至关重要影响的政治联盟。对于北约未来的防御角色，人们一直说得比较少，就好像它突然变得不重要了。但是很明显，情况并非如此。我们的峰会说得很明确，我们雄心勃勃的政治战略将会取得成功，唯一的条件是它能得到强有力的防御支撑，其防御支撑的基础是核力量与常规武装力量。发生巨大政治变化的时期，也是具有更大风险的时期。风险越大，就越需要有一个健全的保险政策来承担。为了防止出现挫败和失望，需要提供一个稳定框架，能够使我们对变化的速度与范围实施最大化控制；尤其需要说服过度武装而且烦躁不安的苏联，使其相信无法用军事方案解决其问题。

现在，颇为自相矛盾的是，40年来，我们的军事防御在总体上运转良好，正是我们的政治战略，似乎无法突破东西方关系从冷战到缓和再到冷战的综合征。目前，用布什总统的习语“超越遏制”来说，当我们转入后共产主义欧洲，我们拥有了一个可以刺激和奖励改革的政治战略。但是，我们的军事防御已变得不确定。当我们更为长远地在政治领域展开思考时，我们就会受到军事领域的“短视”威胁，即寻求近期利益，而不是较长远投入。

例如，采取结构性裁军。即使当我们在“维也纳会议”上达成协议前，我们作为较弱的一方，就已经悄悄地开始了常规武装力量裁军。然而，我们还不能居功自傲。20世纪80年代早期北约内部认可的武器现代化计划，现在正在削减。只有3个北约成员国目前正在增加防御开支，但是效果欠佳。另外3个国家则希望在1990年不会真正提高其防御开支，其他国家正在削减防御开支，在某些情况下，这种削减程度非常大。即使在最有利的情况下，这样一种变化也会让人感到担忧。我们现在不得不苦心应对美国国会决议案，该决议案将美国在欧洲的驻军水平与欧洲国家维持武装力量的承诺联系在一起。

削减防务开支已经开始使北约感到刺痛：训练不足、缺乏准备、服役期限缩短、师团兵员缺编并且装备不足、驻扎别国领土的军队减少。我们所拥有的那些武装力量，就其承担的任务来说更难训练。造成这种情形的原因在于，公众对和平时期的军事行动持反对态度，这可以让人理解，即保持低水平的飞行训练、野外演习、储备与增援部队。

我所关注的内容是，我们要避免做出假设，即东西双方常规力量的重大削减近在眼前，通过目前实施削减，我们就可以促使这些削减行动提前发生。东西方军事平衡还没有变化，苏联人继续投入军费，继续使军事力量现代化。如果我们单方面削减我们的力量，戈尔巴乔夫先生将知道，北约盟国这样做，他就没必要达成一项常规武器控制协议。我们无法假设，他会单方面放弃其真正的军事力量而不要求回报。

所以，结构性裁军堪称是真正武器控制的大敌，也是真正安全的大敌。当我们在“维也纳会议”达成一项协议时，我们仍需为装备与验证措施受到破坏而付出代价，进言之，我们不会放弃北约的安全制度，我们正在武器数量减少的情况下寻求更大程度的安全。我们需要对我们暂时没有解决的问题予以资助：即当我们武装力量减少时，我们防御工作的质量实际上将会变得更重要。所以，武器控制首先是谋求更大程度的安全，其次才是节省财政支出。如果《欧洲常规武装力量条约》谈判取得成功，我们迟早会节省大量金钱，但是这应被视为一种有益的副作用，而不应成为这一进程的理由。

我们如何在上述历史背景下分摊这种负担？作为北约秘书长，我一年前在华盛顿发表的首个演说中曾提出警告：“分摊负担的辩论决不会退化为一些游戏，也决不会退化为跨大西洋两岸的互相谩骂。”今天，我要以更大的信心说出同样话。

你们和我一样清楚，就像所有其他问题一样，分摊负担并非是北约特有的一个问题，它只是北约自身的一个组成部分；分摊负担在地理、政治与经济上具有很大差距，但正是这些因素构成了北约。因此，只有当北约自身消失后，这一问题才会消失，或者至少会以一种全新的结构形式出现。在当今时代，我们已经使用了所有形式的防御和经济指标，使分摊负担不具有政治性，并且更客观地对其展开评估。这种方法非常有价值，而且很必要，但是分摊负担常常是一种具有高度政治性的事务，能够碰触最敏感的神经。

在现阶段，我假定了三个命题供你们思考。第一，尽管我们不能消除差距，但是我们也不能接受我们社会中存在的差距。同样，无法就分摊负担问题达成一个最终解决方案，这并不意味着我们在当前情形下无法改善差距。第二，在北约范围内，西欧必须做更多工作，这一点非常清楚，包括政治、经济与军事事务。第三，我相信，分摊负担将会在《欧洲常规武装力量条约》进程中发挥重要作用。

关于第一点，北约现在正在取得进展。你们都知道我们关于分担集体安全中角色、风险、责任的报告；分摊负担得到改进，这是1989年北约部长会议指导方案的一个重大特点，构成了此后两年我们防御计划的基础。1989年11月，部长们将会收到一份关于综合进展的报告。尽管预算前景黯淡，但该报告仍包含了许多积极的特点：

1．荷兰做出决定，今年在德国部署一支新的“陆军工程兵指挥部”；

2．意大利为“北约欧洲盟军司令部”（ACE）机动部队再提供一个营；

3．英国和联邦德国签订后勤与训练协议；

4．在北约南欧盟军司令部（CINCSOUTH）储备更多的弹药；

5．意大利为北约“第41战术空军联队”提供一个基地。

关于第二点，没有任何一个国家真得质疑美国对盟国防御所做的不成比例的巨大贡献，尽管我很高兴地说，当前在华盛顿，公众对下面三个基本信条给予了更多理解：

1．在保护西欧的同时，美国也在保护其自身的重要利益；

2．欧洲对共同安全所做的贡献，要比过去所设想的大很多；

3．鉴于1985年后美国防御支出急剧下降，美国与欧洲在防务水平上的差距大大缩小；我听说迪克•切尼几天前提出将美国国防开支削减11%。1987年，美国将其国民生产总值的6%用于防务，而欧洲的平均水平则只有3%。在5年内，如果当前的计划能坚持下去的话，美国的防御支出水平将维持在4.8%左右，欧洲国家的防御支出水平应该保持相对稳定。

因此很清楚，美国已经将其资源从防务领域转向其他优先考虑的领域。作为近年来最沉重防务负担的一个承担者，这大概无可厚非。但事实却是，在许多被经常引用的条款中，跨大西洋两岸的不平衡状况，并非如许多人要我们相信的那样，事实上它正在使其自身恢复平衡。但是，我们总要回到一些关键问题上。分摊负担不只是一个军事演习或者财务会计演习。它涉及所有形式的负担，其中包括了在全球范围内支撑西方利益的政治任务。但是我们仍然有底线，即西欧必须做更多的工作。

今天，我感到极其乐观的是，事情最终可能会发生。首先，1992年“欧洲单一市场”不仅仅是一个口号，它也将成为一种有预定时间的现实。经济学家预测，共同体的全部国民产生总值将会增长5%，这是1992年“欧洲单一市场”发展的结果。随着“欧洲单一市场”成为最大的世界经济中心，并且变成一个日益密切的政治联盟，我可以预见到西欧将在北约内部起到鼓舞作用，不论是在欧洲内部或者外部，它可以更大程度地承担军事与政治责任。归根到底，一个结实的大西洋桥梁必须建立在跨大西洋两岸的强大支柱之上，我坚信，这符合北约的利益，也符合欧洲的利益。

关于我的第三个命题，针对我们未来安全需求所达成武器控制协议的影响，我们不得不明确展开评估。在“维也纳会议”上达成一项协议，这意味着美国驻欧洲的武装力量会更少，一致同意《欧洲常规武装力量条约》的建议，从欧洲撤出30000名来自美国与非欧洲国家的军队；除去北约各方面的防御装备之外，对美国现役武装力量一次性削减20%。

《欧洲常规武装力量》谈判的结果，将会产生深远的政治影响，在盟国当中削减武装力量的总量分配，影响到北约如何为维持其防御而重新分配负担和任务；我预计，这将是一个困难但却颇具决定性的过程。在保持北约团结和可靠防御的同时，我们已经准备在北约内部展开削减。

我不想被人错会其意：将常规武器控制进程视为一种可以简单摆脱负担、减少开销的方式，这将是错误的。这既是危险的，也是虚假的；之所以危险，是因为我们的目标必须要提高安全与稳定，之所以虚假，是因为解除武装的费用有可能相当大。我们将不会从这个领域简单地删除资产，也不会从总账上简单地砍掉相应费用。

我要说，《欧洲常规武装力量条约》进程提供了一个机会，在分摊负担上找到一个更持久的改进方法。我的意思是，事情很清楚，欧洲安全将会更大比例地依靠欧洲防御力量。北约将不得不适应一种逐渐演化的安全安排，即将减少美国军事存在列为考虑因素，尽管美国的军事存在仍然重要而且必要。顺便提一句，我认为，在《欧洲常规武装力量条约》之后以及分摊负担的背景下，专注于人力因素将是一个错误。盟国将不得不再次看到，在跨大西洋两岸之间，在这些盟国中，我们将再次寻找防务工作中力量、现代化、灵活性、持续性的平衡。我们有机会鼓励实施更牢固的欧洲防务合作，在北约内部做到更加专业化，实现更大程度的合理性。虽然因为做得太早而无法达到精确，但我们仍很好地踏上一条历史之路；我相信，这条道路有充分的机会，可以实现我们所一直寻求的真正稳定与安全。

通过设计曾经更加复杂的测量机制，我们也无法解决分摊负担的难题。正是在战胜欧洲分裂、创立一种新的、更稳定的安全结构的过程中，我们最终将减轻负担。我们正处于一个历史性的转折点，其结果还不确定。但是至少，我们最终可以想象实现我们的愿望。让我们因为自己的努力而分心，这将鲁莽至极。我提醒你们：民主国家尚未获得胜利，我们的政治战略取得成功，对于军事战略可谓至关重要。当然，还有许多我们同时可做的事情，可以做出更平等的安排，大西洋两岸都需要政治才能。比什么都更重要的是，北约内部的变化是，美国人做更少的贡献，欧洲人做更多的贡献，这种变化将会得到很巧妙地应对，免得削弱美国在欧洲的作用，也不会减少美国的政治参与，以免给人们留下一个虚假的印象，即欧洲人会单独维持其安全，或单独与苏联打交道。

我相信，我们将避免这些陷阱，我们繁荣的经济、我们充满活力的人民、我们稳固的民主传统，这些都是取得成功的要素。只要我们富有远见，只有我们盯住重大问题，未来将属于肩负使命、伟大的跨大西洋联盟。

<<

三十三、“开放天空”基本元素

（1989年12月14—15日）

Ⅰ. 介绍

1. 1989年5月12日，布什总统建议创立所谓“开放天空”体制，其中规定，参与国将在互利基础上自愿开放其天空，允许飞机飞越其领空，为的是增加关于其军事行动的信任感和透明度。

这一建议扩展了一个概念，该概念在20世纪50年代就已提出，但却没有产生结果，因为那时的国际政治气候极其不利。

今天，这一新提议在完全不同的背景下提出，公开性成为东西方关系的一个中心议题，过去几年经验表明，在建立信任和武器控制领域，我们已经取得重大进展。

2. 《赫尔辛基最后议定书》中详细说明的、针对军事行动进行通告和观察的规定，由1986年“欧洲裁军会议”所总结的《斯德哥尔摩文件》而得到强化，并且具有约束力。

针对武器控制，且不说其近期目标，1987年订立的《美苏两国消除中程和中短程导弹条约》（INFT），由于其可检验条款所涉及的范围，堪称一个具有重要意义的例证。

这一切都使每个国家目前期待着，在不久的将来会出现更惊人的进展。特别是人们在“维也纳会议”上双管齐下：一方面，在“欧安会”35个参与国中深化构建互信与透明的措施；另一方面，就销毁数量众多的常规武器，在大西洋联盟与华沙条约组织的成员国之间达成一项史无前例的协议。

此外，每个国家都等待着在裁军的其他领域取得重大进展，例如化学武器以及美苏战略武器谈判。

3．所有这些协议都会很自然地要求建立自己的核查机制，这些机制通常具有高度干预的特性。进言之，每一项核查条约的特殊条款都将由习惯性方法予以补充，这些习惯性方法由许多国家验证，以符合协议（国家技术手段）规定。

然而，特别是在已改进的东西方关系大行其道的背景下，考虑以其他方式为建立信任和裁军努力而创造一种明显有利的背景，这似乎非常有用。

由此而论，“开放天空”概念具有非常特殊的价值。愿意在一个国家上空飞行，这本身就是一个非常重要的政治行动，此举展示了一个国家对外开放的可用程度。空中监督也代表了一项可以验证的、特别有效的方法，也代表了在上述讨论的军事行动中的总体透明度。

“开放天空”机制具有双重属性，这使该机制主要在“维也纳谈判”背景下，也在事关其他裁军努力（战略武器限制谈判，化学武器）的背景下，成为当前东西双方所付出的努力中一种非常有价值的补充。

现在将注意力集中在欧洲地区似乎是可取的，同时也集中在包括了苏联、美国和加拿大在内的整个疆域。因此，我们准备在合适的时间，考虑其他欧洲国家要求加入“开放天空”机制的愿望。针对建立互信与常规武器控制的努力，这一因素可能会做出补充，而且还会适应这些谈判的目标。

4．为了这一目的，“开放天空”机制应当以下列指导方针为基础：

（1）参与国承诺，通过对其整个国家疆域的空中覆盖监督，展示更大程度的透明度，在原则上不做其他限制，只保留那些保证飞行安全的规定或者国际法规则；

（2）参与国在国家层面上或者联合其盟国，有可能实施这种观察飞行；

（3）所有参与国承诺在国家配额的基础上，采取行动或者接纳这种观察飞行；

（4）建立一致认可的程序，用以确保透明度与飞行安全；

（5）参与国有可能利用这种空中飞行的结果，提高军事行动的公开性和透明度，同时确保与当前或者未来的武器控制措施相一致。

Ⅱ．目标

就参加项目的国家来说，“开放天空”的基本目标是鼓励相互开放，允许检查他们领土上的军事行动和设施，因此加强了互信与安全。“开放天空”可以达到这些目的，这既可以对数据收集的国家技术手段做出补充，也可以对当前与未来武器控制协议所建立的信息交换与验证安排做出补充。

Ⅲ．参与和范围

参与“开放天空”，最初对大西洋联盟与华约组织所有成员国开放，北美与亚洲以及欧洲所有参与国的疆域都会被囊括在内。

Ⅳ．配额

1．“开放天空”的“账单”将会建立在配额基础上，这一配额限制空中飞行次数。配额决定于参与国地理面积的大小，飞行的持续性也受制于所涉及的地理面积。对于地理面积较大的国家来说，配额是一个月在其疆域内允许有数次飞行，所有参与国将被授权在国家层面上，既可以单独参加这种观察飞行，也可以与盟国合作进行。

2．有效运用配额系统需要达成协议，即一个国家不能承担在任何属于同一联盟的其他国家疆域上空的飞行任务。

3．对于参与国来说，配额总数应当建立在这样一种方式上，即北约与华约的全体成员之间、在苏联与北约的北美成员国之间，无法形成准确对应。

4．抛开其面积大小，每一个参与国都有责任接受至少每季度一次的配额。

5．一些比较小的国家，就是那些享有最低配额的国家，他们可能会使自身组成一个团队，目的是主持“开放天空”飞行，联合起来接受那些适应较大单位总体陆地面积的配额。

Ⅴ．飞行器

执行观察飞行任务的一个国家或者几个国家，将会使用非武装的、固定机翼民用飞机或者军事飞机，这些飞机可以搭乘东道国的观察员。

Ⅵ．感应器

允许使用品种繁多的感应器，但有一个非常明确的限制，即禁止使用用于收集和记录信号情报的装置，有一个被禁止使用传感器的种类与类型的名单，该名单得到参与国的一致认可，每年都会更新。

Ⅶ．盟国之间的技术合作

在同一个联盟中的成员国之间，可以达成关于分享飞行器与传感器的多边与双边协定，也可以执行联合飞行行动。

Ⅷ．行动任务

1．飞行器将从已取得共识、提前设计好的进口开始执行观察性飞行任务，在提前设计好的出口结束任务；对每一个参与国来说，这种进口和出口将会由东道国设计好，并且会被列入协议的附录部分。

2．东道国将会提供某种配套性设备、维修保养设备，并且正常提供商业飞行设施。针对飞行过程中的加油站，将制定多项条款。

3．一个观察国在进口处将提前16个小时提供航班抵达通知，然而，如果进口处于海岸或者边境，接受国的疆域不足以覆盖航班到达的进口，这一提前抵达时间通知就可以省略。

4．观察飞行的乘组人员应在到达进口的6个小时内，提出一份飞行计划。

5．在飞行抵达和飞行计划文件归档之后，飞行前24小时这段时间遂宣布开始。这段时间需要时机做出决定，不会出现与计划好的飞行路线有关的飞行安全问题，同时会为飞机提供必要的服务。在飞行前这段时间，针对禁止使用传感器与记录仪，飞机将会接受突击性检查而非破坏性检验。

6．在飞行前，东道国的监视人员可以登上观察飞机。在飞行期间，他们须确保飞机能够按计划飞行，并且监视传感器的运转。在飞行期间，不会出现针对监视人员行动的限制。

7．监视飞行将从达成共识的进口开始，直到取得共识的出口结束，东道国观察员将会从此处下飞机。进口处与出口处有可能是同一个，禁止在一个单独位置上闲逛。飞机不允许进入商业空中走廊，担任观察任务的飞机在原则上可能只会被禁止飞临某些空域，这些空域已经公开宣布出于正当空中安全原因对其他飞机禁飞。这类原因将包括某些特殊危害，对飞机以及乘客构成极度危险。每一个国家都会做出安排，确保这种危害性空域的公开声明能够广泛而且迅速地传播。每个国家都会在协定后设立附录，在其中附加一个可以找到这些公开声明的名单。对于这类飞行来说，其最低飞行高度根据空中安全考虑而各不相同，地面对飞机的控制范围将依据参与国之间提前达成的协议而确定，即按照“国际民航组织”（ICAO）所认可的那些兼容性规则，在这些思考与程序的应用中，推定应该是对最大限度公开性的鼓励，它符合空中安全要求。

8．“开放天空”机制的活动，将会不带有任何偏见、向那些尚未参加的国家开放。

Ⅸ．任务结果

同一个联盟中的许多成员将在他们当中做出决定，如何分享那些从“开放天空”项目中获得的信息。每一个参与国有机会决定希望如何利用这些信息。

Ⅹ．运输

在一个参与国的上空执行运输飞行，在某种程度上对参与国来说，所执行的检查飞行不应该被算作对运输国家的配额不利，条件是运输飞行只在民用飞行走廊进行。

Ⅺ．协议的类型

“开放天空”机制将通过参与国之间的多边条约来确立。

Ⅻ．“开放天空”协商组织

为了促进“开放天空”机制的目标与实施，参与国将会建立一个组织，解决与条约的各项条款相吻合的问题，并且就这种可能对提高机制效率非常必要的措施达成一致意见。

<<

三十四、北大西洋理事会布鲁塞尔会议公报

（1989年12月14—15日）

在过去两天，我们为了深入审查中欧、东欧的政治变化而举行会晤，这是战后欧洲的属性正在产生深刻变化的明证。我们站在一个新时代的门口，其中，民主价值观正在越来越多为整个欧洲大陆所分享，而这些价值观构成北约的核心，也构成了欧洲传统的一个部分。我们的任务是帮助推进和巩固民主价值观，在和平与稳定秩序不断强化的情况下，争取更大的自由运动。我们已经讨论了抓住新机遇的方法，以便将我们在未来建立一个统一欧洲的愿景变成现实。

历史变化时期

1．自从我们在5月召开国家与政府首脑会议开始，大多数东欧国家都出现了越来越引人注目的进步，实现更大限度的民主和自由。尽管长期渴望在东方与西方国家之间实现边境开放，人民自由流动与思想自由交流，需要改革的思想认识一直在扩大，其目标是实现更多以市场为导向的经济与个人选择。

2．这些变化证明，在这些国家中，每个国家的人民都拥有不屈不挠精神，他们肯定了我们长期坚持的信念，即所有人对基本人权与自由都拥有共同愿望，这种共同愿望最终将畅行于整个欧洲。

3．在欧洲，苏联的盟国发生了积极变化，苏联在国内、政治、经济领域的改革，在外交政策上重新定位，在许多重要方面与过去决裂，上述这些积极变化始终提供了行动的动力和前所未有的保证。当苏联继续将这一政策转变为持续、可靠的行动时，东西方国家之间增强互利合作的可能性将会充分增加。

4．在把建设性对话与合作行动扩展到更宽泛领域的过程中，出现了重大进展，联络与交流成倍增加，包括军事领域在内；正在进行的武器控制谈判也取得了进展，大有希望。我们许多国家最近都加强了与苏联以及东方阵营其他国家的高层对话。在这方面，我们特别欢迎布什总统、密特朗总统、科尔总理、撒切尔首相、安德雷奥蒂和马尔罗尼，与苏联总统戈尔巴乔夫召开会议，而且我们也提到，他们发表了多个双边声明。

5．我们很清楚，正在发生的这种变化，其当前进程仍处于早期阶段，必须巩固已取得的进展。许多问题仍未解决，法治以及通过自由选举的民主政府还未完全实现制度化，在许多情况下，基本权利仍然被否定，通向真正民主制度的步伐并不平坦。进言之，我们不能忽视北约继续面对的军事现实，而且这一军事现实也成为欧洲安全问题的核心内容。针对不同的区域性冲突，北约与苏联存在着许多重大差别，这些差别影响到东西方关系获得全面进步的机会。

克服欧洲的分裂

6．自从北约创建开始后，我们就一直呼吁这些深刻的变化，我们长期寻求在欧洲建立一种公正、持久的和平秩序，其基础不仅在于完全尊重所有个人的人权与政治自由，其基础也在于确保所有国家安全，远离侵略或者恐吓威胁。在“哈默尔报告”关于东西方关系中双重方法的基础上，今年5月北约峰会发表宣言，重新肯定了我们将继续支持发展这些自由。12月4日，北约成员国与政府首脑在布鲁塞尔召开会议，我们一致同意加强实施这一协同一致的方法。

7．我们希望，中欧与东欧所实施的改革能够以和平与民主的方式继续下去。我们决定在不寻求一边倒优势的情况下，推动和促进这些改革。我们将会严格遵守《赫尔辛基最后议定书》的所有原则，我们也希望所有其他签约国能这样做，我们不会寻求削弱任何国家合法的安全利益。

8．我们很清楚，欧洲每个国家都是独一无二的，这种多样性必须得到尊重，必须允许他们自我表达。就东欧而言，这取决于东欧每个国家通过对其内部实施改革、解决其自身存在的问题。但是我们认为，在北约的框架下，在我们各自双边关系以及区域合作实践中，我们也能够发挥建设性作用。

9．我们见证了德意志民主共和国和东柏林在迈向民主制度和自由这一过程中所迅速取得的成就，恢复自由的行动特别感人。将柏林一分为二、差不多持续了30多年的“柏林墙”，已经被打破。

出现了许多新机会，足以弥合欧洲的分裂，而且也弥合了德国的分裂，特别是弥合了柏林的分裂，这种新形势为两个德国展开更紧密的合作做好了铺垫。我们寻求加强欧洲的和平状态，德国人民将会通过自决，重获统一，这一进程应该以和平、民主的方式进行，它完全尊重相关的协定和条约，完全尊重在对话与东西方合作的背景下、《赫尔辛基最后议定书》所明确规定的所有原则。这一进程已经被置于欧洲一体化的前景中。

北约持续具有重要性

10．这些事件向我们提出挑战，要我们作为盟国看清自己的责任。对我们人民的安全而言，大西洋联盟构成了重要基础。通过维持长达40年的和平，北约已经使我们的人民在自由、民主价值观中取得胜利，成为对其他社会的一种启示。在变革与不确定当中，北约堪为一个可以信赖的和平维系者。对于未来的欧洲而言，北约为稳定、安全以及合作提供了一个必不可少的基础。

11．为了这一目标，北美与西欧民主国家在北约框架下保持了团结一致，这仍将是必不可少的。对所有成员国来说，北约建立在安全不可分割这一原则的基础上，其目标就是阻止战争。对于可预见的未来而言，北约用于阻止战争的威慑战略并没有什么选择，该战略建立在核力量与常规武装力量的基础上。在保持与我们安全需要相符、可能最低水平武装力量的同时，我们还要确保这些武装力量的可行性与可信性。北美常规武装力量与核力量留驻欧洲可谓至关重要。

12．在及时和有序地谋求武器控制与裁军进展的过程中，我们将继续发挥决定性作用。我们将继续致力于全面、快速推进“武器控制与裁军综合概念”中所提出的目标，上述概念于1989年5月确立。

13．与此同时，北约会越来越多地被要求发挥其政治作用。回想到《北大西洋公约》订立之初，北约作为建立在共同的基本价值观上的一个政治联盟，我们的领导人在1989年5月北约峰会上强调，北约自身必须再度加强努力，弥合欧洲分裂，在这种情况下，北约必须接受新的挑战。因此，我们的任务是，积极而且创造性地利用北约的潜能，在稳定中谋求政治变化。我们支持积极变化的政治方法，它必须是多方面的，而且是动态的，同时寻求鼓励政治多元化，信息自由流动，在应对共同问题的过程中采取合作行动。

欧洲的未来

14．北约将为出台一个不再分裂的欧洲做出重大贡献，我们共同任务中最富有挑战性的东西就是，既超越了单个西欧的资源，也超越了单个北美的资源。因此，将所有民主国家联合起来，共同努力支持我们的安全与政治目标，提供一种能够使我们自身实现广泛合作的框架，大西洋联盟可谓独一无二。

15．展望未来，我们承认，欧洲政治架构的轮廓是完整和自由的，我们决心在催生和塑造这一轮廓的过程中发挥充分作用。我们将进一步付诸努力，加强西方的政治与经济结构。欧洲统一进程对于欧洲的未来至关重要，在激励中欧与东欧改革力量前进的过程中，许多机构扮演了非常重要的角色。对这些改革力量来说，欧洲统一进程成为一个参考坐标，成为一个吸引大众注意力的亮点。这代表了一种自然而然的发展趋势，即北约的北美成员国与欧洲成员国之间保持着手牵手的亲密合作关系；它也代表了一种能够担当关键性稳定要素所具有的凝聚力。我们非常重视“欧洲自由贸易联盟”（EFTA）在正在出现的这种框架中所扮演的角色。我们也承认，“欧洲理事会”在一个更宏大的欧洲视野下所发挥的作用越来越大。

16．就此而论，“欧安会”注定将会在所有领域获得不断增长的重要影响，它将继续为推进和平、更大程度合作与民主价值观，提供一套达成共识的原则，并且提供一种能够赋予这些原则以务实内容与效果的方法。

运用我们的方法

17．考虑到贯彻北约成员国与政府首脑在5月29—30日、12月4日于布鲁塞尔会议上所确立的方法，我们已经同意下列行动路线，这些行动构成了持续进程的一部分。

18．我们渴望获得“欧安会”进程的全面承诺，我们期待着“欧安会”在后两年所商定的会议，我们决心全面利用好这些会议，将其作为推进和平、实现更大程度合作的一种手段，同时也作为加强民主机构的一种手段。只有当所有签约国无论在形式上还是实质上付诸实践，“欧安会”进程都会在其所有领域产生结果，毫无例外可言。因此，我们同意再次强调，完全尊重《赫尔辛基最后议定书》以及后续承诺中的基本自由与权利。

我们也将致力于推进“欧安会”进程，在建立互信领域已经取得了令人鼓舞的成果，作为安全、人权、经济、科学、技术与环境保护中的一个重要环节。我们将在“欧安会”的所有领域寻求新的机会，特别是在即将到来关于“人的因素”的“哥本哈根会议”上，我们将探寻一些能够扩展“欧安会”理念的方法，包括举行自由和民主选举的明确权利。我们将寻求激活“欧安会”的经济领域，集中精力于一些涉及向市场主导经济转变这样的实际问题。就此而言，关于经济合作的“波恩会议”将是迈向前进的重要一步。

盟国正在考虑此后“欧安会”会议在政治层面将取得的有效且可能的成果，这次会议先于1992年“赫尔辛基续会”。作为其预期目的与目标，一次成功的会议需要认真准备，也需要透明度。

19．对于已改进的东西方经济关系来说，中欧与东欧国家所展开的基本经济改革，对加强和扩大基础非常必要。与我们广泛的安全关注相一致，我们打算以一种有差异的策略，鼓励扩展与东欧国家的经济与贸易关系，与他们在经济与政治改革上所取得的进步相对应，并且作为进一步加强这些积极变化的一种方法。建立在完善的商业关系、相互利益以及互惠的基础上，这种关系将会为这些国家不断增强统一铺平道路，使其融入我们所支持的国际经济体系中。东西方经济合作的重要任务，就是通过建立合作性与训练性项目、在技术与管理领域展开交流，探寻将西方经验与专门技能扩展至东欧国家的方法。就此而言，我们通过一种协作策略，支持将现存出口控制实现合理化进程；在保护我们安全利益的同时，这一方法允许我们向东方阵营的改革提供更大程度支持，并且对西方在这些国家的投资给予更大程度保证。

我们完全支持经欧共体委员会为协调24个国家所付出的努力，向波兰和匈牙利提供经济援助，我们还将继续对这些国家的紧急需要做出回应。我们欢迎“24国集团”的部长们在12月13日所做的声明，与我们的伙伴国家合作，更新我们对波兰、匈牙利经济重建实施援助的承诺；表达对中欧与东欧其他国家做出积极回应的意愿，特别是德意志民主共和国、捷克斯洛伐克、保加利亚以及南斯拉夫，这些国家是时候实施必要的政治与经济改革。

20．最近发生的事件为盟国提供了许多新机遇，以便实现武器控制目标，在5月峰会中，“北约武器控制与裁军的综合概念”已经就这一目标做出说明。“综合概念”强调武器控制的作用，将其当作我们安全政策中一个重要而且不可缺少的部分，将其嵌入我们更广泛的政治议程中。我们欢迎最近召开的高层会议，这些会议有助于加快一系列武器控制谈判。

特别真实的是，在“欧安会”进程的框架内出现了两种截然不同的谈判，因此．在“维也纳会议”上就《欧洲常规武装力量条约》（CFE）所展开的谈判已经取得进展，这些谈判强化了我们的信念，即可以在1990年签署一项协议，该协议将代表一项重大步骤，即在较低军备水平上、在欧洲建立一种稳定的军事平衡。我们将在“高级别工作组”内部加强努力，实施这一协议，并且相应的指导我们驻维也纳的代表团。协议开始生效，之后是及时完成已达成共识的武器削减与限制，辅之以有效的监督安排。考虑到监督是一种国家责任，我们将考虑盟国如何以最佳方式将其自身组织起来，为实现这一任务做出贡献。

签署《欧洲常规武装力量条约》，使我们朝着自身目标迈出开拓性一步，即在大规模削减武装力量的层面上，为所有国家提供安全。在这一至关重要协议的基础上，我们将超越这一协议，在盟国中就武器控制所采取的进一步措施展开讨论，就像我们在“武器控制与裁军综合概念”中所强调的那样。

与此同时，考虑到在军事领域实施令人鼓舞的开放以及可以预测的重要意义，并且因此而增强互信，我们也将为“洲际战略弹道导弹”（CSBM）谈判取得进展而开展工作。鉴于我们已经认识到在军事事务上扩展对话的重要性，对于“洲际战略弹道导弹”谈判框架下、在1990

年1月就军事方针所开办的维也纳讲习班，我们表示欢迎。

我们建立信任与安全的目标，将会由于达成关于“开放天空”机制的协议而得到进一步加强，该协议旨在鼓励那些参与协议的国家实施互惠性开放，并且允许对其领土上的军事活动与设施实施观察。目前，我们已经达成一致立场，在1990年2月召开“渥太华会议”。在我们所采取的方法中，一些基本要素将在这一会议公报的附录中做出陈述。

美苏两国打算加快“削减战略武器谈判”，以解决所有实质性问题；如有可能，美苏到1990年6月将订立一项条约，我们对此表示欢迎。

自从为针对化学武器问题而召开的“巴黎会议”添加了动力后，出现了一种令人鼓舞的新发展态势，例如“堪培拉会议”。针对这些事件以及布什总统最近针对化学武器的极度破坏结果所提出的建议，我们将其视为促成“日内瓦谈判”可能尽早取得成功的重大贡献，“日内瓦谈判”的目的在于，颁布一项全面的、可以有效监督的世界性化学武器禁令。

21．通过促进民主社会与机构更大程度的自我意识，通过与身处改革的东欧国家最近恢复活力的立法机构，实现教育交流和立法交流，我们将寻求刺激东西方国家之间的信息自由流动。本着这种精神，与“1989年5月宣言”相一致，我们建立了“北约民主机构奖学金”；该奖学金的目的在于，促进来自东方与西方的个人研究我们的民主结构。

22．我们很清楚，对于我们的公民来说，安全要比制止战争具有更多的含义，而且安全必须从一个更宽泛的角度来看待。在北约内部展开协商，允许我们共同工作，并且与其他国家一起，在多个平台上就新威胁做出共同回应。作为不同层面上国际社会努力的一部分，我们也正在共同述诸努力，包括与东方阵营国家、在具有共同利益的领域展开合作，例如应对破坏性军事技术扩散，与环境退化、恐怖主义、毒品走私等作斗争，和平解决区域性冲突。例如，就环境问题召开的“欧安会”、“索菲亚会议”，所取得的成果受到我们的热烈欢迎；这次会议代表了取得全面而且持续关注的一个有用步骤，即所有国家都必须投身于解决大家共同关注的这一严重问题。

23．国际关系在当前获得发展，大有必要加强我们的协商进程，在适当的情况下，也有必要展开政治协作。这就要求最有利的利用北约的程序，后者构成了大西洋伙伴国之间展开永久性讨论的唯一平台，讨论的基础是针对安全中的政治、经济与军事要素形成一种统一方法。与1989年5月北约峰会所做出的决定相一致，我们为达到这一目的，接受了会期内北大西洋理事会提出的建议。因此，我们决定进一步加强我们协商的过程。

24．北大西洋理事会1990年春季部长会议将在6月、在伦敦召开。

除了公报外，外长们决定就1989年12月14—15日布鲁塞尔会议备忘录发表下列摘录。

在北约内部的经济合作与援助

部长们提到了北约秘书长所做的一份个人报告，该报告检查了北约内部经济欠发达国家所处的环境，也概括了西方向这些国家提供经济援助、实施经济合作所付出的努力。在一些领域，出现了良好的意愿和令人鼓舞的发展，在其他一些领域则进展缓慢，这一混杂局面可谓好坏参半。

部长们重申，在不断增长的层面上持续实施援助、展开合作，这是非常重要的；特别要提到的是，帮助华约成员国中正在出现的民主国家，这种努力不应使我们自己的盟国受到伤害。

北约秘书长的报告也强调，军事援助的水平无法令人满意。

地中海形势

部长们提到了“关于地中海形势”的报告，考虑到这一地区所发生事件对北约安全产生了现实和潜在的影响，他们要求正在会议期间的北大西洋理事会继续就这个问题展开协商，并且在将来的会议上进一步提交报告。

军备合作与计划

部长们检查了“国家武器监督协会”会议所提出的报告，他们特别满意地提到，对“北约常规军备计划体系”（CAPS）的测试现在已经完成，而且正在追求全面军备目标的基础上付诸实施。在接下来的两个周期后，这一形势将会得到检验，以此决定是否能继续这一体系。部长们重申，他们非常重视这个非常重要的联盟倡议。

在合作军备项目的范围内，部长们审阅了“国家武器监督协会”所取得的进展，包括那些被视为美国立法结果所追求的东西；部长们也很高兴，这些合作项目会对保持可信的常规防御态势做出积极贡献。

部长们饶有兴趣地提到，“国家武器监督协会”的执行机制，便利了那些谋求发展国防工业的国家，使其能够实际上参与一些选定的合作军备项目。

部长们也饶有兴趣地提到，在1990年间，“国家武器监督协会”计划检验《欧洲常规武装力量条约》对国防采购的影响，同时检查北约内部放开防御装备市场而出现的问题，他们期待着收到这些检查结果。

科学委员会

部长们注意到北约秘书长就科学委员会活动所提出的报告。

他们赞扬这个项目具有很高水平，该项目目前已存在了30多年。他们对这个协议表示满意，该协议在奖学金项目上进行了重新分配，他们也对最近启动的关于全球气候变化这一特殊项目所达成的协议表示满意。

他们提到，在发展希腊、葡萄牙和土耳其的技术能力的过程中，“支持稳定的科学计划”继续证明了其有效性。

“迎接现代社会挑战委员会”

部长们也注意到北约秘书长关于“迎接现代社会挑战委员会”工作的年度报告，并且对其在高层持续开展活动表示满意。他们提到当年完成了对喷气式飞机所产生噪音的研究，也提到了在环境领域完成教育训练。

针对发达地区的荒漠化展开试点研究，以及针对被动使用电磁频谱展开试点研究，这些工作开始启动，其他同样重要的研究仍在进行当中。

关于启动“现代社会问题研究委员会”活动的新创意报告，在1989年5月北约峰会上得到批准，它将于1990年3月15日提交给北大西洋理事会。

三十五、《欧安会维也纳文件》

（1990年1月）

（1）“欧安会”参会国代表：奥地利、比利时、保加利亚、加拿大、塞浦路斯、捷克与斯洛伐克联邦共和国、丹麦、芬兰、法国、德国、希腊、罗马教廷、匈牙利、冰岛、爱尔兰、意大利、列支敦士登、卢森堡、马耳他、摩纳哥、荷兰、挪威、波兰、葡萄牙、罗马尼亚、圣马力诺、西班牙、瑞典、瑞士、土耳其、苏联、英国、美国、南斯拉夫，根据“欧安会” 的“维也纳续会”以及《马德里总结文件》中关于欧洲“构建信心与安全措施”及裁军大会的规定，在1989年3月9日、在维也纳召开会议。

（2）参会国回顾了欧洲“构建信心与安全措施”与裁军大会的目标，作为“欧洲安全合作大会”所启动的多边进程中坚固而且不可分割的一部分，分阶段采取全新而且有效的具体行动，这些行动的目的是在加强信心与安全的过程中、在实现裁军的过程中取得进步，为的是使国家履行并且表达其责任，即在双边关系与通常的国际关系中免于威胁或使用武器。

（3）由外交部长和其他的代表团领导做开幕式陈述。

（4）从1990年1月16日至2月5日，参会国在研讨会上展开讨论，该研讨会针对常规武装力量在运用信心和安全措施中就态势、结构、行动的军事方针而设置。由于在这些讨论中受到鼓励，参会国决定在1991年春季在维也纳再举办一次有关军事方针的研讨会。

（5）参会国已经采纳了当前的文件，该文件将一套新的“构建信心与安全措施”，与“斯德哥尔摩会议文件”结合起来，这次会议进一步发展了已获得的经验。

（6）参会国承认，互补性的“构建信心与安全措施”，为它们的范围和性质服务，为其加强欧洲信心与安全的实践服务；这些措施在当前的文件中被采用，并且与“欧安会”中“马德里续会”和“维也纳续会”的任务相一致。

（7）参会国也承认，谈判将与“欧安会”中“马德里续会”和“维也纳续会”的指令继续保持一致，为的是进一步建设和扩展已达成的成果。而且已上交的提议，也会持续受到进一步谈判的影响。

（8）参会国回顾“斯德哥尔摩会议文件”第9—27段所包含的内容，即免于威胁或使用武力的公告，并且鉴于《新欧洲巴黎宪章》所示，重申其继续有效。

（9）参会国已采取以下措施：

Ⅰ. 年度军事信息交流——军事力量信息

（10）就像下面详述的那样，针对军事组织、人力、主要武器、装备系统的军事力量，在其“构建信心与安全措施”的运用范围内，参会国每年都将展开信息交流。

（11）通过一致认可的格式，这一信息将在每年12月15日前提供给所有的参会国，它将在下一年1月1日保持有效，并且将包括：

（11.1）1. 那些军事力量指挥组织的信息，提到了第二点和第三点说明，标明每个层面司令部下属的所有编队和部队的指派与隶属，包括旅、团或者同等层次的部队。

（11.2）2．对于陆军下属的每个编队和作战部队来说，包括旅、团或同等层次的部队，信息将表明：

（11.2.1）——指派和隶属；

（11.2.2）——是否现役或者非现役；

（11.2.3）——由精确的地理术语或者坐标标明和平时期司令部的正常位置；

（11.2.4）——和平时期获得授权的人员力量；

（11.2.5）——主要的系统性武器与装备系统，表明每种类型武器的数量：

（11.2.5.1）——战斗坦克；

（11.2.5.2）——直升机；

（11.2.5.3）——装甲战斗车辆；

（11.2.5.4）——永久或整体安装在装甲车上的反坦克制导导弹发射装置；

（11.2.5.5）——自动推动和牵引式火炮群、迫击炮、多管火箭发射装置（100毫米口径及以上）；

（11.2.5.6）——装甲架桥车。

(11.3)每一支长期处于运转中的两栖编队和两栖战斗部队，包括旅、团或同等层次的部队，信息将包括以上陈述的项目。

（11.4）3．每一支属于空军、空中防御航空兵、海军航空兵的空军编队或空军作战部队，它们长期以陆地为基地，包括空军联队或者同等层次的部队，信息将包含：

（11.4.1）——指派和隶属；

（11.4.2）——通过准确的地理术语或坐标，标明和平时期司令部的正常位置；

（11.4.3）——通过部队所在的空军基地或者军用机场，标明和平时期部队所在的正常位置，这说明：

（11.4.3.1）——如果可行，指派或者命名空军基地或军用机场；

（11.4.3.2）——通过精确的地理术语或坐标表明其位置；

（11.4.4）——和平时期获得授权的人员力量；

（11.4.5）——每种类型空军的数量；

（11.4.5.1）——战斗机；

（11.4.5.2）——组成编队或者单位的直升机。

关于部署主要武器和装备系统计划的信息

（12）按照运用“构建信心与安全措施”中关于武装力量信息的规定说明，参会国将就有关主要武器和装备系统部署计划，每年将展开信息交流。

（13）每年12月15日前，将会以一种一致认可的格式，向其他所有参会国提供信息，这一信息将包含下一年的计划，而且还包括：

（13.1）——将要部署的武器装备系统的类型与名称；

（13.2）——每一种武器或者装备系统的总体数量；

（13.3）——只要有可能，计划分配给每一个编队或者单位的每一种武器或装备系统数量；

（13.4）——在多大程度上部署会增加或者替代现存的武器或装备系统。

军事预算信息

（14）参会国将就即将到来的财政年的军事预算信息每年交流信息，在1980年12月12日采用的联合国“军事开支标准化的国际报告”中所列举类别的基础上，详细列出防御开支。

（15）在军事预算被国家主管机构批准后两个月内，将向所有其他的参会国提供信息。

（16）每一个参会国可以要求其他参会国说明其提供的预算信息，

应该在接到参会国预算信息后两个月内提出问题。参会国将尽一切努力，尽快且全面地回答这些问题，这些问题及其回复可以通报所有其他参会国。

Ⅱ. 降低风险——关于异常军事行动的磋商与合作机制

（17）与以下规定相符，参会国将就其军事力量在和平时期正常驻地以外、采取任何不寻常而且计划外的行动，彼此之间展开磋商与合作；这些行动在运用“构建信心与安全措施”的过程中具有极大的军事意义，而且也表达了参与国的安全关注。

（17.1）关心此类行动的参与国，可以向进行此类行动的其他参与国提出要求，要其对此做出解释。

（17.1.1）尽可能声明对此类行动关心的某个原因或者多个原因，声明此类行动的类型、地点或者区域；

（17.1.2）在48小时之内传送要求；

（17.1.3）答复所提出的问题，并且提供其他可能有助于澄清引起关注的行动的相关信息；

（17.1.4）毫不耽搁地将要求和回复传送给所有其他参与国。

（17.2）提出要求的国家，在考虑了所提供的答复后，可以要求召开会议，讨论此事件。

（17.2.1）提出要求的国家，可以要求与给予答复的国家一起召开会议。

（17.2.1.1）此类会议将在48小时内召开。

（17.2.1.2）召开此类会议的要求，将毫不迟疑传送给所有参与国。

（17.2.1.3）做出答复的国家，有权要求其他感兴趣的国家参会，尤其是那些可能会卷入这一行动的国家。

（17.2.1.4）此类会议将会在提出要求的国家与给予答复的国家都

认可的会场召开。如果没有达成一致意见，会议将在“冲突预防中心”举行。

（17.2.1.5）提出要求的国家与给予答复国家，将毫不耽搁地以联合或者单独方式，向所有其他参与国传达会议报告。

（17.2.2）提出要求的国家，可以要求召开一个全体参与国都参加的会议。

（17.2.2.1）此类会议将在48小时内召开。

（17.2.2.2）“冲突预防中心”将作为此会议的会场。

（17.2.2.3）卷入将要讨论事件的国家，将在此类会议上派代表出席。

（17.3）以上提到的参与国之间的交流，将通过“构建信心与安全措施”（CSBM）的交流网络，更好地传递信息。

关于具有军事性质的危险事件的合作

（18）参与国通过“构建信心与安全措施”的运用，就具有军事性质的危险事件的汇报和澄清工作展开合作，为的是防止可能出现误解，减缓对其他参与国的影响。

（18.1）每个参与国将指定一个点进行联络，以防发生此类危险事件，并且会这样通知所有其他参与国。一系列这样的联络点将在“冲突防御中心”保持可用状态。

（18.2）如果发生此类危险事件，以军事力量介入此事件的参与国，将以一种迅速的方式向其他参与国提供有效信息。任何受到此事件影响的国家，都可以要求酌情做出澄清，这样的要求将会得到迅速恢复。

（18.3）参与国之间的交流，将会通过“构建信心与安全措施”的交流网络很好地实现。

（18.4）与此类危险事件的信息相关联的事件，将由参与国在“冲突防御中心”展开讨论，既可以在“冲突预防中心”的年度评估大会上进行，也可以在那里召开更多会议，进行讨论。

（18.5）这些规定将不会影响参与国在任何有关危险事件的国际协议下所具有的权利与义务，他们也不会排除用更多的方法报道和澄清危险事件。

Ⅲ．接触——访问空军基地

（19）每一个拥有第11段所报道空军战斗部队的参与国，都要安排其他参与国的代表，参观他们中一个正常的空军基地，在和平时期有此类部队驻扎，为的是向参观者提供观察空军基地采取行动的机会，包括准备发挥空军基地功能，获得对飞行打击次数的大致观感，以及飞行任务的类型。

（20）所有参与国没有义务在5年期间安排一次以上这样的参观。

（21）参会国为下一年进行此类参观的时间表提出要求，这些要求将在年度评估大会上进行讨论。

（22）照例，每个参与国至多有两个人受到邀请。

（23）在参观前42天或者更早，向所有参会国发出邀请。这一邀请提出了一个初步方案，其中包括：地点、时间、集合时间、计划持续时间、使用语言、膳食、住宿及运输、参观期间允许使用的设备、其他被认为有用的信息。

（24）当将要参观的空军基地坐落在另一个参与国的领土上时，邀请将由其领土上坐落着空军基地的参与国发出。在这种情况下，该国授权给参与国作为东道国的责任，就是安排访问，这种责任将在邀请中加以说明。

（25）回复邀请，说明访问者的名字以及排序，在邀请发出后21天内完成这一工作。如果邀请没有及时被接收，就将假设没有参观者出席。

（26）参观空军基地至少要耗时24小时。

（27）在参观过程中，将要给参观者提供有关空军基地目标和功能的简要说明，还要提供报有关该空军基地目前行动的简要说明。他们将有机会与指挥官及其军队交流，包括那些驻守在空军基地内的辅助或后勤部队。

（28）参观者将有机会观察坐落在空军基地内部所有类型的飞机。

（29）参观结束时，东道国将提供机会，让参观者与主办国官员和高级空军基地人员会面，共同讨论参观的过程。

（30）东道国将决定参观项目，并且授权参观人员进入空军基地。

（31）参观者将遵守东道国所发布的说明，该说明与本文件提出的规定相一致。

（32）东道国将会为这次访问、在适当的地点提供合适的膳宿。

（33）受邀请国家将报销其代表从邀请所确认集合地点的往返旅行费用。

（34）参与国应该与参观者充分合作，确保不会采取任何可能伤害参观者安全的行动。

军事接触

（35）为了进一步改善其在加强“构建信心与安全措施”过程中的双边关系，参与国将视情况而定，促进并且提供便利：

（35.1）——在高级军事人士或防御代表之间展开交流与访问；

（35.2）——在相关军事机构之间展开交流；

（35.3）——其他参与国军事代表出席课堂教学；

（35.4）——在军事司令以及旅、团或者同级部队的指挥官之间展开交流；

（35.5）——在军事研究及相关领域的学者和专家之间展开交流与接触；

（35.6）——在武装力量人员之间展开文化与体育活动。

Ⅳ. 提前通知某些军事行动

（36）参与国将通过外交渠道，就其所商定形式的内容，至少提前42天或者更早向其他所有参与国发出书面通知；即在“构建信心与安全措施”运用范围内，该通知要在开始军事行动前发出。

（37）参与国将会发出通知，告知在该国领土上按照计划将会发生的有关活动，即使那个国家的力量没有参与这一行动，或者他们的力量低于所呈报的水平。此举将不会免除向其他参与国发出通知的义务，如果他们介入计划好的军事行动，达到了所呈报的程度。

（38）每一个下列军事行动在“构建信心与安全措施”运用范围内，都将作为一次单独的行动，在以下所确定的层面上或者在更高层面上展开，这些军事行动都应通告：

（38.1）实施同样演习行动的参与国，其地面部队编队的参与，将会在独立操作的指挥下，或者在与空军或海军部队可能出现的联合中进行。

(38.1.1)不管何时它涉足军事行动，这类军事行动将会广而告之：

——至少13000人，包括辅助部队，或者

——至少300辆作战坦克，组成一种师级编制或至少两个旅或团，无须隶属于同一个师。

（38.1.2）参与国空军部队的参与，将要包含在通告中；可以预见，在飞机执行200次或更多架次任务的过程中，不包括直升机，飞机将会川流不息。

（38.2）在“构建信心与安全措施”的运用范围内，将由空降部队实施两栖登陆以及降落攻击。

（38.2.1）无论何时实施两栖登陆，至少涉及3000名军人，无论何

时实施空投，至少涉及3000名军人，这些军事行动将发出通知。

（38.3）参与国的陆军，在“构建安全与信心措施”运用范围之外，转进实施行动区域的到达位置，或者从“构建信心与安全措施”的运用范围内，转入到实施行动区域的集合位置，以及参加需申报的演习活动，或者被集中在一起。

（38.3.1）这些力量的到达以及集结，都应该发出通告，无论其在行动期间的任何时间涉足其中：

——至少13000名军人，包括辅助部队，或者

——至少300辆作战坦克，组成一种师级编制或至少两个旅或团，无须隶属于同一个师。

（38.3.2）已经转入实施区域的武装力量，当他们离开其到达位置、参加一项须申报的演习行动，或者在“构建信心与安全措施”运用的范围内集合时，都要服从所有经认可的“构建信心与安全措施”的规定。

（39）执行已发出通告的军事行动，但却没有提前通知所涉及的部队，对于提前42天发出通知的要求来说，则属于例外情况。

（39.1）在已经商定的临界值之上，将会在所涉及部队开始此类行动时发出此类行动的通告。

（40）每一次须申报的军事行动，将按照下列认可的书面方式发出通知：

（41）A——总说明；

（41.1）军事行动的任命；

（41.2）军事行动的总体目标；

（41.3）参加军事行动的国家名称；

（41.4）命令、组织以及指挥军事行动的水平；

（41.5）军事行动开始和结束的日期。

（42）B——不同类型的须申报的军事行动信息

（42.1）实施同样演习行动的参与国，其地面部队编队的参与，将会在独立操作的指挥下，或者在与空军或海军部队可能出现的联合行动中进行：

（42.1.1）如果适用的话，参加军事活动的部队总数（例如，地面部队、两栖部队、空军机动部队以及空降部队），还有每一个所涉及国家参与军队的数量；

（42.1.2）部队的指派、隶属、数量、编制类型，一直到每个国家参加的部队，以及包括旅、团或同级水平的部队；

（42.1.3）每个国家战斗坦克总数，以及安装在装甲车上的反坦克制导导弹发射装置的总数；

（42.1.4）火炮群以及多管火箭发射装置（口径100mm或者更大口径）的总数；

（42.1.5）按照分类，直升机的总数；

（42.1.6）所设想的飞机架次数量，不包括直升机；

（42.1.7）空军任务的目标；

（42.1.8）涉及飞机的种类；

（42.1.9）指令、组织以及指挥空军参与的层级；

（42.1.10）海军军舰对岸炮击；

（42.1.11）其他军舰从船上到岸上支持的指示；

（42.1.12）指令、组织、指挥海军参与的层级；

（42.2）军事力量的参与，既可以通过两栖登陆，或者也可通过在“构建信心与安全措施”运用范围内，通过空降部队实施降落攻击：

（42.2.1）涉及须申报与两栖登陆有关的两栖部队总数，以及涉及须申报的参加降落攻击的空降部队总数；

（42.2.2）如果在“构建信心与安全措施”的运用范围内，就须申报的两栖登陆来说，涉及登陆点以及登船的地点。

（42.3）已经转入实施区域的武装力量，当他们离开其到达位置、参加一项须申报的演习行动，或者在“构建信心与安全措施”运用的范围内集合时，都要服从所有经认可的“构建信心与安全措施”的规定。

（42.3.1）转移部队的总数；

（42.3.2）参加转移行动的师团数量与类型；

（42.3.3）参加须申报的到达位置或集合位置的战斗坦克总数；

（42.3.4）到达位置和集合位置的地理坐标；

（43）C——行动的设想区域和时间表

（43.1）视情况而定，通过地理特征与地理坐标所划定的军事行动区域；

（43.2）在“构建信心与安全措施”运用范围内的行动，在每个阶段的开始与终止日期（转移、部署、集结、积极演习阶段、恢复阶段）；战术目标以及相应的每个阶段的地理区域（通过地理坐标划分）；

（43.3）每个阶段的简短描述。

（44.4）D——其他信息

（44.1）如果有的话，关于军事行动年度日程表中所提供的信息会发生的变化；

（44.2）军事行动与其他须申报行动之间的关系。

Ⅴ．对某些军事行动的观察

(45) 参与国将邀请从所有来自其他参与国的观察员，参加以下须申报的军事活动：

(45.1)——在实施同样演习行动的参与国，其地面部队编队的参与，将会在独立操作的指挥下，或者在与空军或海军部队可能出现的联合中进行。

（45.2）——军事力量的参与，既可以通过两栖登陆，或者也可通过在“构建信心与安全措施”运用范围内、通过空降部队进行降落攻击。

（45.3）——就参与国地面部队编队的参与而言，在“构建安全与信心措施”运用范围之外，转进实施行动区域的到达位置，或者从“构建信心与安全措施”的运用范围内，转入到实施行动区域的集合位置，参加须申报的演习活动，或者被集中在一起。已经被转入实施区域的武装力量，当他们离开到达位置、参与须申报的演习行动时，或者当他们集结在“构建信心与安全措施”运用范围内的时候，都将服从“构建信心与安全措施”所有商定的规定。

（45.4）无论何时，当参与的军队数量达到或超过17000人时，上述提及的行动将接受观察。除去两栖登陆或者通过空降部队进行降落攻击外，无论何时，当参与的部队数量达到或超过5000人时，也将接受观察。

（46）东道国在发出通知时，将通过外交渠道、以书面方式向所有其他参与国发出邀请。东道国就是那个已通知在其领土上实施军事行动的参与国。

（47）东道国将委派一些代表作为主持人，在东道国领土上接待另一些参与军事行动的国家。在这种情况下，东道国将就其军事行动邀请所担负的责任进行分配。

（48）每一个参与国将派出两名观察员，参与需要观察的军事行动。

（49）受邀国可以决定，是否派出军事或平民观察员，包括东道国承认其资格的人员。在通常情况下，军事观察员在履行任务时将穿戴制服，佩戴徽章。

（50）对邀请的回复，要以书面的形式，在邀请发出后21天内发出。

（51）接受邀请的参与国，要在其对邀请的回复中，提供观察员的名字和职级。如果没有及时接到邀请，将被假定为不会派出观察员。

（52）连同邀请函一起，东道国还要提供一项一般性观察计划，该计划包括以下信息：

（52.1）——观察员集合的日期、时间和地点；

（52.2）——观察计划安排好的时限；

（52.3）——在解释和翻译中所使用的语言；

（52.4）——对观察员膳食、住宿、交通的安排；

（52.5）——由东道国做好安排，向观察员发放观测装备；

（52.6）——对观察员可能携带的、供其使用的特殊工具，东道国可能进行授权；

（52.7）——因为特殊天气或环境原因，东道国将安排好特殊衣物，发放给观察员。

（53）——观察员可能就观察项目提出要求。东道国在可能的情况下，要答应这些要求。

（54）——东道国将决定观察的时限，该时限将允许观察员，从达到或者超过所商定的观察临界点那一时刻开始，对须申报的军事行动实施观察，一直到行动的最后时刻，即观察无法进行的临界点。

（55）东道国负责将观察员运送到已发出通知行动所发生的地区，并负责将他们送回来。可能由首都、也可能由邀请中提到的另一个合适地点提供交通，这样，观察员就可以在观察计划开始之前就位。

（56）受邀国将报销观察员到东道国首都或者邀请所确定的另一个合适地点的往返路费。

（57）观察员将会获得平等的待遇，以及履行其职能的平等机遇。

（58）在他们执行任务的过程中，观察员将被授予《维也纳外交关系公约》的外交机构所有的特权与豁免权。

（59）参会国将确保，参加被观察的军事行动的官方人员与部队，以及其他位于军事行动区域内的武装人员，将会在关于观察员出席、地位与职能等方面获得足够的信息。参与国将与观察员实施充分合作，确保不会发生危害观察员安全的行动。

（60）东道国无需获准参观受限制的区域、设施或防御点。

（61）为了允许观察员确定，已发出通知的行动，如所预料不具有威胁性，而且这一行动的实施与通知中的适当规定相一致，东道国将：

（61.1）——在观察计划开始时，就目标、基本形势、行动过程以及可能发生变化的相关通知，发表一项简要声明，并且向观察员提供一份关于观察计划的每日时间表；

（61.2）——提供给观察员一份比例不小于1比250,000的地图，该地图描绘了已发出通知的军事行动区域，也描绘了该地区最初的战术形势。为了描述已发出通知的军事行动的整个地区，可能还要提供更小比例的地图；

（61.3）——向观察员提供合适的观察设备；此外，观察员允许使用他们自己的双筒望远镜、地图、照片、摄影机、录音机、手持被动夜视录音机。以上提及的设备，需要接受东道国的检查和批准。当然，东道国会在限制区域、设施或者防御点使用某些设备；

（61.4）——在可行以及充分考虑到观察员安全的时候，鼓励在实施军事行动的区域提供航空测量，优先使用直升机。如果付诸实施，这样的测量将使观察员有机会从空中观察参与行动的军事力量部署，帮助他们获得一种有关范围和规模的大致印象。每个国家至少可以派出一位观察员参与观察，他可以有机会参加这样的航空测量。直升机或者飞机由东道国提供，或者在征得东道国同意的情况下、由另一个参与国提供；

（61.5）在实施观察计划的过程中，要在地图的帮助下、就军事行动不同阶段及其部署，向观察员提供每日简报，并且通知观察员关于它们的地理位置；如果陆军行动与空军或海军一起开展，将由这些来自各种军事力量的代表提供简报；

（61.6）提供机会，以便直接观察参与军事行动的这些国家所拥有的力量，这样，观察员就会获得关于整体行动流程的印象；为了实现这个目的，东道国将向观察员提供机会，以便观察师一级或者同样等级的所有参加编队的战斗部队与辅助部队。在任何可能的情况下，观察员有机会参观在师级或同样等级编队以下的部队，并且与指挥官和部队人员展开交流。指挥官与其他参加编队高级指挥人员，以及受访部队的高级指挥人员，将会通知观察员关于其各自部队的任务与部署；

（61.7）在军事行动区域内引导观察员；观察员将遵守由东道国所发出的指令，这一指令与这个文件所提出的规定相一致；

（61.8）在军事行动区域内向观察者提供合适的交通工具；

（61.9）向观察员提供机会，使他能与其大使馆或者其他官方机构、领事馆及时交流；东道国没有义务报销观察员的通讯费用；

（61.10）在实施观察计划的适当地点，向观察员提供合适的膳食、住宿，在必要时，提供医疗服务；

（61.11）在每次观察结束时，向观察员们提供一起见面的机会，以及与东道国官方人员见面的机会，就观察活动的过程展开讨论。如果有东道国以外的国家参与这一活动，那些国家的军事代表也将受邀参加这种讨论。

（62）参与国没必要邀请观察员去观察须申报的军事行动，这些军事行动没有事先通知所涉及的部队就已展开，除非那些须申报的军事活动具有一个72小时以上的时限。这些活动的延续如果超出这一时间，就需要观察，虽然达到或者超过了用于观察而商定的临界点。观察计划将按照实际情况，尽可能严格遵守这一文件所陈述的所有观察规定。

（63）参与国受到鼓励，允许来自所有参与国的媒体代表参加对军事活动的观察，以保持与东道国所确定的认证程序。在这种情况下，来自所有参与国的媒体代表，将不会受到被歧视的待遇，而且会公平地获得向媒体代表开放的、关于军事活动的各个层面信息。

（64）媒体代表的出席，不能干涉观察员履行其职责，也不能干涉军事行动的流转。

Ⅵ．年度日程表

（65）每个参与国将与其他所有参与国一起，就事先通知的军事行动的变动日程表展开交流，在“构建信心与安全措施”运用范围内，预报下一年的活动。每个参与国在遵守体制的前提下，将参加其他参与国所展开的军事行动，它都会将这些军事活动列在其年度日程表上。这一年日程表每年将通过外交渠道、在下一年11月15日前以书面形式进行传递。

（66）如果参与国没有预报事先通知的军事活动，它就会以同样的方式通知所有其他参与国，按照规定交流年度日程表。

（67）每个参与国将按时间顺序列出以上提及的军事行动，并且按照以下的模式提供每一次活动的信息：

（67.1）——军事活动的类型及其指派；

（67.2）——总体特征以及军事行动的目标；

（67.3）——涉及军事活动的国家；

（67.4）——军事活动区域，在适当的情况下由地理特征来表示，并且用地理坐标定义；

（67.5）——通过所设想的起止日期标明其军事行动的计划时限；

（67.6）——所设想的参与军事活动的部队总数。对于涉及不止一国的军事活动，东道国将提供每一个所涉及国家的此类信息；

（67.7）——参与到军事活动中的武装力量类型；

（67.8）——军事活动所设想的层级，以及直接作战指令的指派，将会在该指令下展开军事行动；

（67.9）——设想参与这一军事活动的师团类型与数量；

（67.10）——尤其是关于武装力量组成的附加信息，人们认为参与国正在筹划的军事行动与此有关；

（68）如果有关年度日程表中军事活动的变化是必要的，它们将会在得到适当的通知前通报所有其他参会国。

（69）如果某个参与国取消其列在年度日程表中的军事活动，或者将其减少到通知临界点的水平之下，参与国将立即通知其他国家。

（70）事先通知未包括在年度日程表中军事行动的信息，将会尽快向所有参与国通报，以便与年度日程表所提供的模式保持一致。

Ⅶ．施加约束的规定

（71）每个参与国将会在每年11月15日前，以书面形式通报所有其他参会国，通报信息是涉及40000人以上、事先通知的军事活动，这些活动是其计划在下一年实施或者主持的。此类通报将包括每一次军事活动的事前资料，以及关于军事活动的大体目标、时间表、持续时间、区域、规模以及所涉及的国家。

（72）参与国将不会实施涉及40000人以上、须事先通知的军事活动，除非这些行动是上文所确定的通报目标。

（73）参与国将不会实施涉及40000人以上、须事先通知的军事活动，除非这些行动已经列在年度日程表中，不会晚于每年11月15日。

（74）除去列在年度日程表中的那些行动外，如果须事先通知的军事行动付诸实施，它们应该尽可能少。

Ⅷ．服从与查证

（75）根据“马德里会议授权”，“构建信心与安全措施”将要在“以适当形式对其内容进行相关验证”基础上达成一致。

（76）参与国承认，在国家层面的技术手段，将遵守一致认可的“构建信心与安全措施”，在检测中发挥重要作用。

检　查

（77）根据这一文件所包含的规定，在“构建信心与安全措施”运用范围内，每个参与国都有权在其他参与国的领土之上实施检查。

（78）在“构建信心与安全措施”的运用范围内，任何参与国都获准可以提出要求，在其他参与国领土上实施检查，遵守所认可的“构建信心与安全措施”，此举尚不明确。

（79）任何一个参与国在“构建信心与安全措施”运用范围内，都没有义务在其领土上每年接受3次以上检查。

（80）任何一个参与国，都没有义务接受同一个参与国所提出的、每年一次以上的检查。

（81）因为不可抗力的因素，如果检查无法执行，它就不能算数。

（82）要求实施检查的参与国，应该说明实施这一检查的原因。

（83）接到这种检查要求的参与国，要在所认可的时限内，很肯定地回复这一要求，遵守第（79）、（80）段落所包含的规定。

（84）任何关于某项要求的有效性原因的争论，都无法阻止或延迟实施检查。

（85）要求检查的参与国，在“构建信心与安全措施”运用范围内，获准在另一个国家的领土上、指定一块特殊的区域实施检查。这种区域被认为是“特定区域”。“特定区域”将包含须申报的军事行动所展开的地带，或者另一个参与国确定须申报的军事行动将要发生的地带。“特定区域”将通过须申报的军事行动的范围和规模予以定义和限制，但是它不会超过一个军级水平军事活动所要求的规模。

（86）在“特定区域”内，检查国家的代表，将要由接受检查国家的代表陪同，他们将获准接近并且进入，而且实行畅通无阻的航空监测，除了通常被拒绝或限制的区域或敏感地点、军事设施以及其他防御设施外，还有海军舰艇、军事车辆以及飞机。受限制区域的数量和范围应该尽量有所限制。在须申报的军事活动所展开的区域，不能被宣布为限制区域，除非有某些长期或暂时的军事设施；在领土条款中，此类区域应该尽可能小，因此，那些区域将不会被用于阻止对须申报军事活动的检查。限制区域不会以一种与取得认可的检查规定不一致的方式付诸使用。

（87）在“特定区域”内，参与国的武装力量而不是接受检查国家的武装力量，也将尊重检查国家开展的检查。

（88）检查将获准在地面进行，在空中监测，或者从两个方面进行。

（89）接受检查国家的代表，将陪伴检查小组；包括在陆地车辆或飞机上，从其首次雇佣之时起，一直到他们不再为检查目标服务为止。

（90）在此请求中，实施检查的国家将通知接受检查的国家：

（90.1）——申请的理由；

（90.2）——由地理坐标所定义的“特定区域”地址；

（90.3）——检查组进入的首选地点；

（90.4）——到达和离开进入点的交通方式，如果适用的话，到达或返回“特殊区域”的交通方式；

（90.5）——在“特定区域”的某个位置开始检查；

（90.6）——检查是否由空中监测或是在陆地展开，还是两者同时展开；

（90.7）——空中监测是否需要飞机或直升机，或者两者都需要；

（90.8）——检查小组是否使用接受检查国家所提供的陆地交通工具，或者如果双方同意，使用其自己的交通工具；

（90.9）——向进入接受检查国家的检查人员发放外交签证的信息。

（91）要在可能最短的时间内，对检查要求做出回复，仅仅在24小时内完成。在提出要求36小时内，检查小组将获准进入接受检查国家的领土。

（92）任何实施检查的要求以及回复，都需要毫不耽搁地通报所有参与国。

（93）接受检查的国家应该指定尽可能接近“特定区域”的进入点。接受检查的国家将确保，检查小组能够从进入点毫不耽搁地到达“特定区域”。

（94）所有参与国都要为检查小组在其领土内通行提供便利。

（95）在检查小组到达“特定区域”后48小时内，检查将被终止。

（96）检查小组的成员不超过4人。在开始检查的时候，检查小组可以分成两部分。

（97）如果合适的话，检查人员以及辅助人员，在其执行任务期间，获准享有《维也纳外交关系公约》所规定的特权和豁免权。

（98）参与国将确保，在“特定区域”内的军队、其他军队人员和军官，都能够充分了解关于检查人员的出席、地位和职能；如果合适的话，还要包括辅助人员。接受检查的国家将确保，其代表不会采取危及检查人员安全的行动，如果合适的话，也包括辅助人员。在履行其职责的过程中，检查人员以及在适当情况下的辅助人员，将考虑接受检查国家的代表所表达的安全关注。

（99）接受检查的国家将在方便实施检查的地方，为检查小组提供合适的膳食、住宿以及必要时的医疗保健；无论如何不排除检查小组使用其自身的帐篷或者口粮。

（100）检查小组可以使用其自己的地图、图标、图片、摄影设备、双筒望远镜、手携被动夜视设备以及录音机。在到达“特定区域”前，检查小组要向接受检查国家的代表出示其设备。

（101）检查小组有权得到接受检查国家所提供的适当的无线电通讯设备，以便与接受检查国家所认可的大使馆或者其他官方机构、领事馆取得联系。

（102）接受检查的国家将向检查小组提供适当的无线电通讯设备，以便使检查小组的子团队之间保持持续联系。

（103）检查人员有权在商定的时间，要求并且接受检查国家的军事代表提交简报。根据检查人员的要求，这种简报将由“特定区域”内的编队司令或者部队指挥官出具。接受检查国家就简报提出的各项建议，也会予以考虑。

（104）实施检查的国家将说明，是否空中检查需要使用飞机、直升机，或者两者都用。用于检查的飞机，将根据实施检查的国家和接受检查的国家双方协议选定。被选中的飞机，将在检查期间向检查小组提供一个连续的陆地视图。

（105）在执行飞行计划后，具体说明、尤其是检查小组选择的飞行路线、在“特定区域”的飞行速度与高度，均由“空中交通管制当局”的主管登记备案，实施检查的飞机获准毫不迟延地进入特定区域。在“特定区域”内，检查小组将按照“空中交通管制当局”的要求，可以获准偏离已批准的飞行计划，以便实施更具体的观察，前提是这样的飞行偏离与第（86）段以及飞行安全、空中交通要求相一致。对机组人员的指导，将由接受检查国家的代表、在所涉及的负责实施检查的飞机上提供。

（106）如果提出这样要求的话，检查小组中的某个成员将会获准，可以在任何时候查看飞机航行设备的数据，有权获得飞行人员所使用的地图与图表，目的是在检查飞行中确定飞机的精确位置。

（107）在48小时检查期间，空中检察人员和地面检查人员可以返回特定区域。

（108）接受检查的国家将提供用于检查目的、具有有穿行全国能力的陆地交通工具，当双方同意考虑需检查地区相关的特殊地理环境时，实施检查的国家可以获准使用自己的车辆。

（109）如果陆地交通工具或飞机由实施检查的国家提供，每一辆陆地交通工具将有一位陪同司机，每一架飞机将有一名陪同飞行员。

（110）实施检查的国家将准备一份检查报告，并且会毫不耽搁地将检查报告的副本提供给所有参与国。

（111）检查支出将由接受检查的国家承担，除了实施检查的国家使用自己的飞机或陆地交通工具。进入或离开进入点的旅费将由实施检查的国家承担。

评　估

（112）根据军事力量资料规定提供的信息，根据主要武器与装备系统部署计划资料所提供的信息，都将进行评估。

（113）遵守每个参与国的规定，将有机会参观在和平时期正常位置的现役编队和部队，就像《军事力量信息法》第2、第3条所说明的那样，允许其他参与国就所提供的信息展开评估。

（114）每个参与国都有义务接受一个配额,在每60个部队中每年进行一次评估性参观，或者在第（11）段下所报告的任何部分。无论如何，参与国都没有义务每年接受15名以上参观者。参与国没有义务从同样的参会国接受超过五分之一参观配额；参观配额不足5次的参会国，每年没有义务接受同为参与国的一次以上参观。没有哪个编队或部队，能在一年中安排两次以上的参观，而且同样的参与国也无法在一年中安排一次以上参观。

（115）参与国没有义务在其领土内、在任何特定时间接受一次以上的访问。

（116）在"构建信心与安全措施"运用范围内，如果参与国有编队或者部队驻扎在其他参与国（东道国）的领土上，每个相关国家的武装力量所能允许的最多评估访问次数，将与每个国家的部队数量成正比。这一规定的运用，将不会改变参观的数量，这一参与国（驻扎国家）将不得不接受第114段。

（117）在发出公告5天后，将会提交此类评估访问的要求。

（118）这个要求将说明：

（118.1）——将要访问的编队或部队；

（118.2）——进行访问的建议日期；

（118.3）——评估小组优先进入地点以及日期，还有预计到达的时间；

（118.4）——到达和离开进入点的交通方式，如果合适的话，到达和离开将要访问编队或部队的交通方式；

（118.5）——小组成员的名字和级别，如果合适的话，发布外交签证的信息。

（119）——如果参与国的编队或部队驻扎在另一个参与国领土上，检查要求将会发给东道国，同时发给所驻扎国家。

（120）对检查要求的回复，将在接到要求后48小时内发出。

（121）如果参与国的编队或部队驻扎在另外参与国领土上，回复将由东道国与驻扎国协商之后做出。在东道国和驻扎国协商后，东道国将会在其回复中说明其责任，即同意委托给驻扎国。

（122）回复将会说明，不论是编队还是部队，都可以在和平时期正常位置、在所建议的日期展开评估。

（123）编队或部队可能在和平时期正常位置也无法做出评估，每个参会国有权在这种情况下不接受访问；不接受的原因以及编队或部队无法评估的天数，要在回复中予以声明。每个参与国有权援引这一规定的次数，每年至多5次，合计每年加起来不超过30天。

（124）如果编队或部队不在和平时期正常位置，回复要说明离开的原因，以及持续不在的时限。要求做回复的国家，要提供对和平时期正常位置以外编队或部队进行访问的机会。如果被要求的国家没有提供这样一个机会，提出要求的国家也能够访问和平时期正常位置的编队或部队。不管怎样，提出要求的国家将在这两种情况下避免进行这样的访问。

（125）如果访问没有执行，访问将不会被算作受访国的配额；同样，如果因为不可抗力因素而未能执行访问，它们也不会被算作配额。

（126）回复将会标出进入点，如果合适的话，回复还会标明检查小组集合的时间和地点。如果合适的话，进入点以及集合地点将会指定在尽可能靠近被访问的编队或部队所在地。接受访问的国家将确保，检查小组能够毫不迟延地接近编队或部队。

（127）要求与回复将毫不延迟地通报所有参与国。

（128）参与国将为检查小组在其领土内的通行提供便利。

（129）检查小组只有两名成员，它将由一名翻译作为辅助人员陪同相伴。

（130）如果合适的话，检查小组成员和辅助人员，将会在其执行任务期间被授予《维也纳外交关系公约》所确保的特权和豁免权。

（131）访问要在单独工作日期间进行，并且至多持续12个小时。

（132）编队或部队的指挥官或者其副手，在编队或部队的司令部做一份简报，由此开始访问，简报的内容是第（11）段所报告的关于人员、主要武器、装备系统。

（132.1）就对编队的访问而言，接受访问的国家将提供机会，查看处于正常位置、在第（11）段下所报告的编队人员、主要武器和装备系统，但并非查看在正常位置中的任意一支编队或部队。

（132.2）就对部队的访问而言，接受参观的国家将提供机会，查看处于正常位置、在第（11）段下所报告的部队人员、主要武器和装备系统。

（133）敏感地点、设施以及装备将不会准许进入。

（134）检查小组将由接受访问国家的代表全程陪同。

（135）接受访问的国家将在检查小组访问编队或部队期间，向其提供合适的交通。

（136）检查小组可以使用个人双筒望远镜和录音机。

（137）访问将不会干扰编队或部队的行动。

（138）参与国将确保，在编队或部队中的武装人员和军官，将充分了解关于检查小组成员的出席、地位和职能，如果合适的话，也包括辅助人员。参与国也要确保，他们的代表不会采取可能会危及检查小组成员安全的任何行动，如果合适的话，也包括辅助人员。在执行其职责的过程中，检查小组成员以及辅助人员，将考虑接受检查国家代表所表达的安全关注。

（139）到达和返回进入点的旅费将由访问国承担。

（140）访问国家将准备一份访问报告，尽快将其通报所有参与国。

（141）每个参与国有权及时从其他参会国将获得关于运用所认可“构建信心与安全措施”的澄清。如果合适的话，就这一内容的交流，将提交给其他所有参与国。

（142）关于服从和核查的交流，将优先通过“构建信心与安全措施”的交流网络进行传递。

Ⅸ. 交流

（143）参与国要在其首都之间建立直接交流的网络，用于传递关于认可措施的信息。这一网络将会补充现在所使用的外交渠道。参与国将会以一种灵活、有效并且低成本有效方式使用该网络。

（144）每个参与国将指定一个联络点，可以保证每天24小时从其他参与国接受并传递这样的信息。每个参与国将在1991年4月15日以前以文本方式通知其他参与国这一指派工作，并且就这种指派工作的任何改变提前发出通知。

（145）网络的技术特征在附件II中已做了陈述。

（146）交流将使用“欧安会”6种工作语言中的任意一种。

（147）使用这6种语言的细节，已在附件III中做了陈述。附件的规定已经做了详细说明，仅仅是为了交流系统的现实目标。按照“赫尔辛基协商最终备忘录”所陈述的、已经建立的规定和习惯，他们将不打算改变现在所使用的“欧安会”全部6种工作语言。

（148）信息将被认为是发送国家的官方交流。如果信息内容与所认可的措施无关，接受国家有权通知其他参与国加以拒绝。

（149）参与国可能同意在他们当中为了其他目的而使用这一网络。

（150）使用这一网络的所有方面，可能都会在年度评估大会上被讨论。

X．年度实施评估会议

（151）参与国将每年举行一次会议，讨论现在及以后所商定“构建信心与安全措施”的实施情况。讨论将延伸至：

（151.1）——澄清由于此类实施而产生的问题；

（151.2）——已商定措施的运作；

（151.3）——来源于实行任何已商定措施所具有全部信息，推动“欧安会”框架下“构建信心与安全措施”的进程。

（152）——在每年会议得出结论之前，参与国通常将商定下一年会议的日程和日期。没有达成一致，就没有足够的理由延长会议，除非另有协议。如果必要的话，议程和日期可能会在会议之间达成一致。

（153）“冲突预防中心”将被用作此类会议的平台。

（154）第一次年度评估会议将在1991年举行。

（155）参与国强调，新一套互补性“构建信心与安全措施”，建立并且扩展“斯德哥尔摩会议”所取得的结果，目标是减少欧洲军事对抗风险，同时强调将其付诸实践，将会对这些目标有所贡献。

（156）重申《赫尔辛基最后议定书》的相关目标，参与国决定继续构建信心，减少军事对抗，加强所有国家的安全。

（157）该文件所采取的措施具有政治约束力，并且将于1991年1月1日生效。

（158）要求奥地利政府，将当前文件转交在巴黎召开的“欧安会”参与国政府或国家首脑会议，转交给“欧安会”的“赫尔辛基续会”。而且也要求奥地利政府将当前文件转交给联合国秘书长，转交给未参会的地中海国家各国政府。

（159）这一文件的文本将在每个参与国出版，此举将使其广为散布，而且使其尽可能广为人知。

（160）对于奥地利政府及其人民为在维也纳“构建信心与安全措施”谈判所做的出色安排，以及他们对参加谈判的各国代表所展示的热情好客，参与国代表们表示诚挚的谢意。

维也纳，1990年11月17日

附件 I

在“马德里会议授权”的条款下，“构建信心与安全措施”运用范围内的定义如下：

在权利平等、均衡与互惠的基础上，公平尊重所有“欧安会”参与国的安全利益；在他们各自关于在欧洲“构建信心与安全措施”与裁军义务的基础上，这些“构建信心与安全措施”将覆盖整个欧洲以及邻近海域和领空。它们将具有军事意义与政治约束力，而且还会提供与其内容相关的多种形式验证。

就所关心的邻近海域和领空而言，这些措施将适用于所有发生于此的参与国军事行动；无论这些军事行动影响到欧洲安全，还是构成了上文所提到的整个欧洲内部所采取行动的一部分，他们会同意就这些行动发出通知。

在上述范围的定义中，什么都无法削弱在《赫尔辛基最后议定书》之下已承担的义务。在这次会议上已商定的“构建信心与安全措施”，也将适用于《赫尔辛基最后议定书》中任何条款所覆盖的所有领域，这些条款关系到构建信心的措施以及安全与裁军的某些方面。

就此而言，所提到的邻近海域，据了解也是指临近欧洲的海域。

（129）检查小组的成员只有两名，可能由一名翻译作为辅助人员陪同。

附件Ⅱ
交流网络的技术特征

1. 交流网络将建立在分组交换数据网络（PSDN）的基础上，该网络根据X.25协议建立。

2. 只要有可能，将使用公共分组交换数据网络。

3. 处理交换的信息，将被集中在某个位置。

4. 信息交换系统仅仅需要有存储和发送的能力，为的是行使其交通管理作用。

5. 交流软件将基于X.400推荐版本。

6. 端点系统在资源上的最小硬件要求将是PC兼容机。

7. 将会使用地址密码，以确保交流的私密性。

8. 不需要加密。

9. 信息的完整性应该得到保护。

附件Ⅲ
使用6种“欧安会”语言

如果有可能，将会用 “欧安会”全部6种工作语言、以标题的形式传递信息。

在参与国当中，这种形式得到详细解释，并且得到认可，目的在于通过将语言因素减少到最小程度，使传递的信息快速得到理解。参与国同意在该方面展开工作，这将包括使用商定的拉丁字母方式来重复条目。

任何叙事文本，只要达到此类形式所要求的程度，还有尚未对其本身实施格式化的信息，都将由负责传送的国家使用所选定的“欧安会”工作语言进行传送。

如果存在疑问，每个参与国都有权要求澄清信息。

附件Ⅳ
主席陈述

为了方便有效使用交流网络，参会国将充分考虑快速传递其信息，并且考虑直接易懂的现实需要。翻译成另外一种“欧安会”工作语言，将会在需要满足那个原则的地方被加入其中。参会国指出，至少有两种“欧安会”工作语言，他们愿意接受翻译。

根据“赫尔辛基协商最终备忘录”所陈述的已经建立的规则和惯例，这些规定无论如何都不会妨碍“欧安会”6种工作语言在未来继续使用。

这一陈述将作为1990年“维也纳文件”的附件，与其一起发表。

维也纳，1990年11月17日

附件Ⅴ
主席陈述

考虑到“马德里会议授权”国家，“构建信心与安全措施”将会被提供多种验证方式。据了解，在持续的谈判中，将会找到一种合适的解决办法，以便评估非现役编队或部队，它们由日常训练目标所启动。

这一陈述作为1990年“维也纳文件”的附件，将与其一起发表。

维也纳，1990年11月17日

附件Ⅵ
主席陈述

据了解，在评估访问的过程中，开支问题将会在进一步谈判的过程中得到解决。

这一陈述作为1990年“维也纳文件”的附件，与其一起发表。

维也纳，1990年11月17日

附件Ⅶ
主席陈述

据了解，考虑到商定好的“构建信心与安全措施”付诸生效的约定日期，考虑到在它们中关于限制条款所包含的规定，考虑到每年交流军事信息和评估，以及通过早期转向全面执行该文件的条款来表达其利益，参与国同意以下内容：

根据所商定的规定，关于1992年度所计划的、涉及超过40000人的军事行动，将在1990年12月15日前交流完毕。

1991年4月15日前完成关于军事力量信息的交流，到1991年5月1日有效。关于部署主要武器和装备系统计划的信息，将在1991年4月15日前完成交换。

对评估所做的规定，将在1991年7月1日生效。因此，1991年，参与国均没有义务接受超过半数的评估访问，除非根据这一文件有义务接受。

这一陈述作为1990年“维也纳文件”的附件，将与其一起发表。

维也纳，1990年11月17日

<<

三十六、“大西洋联盟与德国统一”
——北约秘书长曼弗雷德·维尔纳在“优博赛俱乐部”的讲话

（1990年2月8日）

欧洲安全是个问题，现在必须予以重新看待。过去几十年的刚性军事冲突，越来越让位于对强化安全的关注，让位于通过使用军事与政治元素组合，积极追求和平。

我们将在未来数年内面对两大任务：

1．建设新的安全结构；

2．在欧洲创立一种新政治秩序。

就长远看，对于保持和加强和平而言，这两项任务同样不可或缺。

因此，北约面临双重挑战，在改变现状的动态过程中，北约必须充当一种驱动力和导向力，帮助建立一种和平与自由的大陆新秩序。然而，北约必须成为稳定之源，确保欧洲的安全；在苏联内部呈现飘忽不定的发展态势、中欧与东欧身陷困境的过渡时期，北约尤其如此。

创立21世纪欧洲安全均势的任务，向北约提供了一个历史机遇。在苏联体制面临全面变化的压力下，苏联赞成建立一种新安全秩序。西方安全与稳定的基本前提包括：美国军队驻守欧洲大陆，大西洋联盟持续存在，以最终的核威慑来维护和平，目前这些内容越来越得到苏联的认可，被当作稳定的先决条件、未来安全结构的基本原则。

我相信下列要点非常重要：

1．跨大西洋连接就是不断将美国纳入我们的安全结构中，只有跨大西洋连接才能从长远保证稳定。美国对欧洲安全的承诺是第二次世界大战后所建立的西方制度的基石，它能够给我们带来和平。如果没有北美国家的积极参与，就不可能平衡德国人在统一中的利益、德国的邻国所关心的东西、苏联的合法安全利益，也不可能达成共同一致立场。

2．北约是跨大西洋连接的一种具体表达，它对于未来的安全方案可谓不可或缺。与此同时，对于正在进行中的武器控制进程，北约仍将具有指导功能。

3．对于未来欧洲安全结构来说，“维也纳谈判”提供了起点。初步结果还是进一步降低武装力量水平，建立新的防御结构。美国提出的最新建议是，削减美苏在中欧的驻军，使之保持在20万以下，这一建议指明了方向。然而，欧洲未来的常规性裁军并不是一个纯粹的会计问题，在透明度不断增加的情况下，它既不能覆盖武装力量的多个层面，也不能涵盖集结能力、后勤、基础设施、部署方式、武力结构、演习方式。

4．在就最低限度核军备达成共识后，新的欧洲均势也必然包括作为和平最后保证的剩余核威慑力。在这一点上，苏联发言人最新发表的声明可谓令人鼓舞，甚至包括戈尔巴乔夫的声明。

5．非常有必要发展合作机制，推动与东方阵营的互相理解；举例来说，就是在军事院校、军队互访、举办加强共同学习的研讨班等方面，展开更多交流。

6．如果华约从根本上转变为一个由自由和平等伙伴组成的自愿联盟，将北约与华约相比，可谓最适合想象，或者颇有帮助。在这种情况发生之前，两个组织无法恰如其分地予以等同，尽管由于欠考虑或者欠透明的缘故，它们经常被等同在一起，甚至将这两个联盟视为军事集团，这也是严重的误导。华约自身已不再是一个集团，更不用说北约了。大西洋联盟是一个身处自由世界中的民主、自决国家所组成的自由联盟，在本质上纯粹是防御性的。到目前为止，华约一直是一个军事联盟，涉身其中的人们缺乏自由表达意志的合法权利，我们希望变革，因为变革将会决定性地改善富有成效合作的前景。

7．虽然如此，我们不能而且也不会成为华约的担保人，我们既不会主张其解散，也不会主张其继续存在。它的命运将取决于其成员国独自行使其自由选择权，这在武器控制进程中将得到许可。

8．即使华约没有将其自身解散，这也不构成解散北约的理由。相反，有充分的理由认为，作为稳定的代理人，我们的作用将会变得更加重要。

9．将苏联军队驻守于中欧与东欧，等同于美国军队驻守西欧，这既无法让人接受，也会于事无补。美国与加拿大军队驻守西欧，得到了西欧各国议会与政府的同意。苏联军队驻守中欧与东欧则并非如此，相反，捷克斯洛伐克与匈牙利的自由政府一直要求苏联撤军。同样，撤出苏联军队不仅能够而且事实上将会推动削减美国驻欧军队的规模，但是不会完全撤出美国军队，因为还存在着地缘战略原因。当前的武器控制谈判，不应该被当作苏联在中欧与东欧驻军、违背所在国意愿的合法理由，也不应该将苏军撤离当作北美军队撤离的条件。

未来欧洲政治秩序必须建立在人民自由自决的权利基础之上，从西方的辩论看，维持和平的欧洲架构轮廓已经依稀可见，它建立在现存机构的基础之上，这些机构代表了战后时期的杰出成就：

1．欧洲统一进程的目标是政治联盟；

2．大西洋联盟；

3．“欧安会”进程。

由此而论，支持建立泛欧洲和平体系的“欧安会”框架，具有特殊的重要意义。“欧安会”体系必须得到扩展和深化。然而，这种包罗万象的结构，不仅无法取代大西洋联盟，而且也无法补充大西洋联盟。由35个国家组成这一组织，他们仍可行使投票权，该组织应该如何真正地确保安全呢？只有大西洋联盟能够为不断增长的欧洲架构提供结构性基础，即使是在欧洲大陆当前发生变化的情况下，大西洋联盟也能战胜那些从来无法排除的危机与冲突。北约成为一个保护伞，欧洲一体化可以在其庇护下获得富有活力而且持久的发展。如果欧共体（EC）与“欧安会”在可预见的未来不得不担负保证和平的任务，那么它们就会负载过重。欧共体与“欧安会”既不会放弃必要的结构，也不会放弃目前及可预见演进状态中的各种相应机构。

无论我们关注欧洲的安全安排，或是关注欧洲的和平政治秩序，我们都会不可避免地发现德国问题是一个关键，德国的统一将会到来。我们一直为民主制度的胜利而奋斗，为结束欧洲分裂与德国分裂而奋斗，我们必须接受人民所扮演的关键角色，他们正在东方的变革中塑造一种新秩序。实现德国统一的时间表，甚至不会由设计者和政府按照民主德国事态的发展来确定，也不大会由这个国家人民以及联邦德国人民来确定，而民主德国事态的变化堪称是实现欧洲重大重组的一部分。政治家们和外交家们所能做的事情，就是承认这些事实，并且打造一种框架。这样，对于欧洲所有人来说，这一进程将是平稳与和谐的，可以避免带有附属性风险的危机以及飘忽不定的发展。

自1954年—1955年度联邦德国加入北约后，北约一直致力于德国统一，这是3个西方大国以及所有其他盟国的真实意愿。北约不是德国统一的障碍，至多是欧洲一体化的障碍，它有助于带来更多的民主与自由，它寻求战胜德国与欧洲的分裂，它正在促进东方阵营的改革。

北约持续存在，德国统一事业取得进展，两者完全兼容。事实上，我想说的是，它们互相依赖。目前，我有时听到一种说法，即将一个统一的德国留在大西洋联盟内，这是一种不现实的假设。我将以我们从历史经验中所获取的洞察力，正视这些不同声音：将解散北约作为德国统一的必要条件，这会剥夺德国与欧洲支撑其稳定的基本力量。只有牢牢植根于西方，才能为我们所致力的艰难进程提供基本的稳定秩序。

考虑到德国的地缘战略地位及其政治、经济和军事潜力，德国成为一个漂泊不定的中立国家，不能成为一个解决方案，这是所有盟国的一致看法。它甚至也不是苏联人所明确的自我利益，最后两个世纪的历史证明了这一点。

因此，对于仍植根于大西洋联盟、而且还属于欧共体的德国来说，并不存在能让人接受的替代方案。请大家理解，以充满活力、放眼未来的方式思考德国问题，以同样方式将大西洋联盟的作用与功能仅仅视为静止不动，这将是一个错误，后者是同一系列快速且相互依存发展的另一个部分。

苏联正在适应德国走向统一这一运动，外交部长谢瓦尔德纳泽在布鲁塞尔所发表的讲话，以及戈尔巴乔夫总书记所发表的最后声明，都展示了这一点。苏联的安全利益以及他们给出的定义，在过去4年间出现了显著变化。自1945年以来，苏联在欧洲的前沿部署，部分源于其充当世界强国的扩张主义动力。这种需要已经失去了目前明确认识的理由，即不存在来自西方的威胁。

因此，苏联对其安全的观念已经发生变化，他们不再需要一个西方缓冲地带，苏联不得不接受了一个事实，即它的安全将会得到加强，不会因为失去中欧与东欧的缓冲区而被削弱，这一切有可能已经这样发生了。新的而且稳定的结构、不断增加的繁荣、中欧与西欧以新的而且更紧密的方式展开国际合作，以上这些都将会有利于苏联的改革进程。

苏联的安全利益就是生活在远离威胁的稳定与自由中，与苏联周边的国家展开合作。从长远看，通过加快裁军进程以及进一步削减军事力量，通过利用北约在维系和平中的合作伙伴地位，通过扩展“欧安会”体系以及由此减少对抗，这些安全利益将会得到更好的强化。

另外，西方设计中的特殊安排，应考虑苏联的安全利益，将一个统一的德国当作大西洋联盟的成员国。这一安排的一个组成部分就是，民主德国的领土具有特殊的军事地位，或者达成一项能够禁止将军事一体化扩展到民主德国领土的协议。这些仅仅是多种可以想象的可能性中的两个。德国统一并且获得大西洋联盟成员国资格，在一个安全架构中是完全兼容的，因为该架构将保持欧洲稳定，符合苏联以及其他国家的利益。

作为一项紧急事务，北约成员国必须将这种考虑与德国统一问题的进展，纳入同一个概念中。

一个重要的迹象就是，欧共体、大西洋联盟和“欧安会”，应该作为德国统一和欧洲统一的框架来发展。省略这些结构性元素，将会打破平衡，而这种平衡对于德国与欧洲的未来非常重要。苏联能够确保，我们会非常认真地考虑其想法，我们也将尊重其合法的安全利益。

<<

三十七、“北约和新欧洲秩序”
——北约秘书长曼弗雷德·维尔纳在意大利参议院的讲话

（1990年4月19日）

当然，罗马是一座“永恒之城”，这个完全恰当的称谓不仅仅来自于它对西方文明的贡献，例如其充满活力的文化、富丽堂皇的建筑，而且还因为它是一座任何人都最常想驻足的城市。

因此，我非常感谢我亲爱的老朋友：乔瓦尼•斯帕多利尼参议员；就像我一样，从我们在一起亲密工作的日子开始，他有了一个全新的身份，在这个艰难时刻出任意大利国防部长；应他的邀请，我今天重返罗马。我在两个方面重新强化了自己的感觉，其一是罗马在古代世界中的宏大气魄，其二是在现代世界中的喧闹繁忙；我希望在这样一个盛会中，能够有机会荣幸地发表演说，以此表示我对你们的感谢。

就北约建立新欧洲秩序所具有的重要意义，我特别高兴向现场的观众发表演讲。在这个历史的节骨眼上，我们需要将连续性与想象结合起来，将恒定与创新结合起来，将对大西洋伙伴关系的热爱与对欧洲统一的热爱结合起来。这些一直是过去40年意大利政策的标记，而且这些也符合现在对品质的要求。意大利在探寻未来欧洲的道路上一直走在前列，它从北约汲取力量，获得稳定，我们从中获得真正的稳定与和平，而这种稳定与和平在整个历史上与欧洲人一直绝缘。我向你们发出的信息是，我们现在需要一种机会，一种可以获得成功的真正机会。这样做需要智慧和远见，以便在我们已取得成绩的基础上再接再厉。

自从12个月前北约举行40周年纪念开始，我们不仅见证了一场爆发在中欧与东欧街头上的革命，而且也见证了40年来依附在东西方关系下所设想的各种革命。欧洲爆发战争的可能性，在差不多半个世纪中达到最低点。

针对我们安全的危险现在正在减小，过去已经证明，不稳定容易引起爆炸。但是欧洲的形势还是发展到一个节点上，即北约对政治安全而非专门军事安全的概念，正在显示出自身独特的个性。尽管尚未实现，但我们还是有机会构建一种实施和平合作的新欧洲架构，可以很好地应对潜在的冲突或者形势倒转。

现在，常规性威胁正在销声匿迹，在各国为应对外部威胁而组成的传统联盟之外，北约还能成为什么呢？在新欧洲安全秩序的背景下，北约还剩下什么特别重要的内容吗？

第一，也是最重要的，北约为美国确定了方向，远离孤立主义，对维护欧洲和平与稳定做出长久承诺。只要盟国希望，美国就准备尽可能长久地保持着这一承诺。从传统意义上讲，欧洲一直未能享有稳定。由于俄国在军事实力与地理位置上占据优势，这使探寻建设一个新欧洲的努力变得复杂化，这是欧洲连接美国和加拿大的链条，这一链条在40年间给欧洲提供了安全与稳定。大西洋联盟不仅巩固了欧洲与北美之间命运之盟，而且也显示了一个事实，即当民主国家团结起来，就会变得最安全、最强大。

事实上，北约已经变成一种独特的模式，可以集体负责自由国家之间广泛定义的安全，北约已经建立了一种政治以及军事伙伴关系。在对战争的威慑中，在这种伙伴关系赖为基础的价值观与生命力中，北约都堪称是一种主要因素。在北约内部，前对手已经达成和解，所有国家都享有平等的安全。北约的稳定框架向外扩展，以保护欧洲的中立地位；新近实现民主化的中欧与东欧国家也承认，如果没有北约，他们不会恢复独立和自由。

如果没有这个稳定的北约框架，对于过去不断变化的联盟与强权政治来说，欧洲将再次变得很脆弱。安全将会“国有化”，关于民族国家单独寻求一种难以捉摸的安全这个主题，欧洲的历史教训非常清楚。只有大西洋集体安全体系可以平衡并限制苏联在欧洲的力量优势，确保相对较弱的一方，在面对相对较强一方时保持自信。

北约的另一个历史成就是，将核武器转变为维持和平的最终工具。北约已经获得核威慑，它也便利了其成员国参与集体核计划。考虑到武器控制可以减少而不会取消核武器，欧洲人将会得到很好的建议，保持北约所主张的控制结构。当然，北约无法单独将未来欧洲秩序的结构力求落实到位，但是，考虑用一个机构或者其他机构作为未来的基础，就会错过关键点：我们必须依靠现存的所有组织以及所取得的成就。

举例来说，欧共体正在扮演一个重要的政治角色，尤其在中欧与东欧的经济重建中如此；欧共体有一个建立政治联盟的最终目标，而且为了实现这一目标，12个成员国已经实现了能给人留下深刻印象的互动；欧共体明显成为最具有吸引力和活力的欧洲政治组织。然而，尽管欧共体的政治认同正在出现，但它还没有安全维度，而且在可预见的未来，它也无法获得这种安全维度。

在西方获得成功的中心问题上，北约与欧共体提供了凝聚力与稳定。在此基础之上，“欧安会”拥有一个光明的前途，成为支持新欧洲结构的框架。然而，“欧安会”还缺乏绑定性规定的法律稳定性，缺乏一个常设机构地位或者一种解决冲突机制，该机制拥有能够有效执法与制裁的权力。考虑到35个成员国不同的价值观、利益以及观点，每个国家都有权投票，因此“欧安会”不能保证安全。推进民主价值观和人权、打破壁垒，这是“欧安会”工作的必要内容，但“欧安会”无法替代大西洋联盟，大西洋联盟仍然是每一个未来欧洲安全结构的重要支柱之一。

我们的挑战是如何扩展而不是削弱安全，不论是欧共体还是“欧安会”，也不管是采取单独方式还是采取联合方式，在跨越整个欧洲分担稳定与民主的责任中，都无法替代跨大西洋联盟。只有北约能够使美国和加拿大与欧洲绑在一起；只有北约能够确保，在没有挫折与倒退的恐惧感的情况下展开变革；只有北约能够全面协调施用于中欧与东欧重建的西方战略；只有北约能够在最大限度保证德国自身及其邻国安全的情况下，牢牢地将统一的德国植根于西方。

从这个角度看，北约在20世纪90年代将面临三项任务：

第一，建立一种新欧洲秩序，该秩序不仅更公平，而且要比冷战时期的任何秩序更持久。欧洲将继续变化若干年，华约终结，冷战军事对抗结束，德国统一迫在眉睫，上述内容从根本上改变了摆在北约面前的地势。我们已经在军事和政治上做了调整，以适应新环境，我们将要为未来欧洲架构做出两大直接而且重要的贡献。

只要戈尔巴乔夫推进民主和改革，盟国就会在政治和物质两个方面给予支持，盟国正在向苏联证明，他们并不打算利用苏联的颓势，只会在苏联艰难转型中向其提供援助。特别是，盟国将尊重苏联在欧洲的合法安全利益，这样它就可以充满信心地着力于改革。毫无疑问，我们想要苏联的改革取得成功，并且赞成苏联在安全领域能非常稳妥地实施改革。第二大贡献就是赋予新德国以北约成员国资格，此举将确保德国继续留在西方。此举使德国人的自决权成为其固有的权利，以便与欧洲的稳定相兼容。它符合苏联的利益，也符合德国的邻国与其伙伴国的利益。与此同时，北约将继续为“欧安会”进程做出贡献，建立稳固的民主机构，在欧洲所有国家加速推进尊重人权、少数民族权力以及法制。北约也会利用“欧安会”进程，打破阻碍人员、文化与经济交流的壁垒，跨越欧洲正在消失的分界线，推进东方阵营的经济进步。

事实上，北约非常清楚，和平不只是军事安全，它也取决于处理人类的紧迫问题。出于这个原因，我们出台了“北约第三维度”报告，这是我们处理科学与环境问题的一项计划。在越来越多情况下，北约正协助建立从全球气候变化到凝聚态物理全方位的科学专业知识。意大利一直是这些计划的一个重大承担者，对这些计划的发展具有指导性影响。6月，我们在埃里切会面，庆祝“迎接现代社会挑战委员会”成立20周年。我想强调，我们非常感谢意大利政府，特别是安德雷奥蒂总理，在北约中所持续给予的支持。

北约也在推进武器控制谈判，使东西方对抗走向衰落成为一个不可逆转的过程。如果北约能够使欧洲各国在其重大安全利益上展开合作，他们就会发现，在所有事情上的合作会更加容易。我们希望常规武装力量协议可以在今年订立，该协议将构成新欧洲架构中不可或缺的基础。只要你留意“战略核武器谈判”、化学武器禁令以及构建互信措施，这说明我们正在向前推进。

但是，冲突不会只因为武器控制或者外交而止步，我们还无法保有未来。举例来说，苏联的发展无法预料，达成《常规武器裁军条约》的前景无法掩盖一个事实，即苏联仍将是一个超级大国，它正在其境内外对其核武库实施现代化。尽管苏联人正在继续努力实施所承诺的单方面武器削减，但是他们已经重构了其剩余的武装力量。即使所有的苏联武装力量退回到其国境内，苏联武装力量用于实施恐吓的能力仍将保留。我们必须记住，苏联帝国崩溃，苏联、中欧以及东欧许多地区已经出现区域性紧张局势和民族主义。

因此，第二个任务必须是保持安全和平，我们的防御结构将会继续充当和平的主要保证，充当危机处置的必要元素。在20世纪行将结束之际，战争可能具有非常大的破坏性，以至于我们必须认真重视战争的预防工作，这只是因为目前战争不太可能了。

但在此前提下，我们还要保持一种可靠的防御能力，常规武器控制所取得的结果，以及东方阵营发生的变化，相比过去为我们的武装力量结构所做的计划，给我们提供了更多的灵活性。很明显，北约的武装力量需要处置当前欧洲出现的危险，未来则像现在一样，不必保持同样水平的准备状态以及可利用率。在即将订立的《常规武装力量条约》（CFE）中，这些调整不会局限于我们的条约义务；北约正在展望一种超脱对抗的新欧洲安全体系，该体系的基础是合作、透明，以及与威慑相称的最低武装力量水平。

第三，也是最后一个，即北约必须确保北美与欧洲之间的伙伴关系，同时要应对他们关系中的所有复杂问题；其中，欧洲变得越来越有自知之明，而且在政治上趋于统一。这是伙伴关系的一个基本政治选择，同时还要保持我们所取得的成果。对跨大西洋连接的侵蚀，将会使我们所有人的处境变坏，包括我们在东方阵营的合作伙伴。

北约的未来不会与华约的未来绑在一起，两个联盟无法等同，北约是16个民主国家团结与意志的表达，而华约在另一方面则充当了苏联控制中欧与东欧的工具，它的未来只能取决于华约成员国所做的自由决定。

同样，美国在欧洲的驻军也不能与苏联驻军相比。美军驻守欧洲，可谓专门接受了盟国政府与议会的邀请，苏联现在承认他们彻底的防御意图及其令人放心的影响。莫斯科甚至接受了布什总统的建议，对美国驻欧军队实施一项更高上限，超出苏联在其领土以外驻守军队的规模。

对我一开始提出问题的答复是，北约是一个具有和平、安全与繁荣愿景的联盟。我们的价值观是包罗万象的，而不是排外的。北约不是一个简单对抗威胁与恐吓的联盟，而是一种伙伴关系与获取成功的模式，它也是未来欧洲享有和平自由的一种愿景。我们今天的历史发展，允许我们最终有望实现这一愿景，超脱对抗，走向合作，就像北约几十年来所希望的那样。

<<

三十八、“20世纪90年代的大西洋联盟与欧洲安全”
——北约秘书长曼弗雷德·维尔纳对“布雷默执行委员会”的讲话

（1990年5月17日）

历史不会总像小溪一样静静流淌，总会有几个阶段前行非常缓慢，也总会有几个阶段前行非常迅速，还会有几个阶段发生事件的势头加快，事实上还有几个阶段那些事件的发展进程甚至超过了其他事件的发展进程。今天，我们正在体现历史的这种加速状态。欧洲政治景观的形态正在发生非常关键的变化，欧洲正在为其自身寻求一种新的形式。我们仍无法确定欧洲最终将变成什么，我们可以确信，欧洲的轮廓已经依稀可见。

在历史发生转变的这个阶段中，情况总是这样，现在出现了一些新的而且大胆的观点以及可能性，而且在我们的路途中，我们也发现了新的风险与危险。

机 遇

机遇：机遇最终会实现我们的愿景，在安全与持久和平秩序的基础上，建立一个自由、统一欧洲。在这方面，我们对欧洲的称谓还不是最首要的，不论是欧洲和平秩序，或者是“欧洲共同家园”或“欧洲联邦”。重要的是这个秩序所具有的实质性内容：即所有公民的人权与自由选择权；法律面前，人人平等；开放边境；自决、民主、保护少数民族权利。这就是我们所坚持的东西。当前就欧洲未来安全结构的争论，过多集中在程序和结构问题上。如果我们不去强调这个秩序所具有的实质，情况就会好一点。这一秩序已经被涵盖在“欧安会”进程中的3项任务中，我们需要对其予以加强，将其转化为一连串具有合法约束力的保证。

第一，也是最重要的，即大西洋联盟自开启后所一直赖为基础的普遍价值。这些普遍价值目前在全世界蒸蒸日上，希望这一次也会有好的结果。对自由、民主以及植根于自由的市场经济体制的渴望，是目前历史的驱动力。落在我们这一代人肩上的历史使命，就是支持这一动态发展的进程，引导其实现我们的愿景，使其达到必要的稳固程度。因此，它也为大西洋联盟的基本任务下了定义，即大西洋联盟是最重要的命运共同体，在目前自由世界中，它是我们展开联合协商与共同努力的最重要共同体。

风　险

然而，与欧洲国家体制转变捆绑在一起的风险也非常明显。内部与外部发展都存在着不稳定风险，甚至还有崩溃的危险。欧洲存在着许多与民主国家建设有关的重大问题，也存在着许多与中欧、东欧经济重建相关的重大问题，还存在着许多我们一直认为已经克服旧的国家与民族竞争，还有许多边境问题、少数民族问题也再度死灰复燃。鉴于苏联军事力量仍然非常可怕，没有人知道苏联明天将会发生什么事情。我们必须要将这些风险与来自第三世界的那些风险算在一起：弹道导弹技术扩散、化学与核武器扩散。永恒的和平仍不过是一场美梦，老式的权力政治仍然是最重要的。因此，我们当前任务的另一面就是掌控这些危险，而且包容甚至消除这些风险。

如果我们满足了我们历史使命的两个方面，那么我们就绝对可以在两个主要的西方组织之间——大西洋联盟与欧共体，建立一个强大的、富有建设性的伙伴关系。在我们历史上的这一阶段，我们比以往更迫切需要一种对共同目标、稳定以及与美国展开合作的感受。如果没有大西洋联盟，就不会有整个自由世界的凝聚力与团结，也不会有跨大西洋伙伴关系，亦不会有安全与稳定。如果没有欧共体，就不会有欧洲国家更紧密的联合，就不会有经济繁荣，亦不会有富有创造性的活力。

北约与欧共体

大西洋联盟和欧共体不是对手，它们是互补的，它们在一起和谐工作。在其职权范围重叠的地方，我们需要真正的理解，不需要建立新机构。我们能够达成这种真正理解，因为两个组织拥有许多共同成员；在“欧洲委员会”与“北约国际秘书部”之间，我们也可以展开非官方接触。大西洋联盟非常有兴趣建立一个更强大、更统一的欧洲——与政治联盟完全一致，包括在更宽泛的大西洋框架下建立欧洲防务实体。事实上，当我们面对重大任务时，今天要比过去更需要这种理解。因为这些重大任务使自由的西方国家必须将其所有武装力量联合起来，而不是分散开来，包括北美的武装力量在内。

任　务

最重要的任务是：

1．支持中欧与东欧国家付诸努力，建设民主制度，打造成功的经济，如果没有我们的帮助，他们就没有任何机会；

2．支持戈尔巴乔夫以及致力于改革的那些力量，只要他们改革的目标是寻求推进民主、自由、多元化以及市场经济；

3．为整个欧洲建立一种新的安全体制；

4．将统一的德国深深植根于这一安全体系中，植根于西方框架内，即欧共体与北约；

5．扩展裁军进程，确保其能够迅速取得进步；

6．就像在过去，阻止战争，使任何战争威胁变得毫无意义。

如果我们放弃大西洋联盟，或者容忍其解散，那么我们怎么可能完成这些任务呢？这将是一个严重的历史错误，大西洋联盟：

（1）已经引导美国远离孤立主义，并且持续承诺维持欧洲的和平与稳定，未来它将继续致力于此；

（2）作为一个稳定的框架，北约为保护欧洲中立国做出了贡献。

（3）将核武器转化为维持和平的一种工具，武器控制可以减少但却无法取消核武器，欧洲人将很明智地保留北约所主张的武器控制结构。

安全处置模式：从维和到和平构建

大西洋联盟已经变成自由国家之间集体处置安全的一种特殊模式，它在主权国家之间创立了一种政治与军事伙伴关系。这是一个基本的原因，因为它在促进和平方面取得了成功。我们现在必须要在从维持和平到构建和平的过程中取得进展。

北约这个稳定的框架也对保护欧洲中立国做出了贡献；新近实施民主化的中欧、东欧国家认识到，如果没有北约，它们将不会恢复其独立与自由，事实上也无法保住独立与自由。

如果缺乏北约的稳定架构，面对过去不断变化的联盟以及大国政治，欧洲会再次变得非常脆弱。安全将变得“再度国有化”，就各国单独谋求安全这个话题而言，欧洲历史的教训可谓非常清楚。

我们的挑战是扩展安全而不是削减安全，不论是欧共体还是“欧安会”进程，不管以单个方式或者联合方式，在为整个欧洲保持安全与自由的过程中，哪个组织都无法代替大西洋联盟。只有大西洋联盟可以将美国和加拿大拴在欧洲，只有它能够保证，可以展开变化而不惧任何挫折与倒退；只有它可以协调西方的大战略，即在新欧洲维持和平、维持民主价值观；在保持德国及其邻国最大限度安全的情况下，将统一后的德国植根于西方。

欧洲安全结构

下一个10年的主要任务就是，建立一个新欧洲安全结构，将苏联与华约成员国囊括其中。在构建这一体系的过程中，苏联将发挥重要作用。如果你们考虑到苏联当前的状态，实际上它没剩下什么盟国，你就能理解苏联的合理愿望，即不希望被迫退出欧洲。

这样一种欧洲安全结构，承担着将欧洲国家组成一种安全伙伴关系的任务，要战胜冷战时期僵硬的敌对状态，在从对抗到合作的过程中取得进展。有两个方案目前正在讨论当中：方案之一就是建立一种集体安全结构，其中，两个联盟将都被解散，以支持建立一个合作安全组织；或者另一方案就是围绕现存结构——大西洋联盟与欧共体，建立一个组织，就像一个总体框架一样展开工作，将他们绑在一起并予以扩展。

对我们来说，只有第二个方案可供我们认真选择。原因在于，如果按照历史经验，只有当所有参与国拥有完美和谐的利益时，集体安全结构才能发挥作用。当一个国家不得不保证所有其他国家的安全时，在发生冲突时，它真得无权向任何一个国家提供任何具体保证。集体安全体系有赖于所有参与方的长久美好意愿。在本质上，只有在其通过了第一次严峻考验时，该体制才能运转，然后，它会分解为相互敌对的联盟与大国集团。二战前的“国际联盟”就是最好的例证。因此，我们不得不在现存的结构基础上构建未来的欧洲安全架构，进一步发展那些我们现在已有的合作方式。

我们拥有这一架构的下列要素：

1．“欧安会”进程

这已经给我们提供了未来安全架构的胚胎，在其主持下，“欧安会”35个参与国本着团结与具体合作精神来打造其关系。因此，我们不得不发展“欧安会”，带来新的元素，例如自由选举权，并且将“欧安会”制度化。然后，我们会很好地运用它，针对安全、构建互信、危机预防、和平解决冲突，将其作为展开定期协商的一个平台。

我们不得不扩展武器控制，进一步深化步骤，即没有一个欧洲国家或者国家联盟，可以利用军事力量威胁另一个国家，或者寄希望于发动一场成功的军事侵略。

2. 欧共体

欧共体是政治一体化最有前途、最具吸引力的一种模式，其目标是建立政治联盟，并且有望将其他欧洲国家联系在一起。欧共体甚至提出了建立一个未来欧洲联邦的前景。

3. 大西洋联盟

大西洋联盟给我们提供了一种历史上最成功的联盟模式，该联盟拥有16个自由的主权国家，他们集体保护其安全。北约是统一而且坚决的，它有能力完成其未来的使命。

“欧安会”无法完成这些任务，不是在现在，也不是在未来，它没有权力决定和实施制裁。所有35个成员国都有权利投票。利益、社会结构以及价值体系，这些构成了“欧安会”，这显得过于多样化，以至在发生冲突时无法制定和实施一项共同的安全政策。如果他们中的一个或者多个国家致力于解决所提到的冲突问题，那将会更加困难。作为一个构建互信的中介，这无论如何不会限制“欧安会”的有限性。然而，“欧安会”虽不能替代大西洋联盟，但它仍然是未来欧洲安全架构一个必不可少的支柱。

德国的成员国资格

北约的其他主要任务，就是将统一的德国深深植根于西方、欧共体（EC）与北约的制度架构中。

有3项基本构想决定了北约的政策：

1. 统一后的德国保持中立或者不结盟立场，对我们来说是不能接受的。这会使欧洲变得不稳定，并且会将我们带回到谋求大国外交平衡、结盟与反结盟的时代。

2．统一的德国不必听命于任何带有歧视性的特殊政权，他们或迟或早只会产生怨恨。在这一点上，历史给我们留下了发人深省的教训。

3．我们不得不寻求解决办法，即尊重所有参与国的合法安全利益，包括苏联在内。我强调，尊重所有国家合法安全利益，换句话说，不仅仅是苏联。这个国家有权寄希望于德国的统一，以及德国获得北约成员国资格，这将不会影响其安全。但是，事情也很清楚，苏联也不希望我们会使北约的存在出现失败的危险，而且为此向其提供一些在过去从来无法成功获取的东西，甚至在其权力巅峰也无法得到的东西。西方不会对华约的侵蚀做出反应，因此削弱甚至解散大西洋联盟。北约的唯一回应是，建立一个可以囊括这两个联盟在内的安全框架，换句话说，就是建立一个能将苏联拉入其中的合作性欧洲的安全框架。

我们正在检验我们的战略和北约的任务，并且使它们适应不断变化的环境。但是，没有人希望我们剥夺北约的核心安全功能，剥夺其阻止战争的能力。我们的战略以及北约完全是防御性的，它们没有威胁任何人，目前不会，将来也不会。我们从来不会首先使用武器，我们准备彻底裁军，直至达到我们维持安全保证所必需的最低水平。

这一切将是真实的，即统一的德国将留在北约，我们不准备在联邦德国以外的领土上部署北约武装力量，这将会给苏联提供严格的安全保证。进言之，我们可以设想一个过渡时期，已经削减了数量的苏联武装力量，在这一时期仍然可以在现今民主德国驻守。这将会消除苏联的担忧，即全面的东西方战略平衡不会改变。苏联政治家们错误地宣称，德国获得北约成员国资格，将会导致不稳定。情况正好相反，欧洲将获得稳定，也包括苏联在内，它将会在西方获得一个准备与其展开合作的真正伙伴。

我们已经抛弃了不是老朋友就是敌人这样的思维定式，也抛弃了对抗性前景。我们不需要敌人，也不需要对威胁的认知，我们不能将苏联视为一个敌人，在确保安全的过程中，我们想要这个国家成为我们的伙伴。另一方面，我们希望苏联不要将我们视为直接针对它或者威胁它的一项军事条约；相反，我们希望，在一个首要的欧洲安全体系中，苏联将北约视为一个开放与合作的稳定工具。我们不再向苏联提出建议，这些建议可能有悖于其利益。我们所不得不提供的东西，只能符合其利益。我相信，这一洞见将会在莫斯科逐渐普及，特别是当其他华约成员国和我们一样、以同样的方式看待问题时，情况尤其如此。

政治角色

就我所说过的话来看，我认为，北约如何在未来发挥关键性政治作用，这一点已非常清楚。我们不能为自身创立这样一个政治角色。自大西洋联盟成立后，它不只是一个军事条约，甚至是在冷战时期，军事形势必然会掩盖政治形势，大西洋联盟一直是一个价值观联盟，是自由国家之间的一个命运共同体，目前它在这两方面较以往有更多的内容。因此，在今天不断变化的环境中，北约的新政治任务就是这种基本存在理由的一种逻辑延伸。

1. 作为一个命运共同体，北约具有协调其成员国政策的使命：

（1）塑造东西方关系；

（2）帮助建立一种新的民主与和平的欧洲国家体制；

（3）指导和验证武器控制。

2. 作为一个价值观共同体：

（1）塑造东西方关系，换句话说，保持一种充满生气的跨大西洋伙伴关系；

（2）使其成员国的不同利益变得和谐，能够识别共同的标准；

（3）解决新的安全问题，发展集体解决方案；

（4）简言之，确定和平的未来道路。

但是，不管目前大西洋联盟的政治特性有多重要，也不管其政治任务有多重要，我们永远不会忘记一件事：那就是大西洋联盟的主要功能是保持和平，只有在这个基础之上，我们才能够成功地述诸努力，建设一种更加和平的秩序。

防　御

不论是推动缓和的政策，还是武器控制，抑或他们自身施展的外交，都不能阻止战争。在具有明确和可靠防御态势的背景下，我们也不能省掉军事努力。其原因在于，北约仍是一个防御性联盟。即使现在不存在苏联发动直接进攻的危险，我们的安全也仍然存在着相当大风险。苏联自身的形势是极其不稳定的，我们不能将我们的安全单个建立在苏联领导人美好意图的基础之上，人和意图是可以变化的。

苏联仍然具有巨大的军事力量，在任何情况下，它仍然是一个在欧亚大陆占据优势的欧洲大国。

如果我们听任我们的防御变得衰落，那么北约就会分崩离析，苏联可能会在危机中用武力对付我们，或者至少用武力威胁我们，那么还有谁会对此做出反应呢？

因此，就可预见的未来，就和平以及向我们提供必要的危机处置措施而言，我们的防御努力是不可或缺的。在20世纪结束之际，战争可能会产生灾难性后果，以至于我们不能不认真对待战争的预防，而不仅仅是因为现在爆发战争的可能性已很小。

然而，我们感觉到威胁已经变化，而且武器控制也取得进展，目前使我们得以调整我们的防御努力，以及针对目前不同环境下的防御计划和战略。我们已经开始了此项工作。在今年春季和夏季，北约将召开一系列部长级会议，并且在7月初峰会上达到顶点，这些会议将指明北约的前方之路。

我们将审议我们的战略，对其进行调整，以适应不断变化的环境。我们将大大削减我们核武器的类型与数量，我们还将在核裁军领域获得主动权。未来，我们将完成我们阻止战争的任务，并且用较少的士兵与武器实施防御，做好较低水平的军事准备工作，更少在境外驻扎军队，较多依赖武装力量的机动性。我们将修改我们前沿防御战略原则下的作战手段。电子情报、指挥和通讯系统（C3）将会变得更加重要，多国部队也会变得更加重要。在下一轮武器控制谈判中，我们将试图促使苏联一起谋求就最低威慑给出共同定义。然而，在未来阻止战争的努力中，需要最低限度的核武器。德国非核化，或者欧洲整体非核化，将会使我们在核讹诈面前变得非常脆弱，而且将会使常规战争有可能再次爆发。完全销毁核武器不会带来更多的安全，只会带来更少的安全。

有一件事情特别重要：那就是我们维持了一种连贯的、统一的防御态势以及防御计划结构，包括德国的武装力量。如果每一个盟国都根据自己的喜好而削减力量，没有在北约内部以及与其他盟国事先展开协商，就算不上一件好事。

就我所说的一切，很明显，北约绝对不过时，情况正好相反。就3个角色中的每个角色而言，北约都是不可或缺的。

1．北约在自由世界当中扮演了政治联盟以及价值观共同体的角色，并且充当了一个谋求变革、构建和平的工具。

2．北约扮演了跨大西洋联盟的角色，在一个命运共同体中，北约扮演了可将北美与欧洲捆绑在一起的一种连接与基础。

3．北约扮演了安全联盟的角色，其中，它成为一个维持和平的工具，成为寻求积极变革的先决条件的一个稳定框架。

一个变化中的联盟

与此同时，北约正在随着新时代以及时间的流动而变化。在最后两年，北约开始调整对其任务、实质和政策的定义，以适应变化的环境。这种调整还将会继续持续一段时间，北约的重心正在转移：

1．从对抗走向合作；

2．从军事联盟走向政治联盟；

3．从威慑到保护，抵御风险，保证稳定；

4．从维持和平到构建和平；

5．从美国领导的联盟到真正的伙伴关系，欧洲人目前扮演了同样的领导角色。

即将到来的北约峰会，将会尊奉这一原则，即在北约内部分担领导角色，这次峰会对于20世纪90年代不断变化的欧洲来说，将会产生一个范围广阔的战略。

欧洲的取舍

欧洲具有一个基本的选择：它既可以重新回到旧的大国政治中，回到过去几个世纪的大国外交平衡中，也可以继续沿着通往和平与自由新秩序的道路前进，不管其建立在多国还是超国家基础之上。我们的选择很清楚，我们正在前进。北约与欧共体堪称是这种多国合作最成功的模式；在现在以及将来，北约都是未来的安全与自由的最好保证。

<<

三十九、“建设一个新欧洲”
——北约秘书长曼弗雷德·维尔纳在捷克和斯洛伐克联邦共和国外交部的讲话

（1990年9月6日）

作为你们政府的官方客人，北约秘书长受邀访问捷克斯洛伐克，这在一年前似乎是不可想象的事情。但是今天，一个新欧洲已经出现，它使一度不可能的事情，变成现在似乎完全自然的事情。对自由、民主和经济繁荣等无拘无束的愿望，将欧洲团结在一起。

这个令人骄傲的国家，拥有始终忠于传统的托马斯•马萨里克和爱德华•贝奈斯，他们在带来这一历史变革的过程中发挥了作用。1968年，“布拉格之春”证明，虽然此后黑暗年代降临，但你们的国民对自由的热爱并没有熄灭。“七七宪章”以及其他勇气可嘉的团体，非常顽强地坚持《欧安会最后文件》及其人道主义条款，甚至在这个国家受到压迫最糟糕的时期，还就上述内容创建了一个自由的领域。

今天，捷克斯洛伐克致力于一个推进民主与经济革新的大胆进程，就像我们所有人所知，这会非常艰难，但是你们的国家具有长期的民主遗存，具有工业企业的传统，这对你们最终取得胜利是个好兆头。因为你们国家在历史上和文化上堪称是一个标准的西方国家，你们的新领导人富有经验和远见，他们正在证明，捷克斯洛伐克有意在建立新欧洲秩序的过程中发挥关键作用。他们建议创立一个新的欧洲安全架构，并且坚定地捍卫人权和自由，这些建议对我们所有人都是一种鼓舞。

当然，这不仅存在于冷战结束后政府与人民的关系中；我们也在国与国关系中看到了合作精神；这种共同的愿望不会由于恐惧和猜忌而退缩，而这种恐惧与猜忌一直困扰着先前关于创立一个欧洲大家庭的所有尝试。事实上，我要说的是，欧洲从来不曾有过这种显而易见的机会，打破和平与战争的恶性循环，创立一种持久的和平与繁荣秩序。这是我们这一代人的特权，即有这样一个历史性的独特机会，重新开始。

我们身处北约，决心抓住这一机会，当然，即便我们能看到所有变化，由来已久的恐惧和猜忌、刻板的形象以及普遍误解，这些都不会在一夜之间销声匿迹。但是就像哈维尔总统雄辩声称的那样，这些问题可以克服。捷克斯洛伐克积极参与“五角大楼倡议”，而且在促进中欧新生的民主国家实现和解的过程中发挥了作用，这些都显示了跨越分裂的桥梁如何快捷地得以建立。我们现在有机会将我们的精力、想象、金钱用于建设民主与自由市场社会，我们知道这些社会本质上是和平的，因此我们将最大限度保证持久的稳定、安全与繁荣。

今天，我来到布拉格，带来一个同样简短的信息，即我要在7月访问莫斯科，我要在下个星期访问华沙。因为这一信息向我们所有的前对手表达了同样的坚定信念：即你们现在已经成为我们的朋友和伙伴。我们向你们伸出友谊之手，我们希望与你们展开合作，对抗的岁月已经过去，过去的敌对与互不信任必须埋葬，我们需要在一起工作。只有以这种方式，我们才能建立“共同的欧洲家园”，或者“欧洲联邦”，或者新的“欧洲秩序”，随便你们怎样称呼。我们所有人都知道我们的意指：即一个拥有民主、人权以及伙伴关系的欧洲，其中，整体将支持部分，部分会支持整体。我们必须一起前行，否则我们就会不得不各自倒退。

这是指引我们脱离对抗、走向一个完整和自由欧洲的一条金光大道：

1．通过建设新的合作框架，建立一个囊括我们所有国家在内的新欧洲框架；

2．通过武器控制谈判，使武器削减达到最低水平，增加稳定，恢复信心；

3．通过我们之间的合作，在政治、经济、科技与文化等所有领域展开全面合作。

我们需要重新看待我们的目标与任务，这是大西洋联盟已经做的事情，而且还是继续要做的事情。在7月初召开的“伦敦峰会”上，我们决定在北约诞生41年后，以一种最具深远意义的方式改变北约。我们对对抗体制没有兴趣，因为北约可以发挥一种全新的、甚至更宝贵的作用，可以充当欧洲新的和平合作秩序的一个支柱。在这样一种秩序中，军事力量的作用会变得更小，更不张扬，不会威胁任何国家，而且会致力于发挥对抗风险、阻止战争的保证作用。

你们可能会问，北约如何改变，我们已经采取了什么样的具体步骤。

1．我们正在削减我们的防务预算，缩减我们的武装力量；

2．我们正在检查我们的武装力量结构，改变我们的军事战略；

3．我们正在降低我们现役部队的战备，减少训练要求和演习次数；

4．我们正在使欧洲减少对核武器的依赖，我们已经向苏联建议，消除欧洲所有的核大炮弹头；

5．一旦《欧洲常规武装力量条约》签署，我们建议就欧洲短程核力量展开谈判。我们已经召集“北约特别协商小组”开会，为这些谈判起草了一份授权书；

6．而且随着《欧洲常规武装力量条约》签署，我们立即建议在该协议基础上开始后续谈判，包括采取限制欧洲兵力的措施。

当苏联武装力量撤离捷克斯洛伐克和匈牙利的国土，这些变化将会完成；就像他们已同意这样做一样，在德国统一后的转变时期，苏联军队也撤离了现今的民主德国国土。他们还将有条件实施《欧洲常规武装力量条约》，该条约向所有参与国保证，将坚定地对抗军事侵略与威胁。进言之，大西洋联盟不仅希望通过武器削减而消除紧张关系，而且也想通过增加互信与透明度来消除紧张关系。因此，我们正在努力推动

“开放天空协议”，我们正在建议就军事战略与方针展开讨论。最重要的是，我们想使安全成为我们所讨论的、所一致选定的东西。

目前，在单独和脱离其邻国的情况下，没有一个国家可以为其自身提供安全。那些通过其自身努力来寻求全面安全的国家，只能在其周围产生不安全感。所以，我们永远不能将欧洲安全“再度国有化”。相反，只有通过合作与分担，才能实现真正的安全。

当然，这并不意味着北约或者其他欧洲国家必须手无寸铁，我们生活在一个不确定的世界中，其中存在着许多风险与不稳定性。事实上，目前的“波斯湾危机”彻底地将这个“疯人院”带给了我们，这一危机并不像以前的区域性争端，只有几个国家直接陷入险境，并不只是或者并非主要围绕石油冲突。我们的共同目标是，伊拉克必须从科威特完全撤军，并且释放所有人质，如果这一目标没有满足，整个国际社会都会暴露在严重的危险当中。危险会出自这一先例，即一个规模大而且力量强的国家可以玩世不恭地接管一个规模较小、力量较弱的邻国；更不幸的是，危险更多出自这些野心，即成功实施侵略，毫无疑问会增强独裁政权，它会越来越多获得大规模杀伤性武器技术。

因此，这不仅对于科威特，对于中东地区的和平都具有特殊意义，而且对于我们在冷战后共同努力创立一个更加稳定和公正的国际秩序亦至关重要，即联合国对伊拉克的制裁必须付诸实施。我们身处北约中，下决心保持团结，我们将尽最大努力，进一步建设联合国，使其作为国际法与稳定秩序的保护者，发挥其新发掘的效力。我要向捷克斯洛伐克在这个问题上所坚持的强硬态度表示敬意，我相信，我们能够继续在一起工作，直到我们向伊拉克以及所有潜在的好战者证明，明目张胆的侵略不会得逞。

北约必须保持安全防御，我们对其他国家期望不会更少。北约将在欧洲继续将常规武装力量与核力量混搭在一起，以此作为最终的安全保证。然而，我们的目标非常清楚：即将欧洲军事力量降至最低水平，这样就不会有哪个国家威胁其他国家而自身却能感到安全。给予最大限度保证的军事态势是有可能的。北约及其统一防御结构的经验证明了这一点，因为你们中有谁能认真想到，16个主权和民主国家会决定发动或支持一场军事进攻吗？

我们的目标是，在欧洲实施军事侵略或者威胁实质上变得不可能，而且在政治上毫无意义。在北约峰会上，我们绝对奋勇向前，将这样一个安全欧洲的结构落实到位。

首先，北约要与你们国家以及华约其他成员国展开新对话。我们已经邀请了戈尔巴乔夫总统访问布鲁塞尔，向北大西洋理事会发表讲话；这个邀请是我去年7月在莫斯科发出的个人邀请，他对此欣然接受。在丁斯特比尔部长最近访问后，我们也期待着哈维尔总统到访。

我们建议捷克斯洛伐克与北约建立外交联系，捷克斯洛伐克对此做出良好回应；我们也希望双方的军事以及外交联系与交流增多，我们建议通过谈判，就北约与华约成员国之间的非侵略问题发表一项联合声明。

其次，以活力和决心推进武器控制进程，订立《常规武器控制协定》是一个关键，它可以破解两大联盟老对手之间的冲突综合征。因此，这是建立完整与自由欧洲的首个不可或缺的步骤，这就是我希望捷克斯洛伐克政府尽其所能、现在帮助我们订立这一条约的原因所在。这一协议奠定了合作与相互保证的基础，它将使我们在欧洲创立一种持久的和平。如果新欧洲秩序要维持下去，这就是其必须建立的安全基础。

常规武器控制进程、短程核力量谈判以及订立新的“互信构建措施”协议，三者连在一起，将会给我们所有的欧洲国家提供保证，即变革与更新不会损害所有国家的合法安全利益。就你们的邻国苏联来说，这一点特别重要。可以理解的是，这个国家害怕被逐出新欧洲，它正在最深刻地体验变革所带来的影响。因此，至关重要的是，我们利用武器控制进程说服苏联，没有什么好害怕，事实上只有从帮助变革进程中获得一切；苏联已经做了许多事情来发动变革，它将继续推进其固有的目标，建立一个完整和自由的欧洲。

第三，北约伦敦峰会提出，我们在“欧安会”的基础上，将所有欧洲国家更紧密地团结在全新或者已扩展的合作架构中。当然，“欧安会”作为未来欧洲秩序的起源，捷克斯洛伐克对于“欧安会”发挥更大作用可谓非常关键，你们政府在这方面提出了许多很重要、很有趣的建议。在“欧安会”峰会召开前的这些日子里，我们将努力把这些想法纳入一个连贯的概念中。

然而，为了使其行之有效，“欧安会”第一也是最重要的目标，就是首先保护整个欧洲的民主与自由，处理向有效的市场经济转变过程中出现的那些问题。因此，北约提出了一系列倡议，加强现存的“赫尔辛基方针”，建立新的合作形式，例如，倡议举行自由和公正选举的权力，对坚持法治的承诺，对经济与环境合作的指导方针。在申请成为“欧洲理事会”成员的过程中，捷克斯洛伐克已经表明，就像我们在北约中所拥有的重要地位一样，它对这些价值观也具有同样的重大意义。

为了能使“欧安会”完成这些任务，要进一步阐述那些规模更大的政治对话，并且提供更多的机构；北约建议“欧安会”实行新的制度形式，即最引人注目地实施一项计划，在各成员国政府之间定期举行高层协商，每两年举行一次“欧安会”审核会议，成立一个小型的“欧安会”秘书处，成立一个遏制冲突的“欧安会”中心，成立一个“欧洲议会大会”。我们的目标是，使“欧安会”允许所有的中欧、东欧国家，在与我们共同建立未来欧洲秩序的过程中能够发挥全面作用。

然而，你们允许我就“欧安会”这个问题上只是做个提醒吗？我知道，就像在北约国家内部一样，在中欧、东欧国家内部，有许多人将“欧安会”视为现存安全组织的一种替代。我不会对华约组织展开评价，因为华约的持续存在，明显依赖于其成员国的自由选择，但是北约仍是已取得成功的“欧安会”的一个重要支柱。

“欧安会”当然能够加强安全，但是它不能替代大西洋联盟，它并没有办法实施制裁，或者确保制裁政策的实施。至少在可预见的未来，他们每一个成员国的利益、他们的社会结构与价值体系，都过于多样化，以至无法在遇到危机时能够采取集体行动，维护安全。这无论如何都不会削弱“欧安会”作为创立互信、推进合作的框架所具有的重要意义。举例而言，它可以为和平解决因少数民族问题而起的国与国争端做出贡献。事实上，我们已经看到这些争端在中欧、东欧所引发的不稳定到达到何种程度。在这方面，引进针对《赫尔辛基最后议定书》所包含人权承诺的法律，可能是迈向前进的一个有用步骤。与此同时，我们能够而且将要发展互信构建措施以及信息交流，这会使我们生活得更加和谐。但是在最后的分析中，只有当“欧安会”与其所依赖的强大的大西洋联盟形成互补时，“欧安会”才能兑现其承诺。因此，“欧安会”将会更加成功，我们也不必从一开始就以不切实际的想象使之烦恼。

一个强大而且连贯的新大西洋联盟符合捷克斯洛伐克的利益，也符合其他欧洲国家的利益。它为变化提供了稳定性，它保持了与美国、加拿大的跨大西洋连接，这对于整个欧洲的和平、自由与安全是不可或缺的。

但是，即使像北约这样一个稳固而且富有弹性的机构，也无法独自肩负确保全欧洲合作、繁荣、和平、进步的重任。很幸运的是，对于这一目标，我们还有欧共体。欧共体是西方制度结构中的另一个重要组成部分，它也在推进变革与更新的进程，努力使其成员国建立一种更紧密的联盟。在北约提供稳定与跨大西洋连接的同时，欧共体则提供了动力和创造力，以及一个更富有成效、经济相互依赖的基础。连同“欧安会”扩大的作用，一个强大的北约和一个强大的欧共体，是欧洲进步与繁荣的必要前提，没有哪一方能够在缺乏另一方的情况下获得成功。

当整个国际体系每次被改变时，没有一个政府或者联盟可以完全控制，使变革变成不可避免之势的强大力量。但是，通过共同工作，我们可以引导那种变革，产生一个没有输家、只有赢家的结果。目前，我在这方面更寄希望于，就统一后的德国获得北约成员国资格达成协议。此举会为所有各方增加稳定性。这是一条战胜分裂的通路，而且也是西欧与新近实现民主化国家之间建立伙伴关系的一条通路，其中，实现民主化将是这些国家经济与社会现代化的一个关键要素。

简言之，北约把它的未来角色视为，将整个欧洲合作的新结构落实到位，此举将会使类似冷战回潮这种形势变得毫无可能，我们想要与你们一起工作，帮助处理目前欧洲的两个关键任务：

1. 促进建设性变革；

2. 提供稳定秩序，以便这些变革能够在最适合的条件下发生，减少产生挫折与逆转的风险。

在布拉格，我几乎不需要强调捷克斯洛伐克与我们合作所带来的好处。21世纪将带来新的挑战，有一些挑战可能会威胁到我们的生存，其程度甚至超过差不多半个世纪的冷战。环境恶化是挑战之一，这是你们政府特别关心的；恐怖主义是另外一种挑战，这一直是捷克斯洛伐克与北约成员国在最近几个星期展开一些富有成果讨论的话题。你们也很清楚，我们的潜在不稳定因素包括这样一些东西，例如毒品、饥饿、人口增长、在第三世界扩散极具破坏性的军事技术。因此，一个动态发展的欧洲，具有高度发达的工业经济，在技术上相互依赖，它不仅仅是我们物质繁荣的唯一要素，而且也是我们内部与海外稳定的唯一要素。如果没有这种凝聚力，欧洲就可能成为这些全球性挑战的受害者，让我们一起助力于解决这些问题。

今天，我访问了布拉格，这是欧洲一个伟大的城市，这标志着一个新时代的开始，但这也是一种很具体的邀请。让我们一起利用我们的联合资源和精巧设计，创造一个新世界，这是一个合作的世界，我们所有国家都不会感受到威胁。我们不能逃避这个特殊机遇带给我们的责任。捷克斯洛伐克对欧洲的政治与知识文化做出了许多贡献，它是建设一个新欧洲、建设一个更加公正和平等世界秩序的关键伙伴之一。因此，让我们今天就开始这种新的关系与工作，用信任和想象创建更加光明的未来。

<<

四十、“大西洋联盟的未来”
——北约秘书长曼弗雷德·维尔纳在“国防研究所”的讲话

（1990年11月5日）

今天，我正在对里斯本做一个法国朋友称之为“小访问”的活动。但即使是在与总统、总理以及高级官员的会面中，我们很高兴有机会向更多的观众公开发表关于大西洋联盟未来的讲话。我想感谢“国防研究所”给我提供了这样一个平台，并且将这些杰出的听众聚集在一起，这些意见领袖、官员、军官都对安全与防御问题具有共同的兴趣。

今天，谈论北约的“身份危机”，是一件非常时髦的事情，因为安全环境造就了北约，北约在这种环境中度过了40个春秋，但是这种安全环境突然不复存在。一些评论家们争辩说，北约已经变成其自身成功的受害者，或者北约已经满足了某种存在已久的梦想：即创立一个和平的欧洲，而像北约这样的政治—军事联盟在其中完全是多余的；其他一些人虽然不会这样想，但也仍然相信，目前，安全不再重要，或者可以很容易地拥有安全。欧洲和更宽广的世界已经发生戏剧性、永久性变化，这当然是真的。旧的矛盾已经失去了多种特征，新的问题也引起人们的注意，而且变得非常敏锐。然而，对我而言，无论我多么欢迎这种变化，因为它使世界秩序变得更加合作，而且可能更加安全，但我并没有看到能够说服我们的东西，即安全自身已变得不再重要。事实上，在一个急剧变化的时刻，安全变得更加重要。

首先，过去两年的教训是，变化自身可能非常突然，而且不可预测，这意味着事情可能会变得更坏，也可能会变得更好。“波斯湾危机”证明了这一点。和平与民主一样，永远需要警醒。

欧洲还没有找到其最终的新形态，它尚未变成一个宁静的港湾，苏联的公开化与改革的命运仍然不确定，这是一个公开的问题，苏联当前富有戏剧化的变化最终会出现问题。虽然我们施以所有的鼓励与具体援助，但是我们同样无法告知你们，如果中欧与东欧人民在要求自由的驱动下，实施勇敢的革命，此举实际上就能催生成功的民主制度和经济改革。在许多地方，旧的种族问题、边境争端以及权力斗争已经抬头。我们相信民族主义已走向灭绝，但是在欧洲许多地方，民族主义正在高调走向复活。

如果许多国家放弃他们的防御，或者允许像北约这样的安全结构解散，他们只能在其周边留下真空地带。这些真空地带迟早会吸引那些潜在的侵略者，或者在其他国家产生不安全感。这一结果将会导致过去几个世纪盛行的灾难性强权政治与不稳定联盟，防御将会“再度国有化”。甚至就是在和平时期，我们也会播下未来不稳定的种子，即许多国家将会再次与其他国家为安全而彼此竞争，互相对立。

最后，在欧洲以外的新挑战亦出现了令人不安的事态发展，我们不能忽视。伊拉克入侵科威特，就是故意尝试着从世界地图上抹去一个联合国成员国，此举被迈克尔•霍华德爵士称为“国家谋杀”。

这也在几个层面上向西方提出挑战：见证一个较小国家被一个较大国家占领，这属于道德问题；见证一个有抱负的区域大国获得大规模杀伤性武器，这属于政治问题；中欧、东欧国家处于经济重建的关键时期，第三世界国家则处于危险处境中，他们在石油供应中出现重大断裂，这属于经济问题；中东这一具有爆炸性影响的地区存在着长期稳定问题；最后但也同样重要的问题是，数以千计、命悬一线的难民与人质，带来对人性的挑战。因此，“波斯湾危机”将残酷的吞并行为与许多新问题结合在一起；其中，历史当然给我们留下许多有关吞并行为的残酷例证，而新问题不仅仅是“波斯湾危机”对我们的安全构成威胁，而且它也威胁到我们为建设一种以克制、合作与法治为基础的新秩序所付出的努力。出于这两个原因，这是一场斗争，不论是我们还是国际社会，在很大程度上都无法承受损失。

因此对我们来说，不论是欧洲还是世界范围内残存的风险，将其视为无毒副作用的历史剧变，将是愚蠢之举，北约可以在这些事件上打上其印记，我们的愿景是，建立一个完整和自由的欧洲，建立更加安全与合作的国际秩序，这一愿景具有现实可能性。但是，这个巨变时代的矛盾情结，既有机遇也有挑战，它意味着只要我们是统一而且坚定的，只要我们保持其安全防御，我们就会有影响力。对于这一集体视野，最重要的工具就是大西洋联盟。从其建立开始，大西洋联盟就一直是许多国家的命运共同体和平台，这些国家由共同的价值观、坚定的信仰以及根本利益联合在一起；它也是一个政治联盟，但是备以军事手段。目前，针对我们的直接威胁已经减少，北约的政治作用正变得越来越重要。

这种作用存在于：

1．塑造东西方关系；

2．建设新的欧洲安全结构；

3．掌握武器控制进程；

4．保持健康的跨大西洋关系。

在所有这些领域，北约能够而且必须努力，确保协调好的西方方法能得到开发、讨论以及规划。如果不是在北约内部，这个任务还能在别的地方得到执行吗？只有大西洋联盟，能够将美国、加拿大以及欧洲范围内许多不是欧共体成员国的重要国家联合在一起；如果没有北美民主国家参与，欧洲的安全就无法创建，也无法维持。

如果北约明天消失，那么它作为建立于北美与欧洲民主国家之间的命运共同体，就将无可挽回地遭受损失。北美和欧洲大陆将会被孤立，两个大陆的人口到本世纪末在世界人口中的比例将低于10%；这一次他们保持积极团结，对于应付明天的威胁将是必要的，就像应对昨天的威胁一样。

1．对北美来说，如果不保持亲密的工作关系，欧洲民主国家如何能够平衡苏联持久而且规模巨大的军事力量呢？即使是在我们为之奋斗的合作秩序中，苏联当然仍是一个重要因素。

2．他们如何对中欧、东欧社会与经济重建中出现的巨大挑战做出回应？

3．最后，他们如何应对我早先提及“南北议程”所带来的挑战？如何应对我早先提到的，欧洲与众多地中海邻国实施特别敏感的贸易经济所带来的挑战。

最后，北约对于保证欧洲及其以外地区的安全可谓不可或缺，现在还尚未到减少针对我们安全的直接与即时威胁之时，我甚至会说更多这样的话。大量苏军在中欧驻扎，这种威胁就其特点来看，不仅可以预见，而且相对容易量化。现在，我们见证了针对我们安全的新风险，它们不容易预见和量化，所以它们不能以同样的方法对待，即我们处理过去欧洲军事力量平衡的方法。

因此，新的风险不再限定为对我们的领土实施军事进攻，但却有可能源自区域性稳定陷入崩溃，它会蔓延到北约自身区域内，或者也会被用来损害我们的利益与团结。举例而言，即利用石油武器、恐怖主义或者人质对付我们。

在过去两年中，大西洋联盟经历了根本性变化，它的重心正在从军事领域转向政治领域，从冲突转向合作，从维持和平转向构建和平，从击退迫在眉睫的危险转向做好更加长期、谨慎的准备，抵御未来的风险，从美国领导下的北约转向北美与欧洲之间的伙伴关系。

因此，大西洋联盟国家与政府首脑在所发表的“伦敦宣言”中声称，“安全与稳定不会单独存在于军事领域，我们打算加强北约的政治成分”。北约一直是一个政治联盟，就像其政治目标与共同价值观所展示的那样，这一目标与价值观在1949年《北大西洋公约》中早已确立，并在随后北约深入细致的政治协商中得到充实。但是，这种政治作用现在变得更强大。在未来，世界将更有力地召唤北约，远远超过目前北约对建设新欧洲安全秩序所做的贡献；通过承担新的责任，加强长期安全：其中包括在政治领域实施合作，保持军事联络，建立互信，实施裁军与核查。

我们的主要任务是：

首先，建设一个新的欧洲框架，建设一个新的欧洲安全秩序，将苏联和中欧、东欧的其他国家囊括其中。我们不会允许欧洲旧的东西方意识形态分裂，被以财富和生活标准为基础的新分裂所代替。这是中欧、东欧许多新的民主政府所主要关心的东西，我从最近到那里的访问中了解到这些。这种差距在短期内可能无法避免，但是如果它确实存在，就将会破坏我们的稳定。同样，我们无须将苏联与欧洲隔绝开来；苏联做出了很大贡献，而且需要我们提供援助，以克服巨大的国内问题。

北约关于未来泛欧洲合作架构的概念，提供了4个支柱，这样，一个完整与自由的欧洲就可以安居其上。首先是欧共体，然后是制度化的“欧安会”进程，再后是“欧洲理事会”，我们希望将其变成整个欧洲的一个议会大会；最后但也同样重要的是大西洋联盟，充当安全的不可或缺的基础。

当然，没有一个国家能否认，自15年前《赫尔辛基最后议定书》订立之日起，“欧安会”进程一直堪为一个独特的成功案例；毫无疑问，它发展了未来欧洲结构中的一个关键性要素，而且针对华约组织有可能解散这一情形，未来欧洲结构获得了许多核心安全功能。“欧安会”进程不断增加制度化建设，这是所有盟国的一个共同目标。通过赋予“欧安会”一个展开政治协商的新体制，在一些领域赋予其泛欧主义功能，例如，信息交流、对不寻常的军事活动展开观察，履行武器控制协议，解决冲突；我们就可以在整个欧洲大陆的政治进步中，翻开一个新制度篇章。事实上，在《伦敦峰会宣言》中关于将“欧安会”制度化的建议，已经在34个参与国中达成广泛共识。现在，《欧洲常规武装力量条约》几乎已经取得共识。我们有“欧安会”在巴黎成功召开为期两周峰会的基础，这次会议真得应该不负众望，催生一个新的欧洲框架。

但是由此推断，大西洋联盟的集体安全体制将会变得多余，这是一个错误，甚至从长远来看，这也将是一个错误。新的“欧安会”结构将会横跨旧的对抗之上，可以催生旨在加强和平与伙伴关系的多个崭新而且共同的概念。然而，“欧安会”不能提供严格的安全保证来对抗潜在的未来风险。它需要共识，但却很难达成，因为在34个参与国当中，每个国家都有权投票，“欧安会”的参与国不会分享共同价值观或者共同的社会体系。因此，在可预见的未来，“欧安会”不会确保稳定，不会确保必要的安全保证来抵御风险，这一安全保证将只能由北约集体安全力量提供。

北约与“欧安会”之间的关系必须是互补的，并不存在非此即彼的关系。提供安全，建立合作基础，这将是北约的任务。因此，一个富有凝聚力的北约，是“欧安会”平稳发挥作用的先决条件。中欧、东欧国家事实上比我们自己的许多西方意见领袖更清楚；他们认识到，北约的持续存在，作为欧洲安全结构的一个稳定要素，这是不可或缺的。

欧共体将会在构建新欧洲的过程中扮演关键角色，这符合大西洋联盟的利益，即欧洲不仅在经济上连在一起，而且在政治上也连在一起。在努力实现这种联合的过程中，有一点非常重要，即我们没有忽视或者排斥那些希望加入这一进程的国家。我们所有的未来欧洲结构都将会更加强大、更加持久，因为它们是包容性的，而不是排他性的。进言之，如果不包括安全与防御，欧洲政治联盟就无法行得通，北约《伦敦峰会宣言》明确支持这一目标。我们想要一个统一的欧洲，就可以在北约框架下建立这样一种欧洲安全认同，因为甚至欧洲防御共同体都无法代替得到大西洋联盟保证的跨大西洋连接，而欧洲防御共同体仍耗费了很多年时间。因此，所有关于欧洲安全认同的设想与进展，都应该在其产生时就与北约互相协调，这样一来，两个机构就能互相强化。在这一背景下，我们必须保持北约统一的军事结构，这是一项独一无二的成就，它可以确保没有一个国家会将安全重新国有化。

第二，我们必须进一步加强与中欧、东欧国家的联系，使之不断增进。《伦敦峰会宣言》向这些国家发出一个强有力的信息：冷战以及对抗的年代结束了；北约认为这些国家是朋友，是潜在的伙伴，因此北约希望与这些国家一起创建一个新欧洲；通过我们的外交与军事接触，我们能够共同建立未来安全，而且按照赋予我们最大限度安全保证的战略与方针来建设未来安全。当然，北约正在变化，而且将会继续变化，我们在“伦敦峰会”上提交的所有提案，都将这一信息传递给中欧和东欧国家，这些国家对此深表欢迎。举例而言，这一非常及时的信息发挥了关键作用，仅仅在峰会后两个星期，北约就劝说苏联同意让统一后的德国完全获得北约成员国资格，也许这是对欧洲稳定所做的唯一一项最重要的贡献。我们在访问中欧、东欧国家的过程中，也惊喜地看到，虽然经过许多年谣传与宣传，人们是如何积极地看待北约的。

这就是北约的适应性，它既反映了变化，也积极地决定着这种变化的发展方向；这使我对未来之路非常乐观，北约可以很好地满足其在未来岁月中的安全使命。建立一种新欧洲安全结构的条件，将会通过建立合作关系网络这种手段，建立具有持久保证的和平，这种条件现在已经具备。假如我们明智地继续前进，保持警觉，充分运用我们的外交技巧，我们就可以期待着欧洲能有几十年的和平发展。

因此，北约仍是不可或缺的，不管华约是否可以成功地转型为一个政治、民主联盟，或者似乎更有可能从视野中完全消失。确保稳定与安全防御这一角色，就是它不能从大西洋联盟转化为另外一个组织。只有北约能够保证北美民主国家在未来留在欧洲，就像过去所做的一样。

如果没有这种政治与军事存在，欧洲就无法确保安全，至少在可预见的未来将会如此。最后，没有其他组织可以做出保证，而只有北约可以确保，欧洲永远不会使用军力。简言之，北约代表了16个主权国家的政治合作。如果他们互相支持，他们就可以影响历史转变进程，使之迈向我们所祈愿的完整、自由的欧洲。因此，这在政治上是必需的。

第三，我们必须扩展欧洲的武器控制进程，所要达到的程度是，防御态势与透明度将会使战争在军事上成为不可能，在政治上无法想象。几天后，首个《欧洲常规武装力量条约》将在巴黎签署，尽管可以用最广义的词汇说明这个历史事件，但是它还不能代表北约所付出的努力达到了顶点，即通过武器控制来建设安全与稳定。《欧洲常规武装力量条约》签署的直接结果，将启动后续的常规谈判（我希望这一谈判聚焦于人员问题）同时还有关于短程核力量的谈判。与这些“短程核力量谈判”（SNF）相联系的是，我们在“伦敦峰会”上所提出的关于从欧洲消除核大炮的建议。自从“伦敦峰会”召开后，我们也在20世纪90年代一直致力于较长期的常规武器谈判，这些谈判将会超越终止冷战对抗残余这一过渡性目标，也将会启动在新时代构建军事结构这个任务，这一新时代正在开启。当然，“削减战略武器谈判”以及此后的第二期“削减战略武器谈判”，还有在日内瓦召开的重大化学武器谈判，这些都被列入北约的重要议事日程中。我们决心充分利用我们现在从莫斯科所看到的更具建设性的立场，尽可能从这一议程中得到更多的东西。

第四，毫无疑问，详细阐述一个新的军事战略将成为一项重要任务。“伦敦峰会”已经为这一实践确定了许多指导原则。这些原则特别支持北约，在武器控制协议许可的条件下，相应缩减其军事力量，审核其武装力量结构，改变其政治战略，以符合欧洲的政治变化，特别是德国的统一。我们将会在以后几年，寻求越来越转向一个“重构战略”，其基础更多是多国部队，更多是具有一旦出现潜在威胁时、可以机动使用足够的预备与增援力量的能力。作为这次审核的一部分，北约将会减少对核武器的依赖，并且只保留最少量的核武器，使其在欧洲能够确保和平，真正使武器成为最后的手段。

第五，就像美国国务卿已雄辩提出的，我们必须对美国在一个统一欧洲所处的地位予以重新定义，以便形成一种新的跨大西洋伙伴关系，即“新大西洋主义”。为了在这个任务中取得成功，北约需要提供一种框架，其中，西欧国家目前对其全球责任越来越清楚，即他们的经济实力与政治稳定，使他们相较战后初期羽翼未丰的民主国家更要有所作为。

第六，我们不得不应对针对我们安全的新挑战，例如导弹技术与大规模杀伤性武器扩散。

北约状态良好，团结和凝聚力使我们的政策有可能取得成功，而且这种成功当然是雪中送炭。这反过来又进一步加强了北约的联合与决心，北约成功地经受了考验，战胜了阻碍，使统一后的德国完全获得北约成员国资格，这也是乐观的理由。与此同时，在我们前进道路上必定会有许多困难，我们不得不躲避或者战胜它们。但是我确信，我们能够而且将会战胜它们，就像我们所做过的一样。然而，我们对过去的成功不会产生沾沾自喜之感，也不会产生虚假的自信感，或者产生一种不成熟与不恰当的必胜信念。在未来，就像在过去一样，如果我们要保持我们的凝聚力与团结一致，决断、领导素质、勇气、坚持不懈等，都将证明是至关重要的。

<<

四十一、北约对海湾冲突的声明

（1990年12月17日）

1．伊拉克对科威特的侵略与野蛮占领，公然违反了国际法以及《联合国宪章》，对国际秩序构成了重大挑战。我们谴责伊拉克持续蔑视联合国安理会所通过的决议案，因为这些决议反映了国际社会压倒性的团结与承诺。伊拉克的行为威胁到和平，也危及联合国前所未有的机遇，即实现联合国在推进全球和平与稳定过程中发挥作用的最初设想。

2．全面遵守联合国的强制性决定，确保和平，这是伊拉克政府的责任，伊拉克最终将释放其掌控的外国公民，这些人被非法地当做人质。然而，伊拉克完全从科威特撤军，恢复科威特的主权及合法政府，这是获得和平解决的明确条件，不可能有局部解决方案。

3．我们坚决支持联合国安理会通过的"第678号决议案"以及其他相关决议案，我们重申，希望可以通过和平手段实现这些决议案。我们相信，除了别的倡议外，在欧共体主席和伊拉克外交部长之间建立联系，可以有助于推进这一目标；我们也鼓励联合国秘书长为实现这一目标而采取行动。我们尤其支持为展开对话而努力，例如布什总统所付出的努力，即通过直接的高层接触，向伊拉克表明，进一步推迟实施这些协议有可能导致的最清楚结果。我们同意，伊拉克没必要利用这些倡议来推迟联合国在1月15日所设定的会议。

4. 联合国安理会“第678号决议案”已经授权，如果在这个日子以前，伊拉克还没有完成决议，就有必要采取所有的必需手段；而且“第678号决议案”明确呼吁各国政府，在实施安理会决议的过程中提供适当支持。我们各国将继续对联合国提出的要求做出积极反应。按照不断发展的要求，我们每个国家都会尽自己最大的努力，为这一持续不断的努力提供进一步支持。进言之，我们每个国家都将继续保持并加强经济制裁，向受到最直接影响的那些国家继续提供财政援助。

5. 我们强调，“波斯湾危机”对与伊拉克接壤的每个盟国都构成了潜在威胁，我们重申，我们决定履行《北大西洋公约》第五条款所规定的承诺，即如果发生针对我们当中某个盟国的武装进攻，将会被视为是对所有盟国的武装进攻。我们重申，我们对整个南部地区的安全做出坚定承诺，这次危机突出了该地区所具有的战略意义。

图书在版编目（CIP）数据

北约是什么：北约重要历史文献选编. 2 / 许海云等编译.
—北京：世界知识出版社，2014.3
（中国北约研究丛书）
ISBN 978-7-5012-4610-6
Ⅰ. ①北… Ⅱ. ①许… Ⅲ. ①北大西洋公约组织—文献—汇编
Ⅳ. ①E161
中国版本图书馆CIP数据核字（2014）第025554号

责任编辑	龚玲琳　余　岚
责任出版	赵　玥
责任校对	张　琨
封面设计	小　月
书　　名	**北约是什么** ——北约重要历史文献选编之二 Beiyue Shi Shenme —Beiyue Zhongyao Lishi Wenxian Xuanbian Zhier
编　　译	许海云 等
出版发行	世界知识出版社
地址邮编	北京市东城区干面胡同51号（100010）
网　　址	www.wap1934.com
电　　话	010-65265923（发行）　010-85119023（邮购）
印　　刷	北京京科印刷有限公司
经　　销	新华书店
开本印张	720×1020毫米　1/16　25¾ 印张
字　　数	352千字
版次印次	2014年6月第一版　2014年6月第一次印刷
标准书号	ISBN 978-7-5012-4610-6
定　　价	52.00元